Informatik – Fachberichte

Band 167: R. Lauber (Hrsg.), Prozeßrechensysteme '88. Stuttgart, März 1988. Proceedings. XIV, 799 Seiten. 1988.

Band 168: U. Kastens, F. J. Rammig (Hrsg.), Architektur und Betrieb von Rechensystemen. 10. GI/ITG-Fachtagung, Paderborn, März 1988. Proceedings. IX, 405 Seiten. 1988.

Band 169: G. Heyer, J. Krems, G. Görz (Hrsg.), Wissensarten und ihre Darstellung. VIII, 292 Seiten. 1988.

Band 170: A. Jaeschke, B. Page (Hrsg.), Informatikanwendungen im Umweltbereich. 2. Symposium, Karlsruhe, 1987. Proceedings. X, 201 Seiten. 1988.

Band 171: H. Lutterbach (Hrsg.), Non-Standard Datenbanken für Anwendungen der Graphischen Datenverarbeitung. GI-Fachgespräch, Dortmund, März 1988, Proceedings. VII, 183 Seiten. 1988.

Band 172: G. Rahmstorf (Hrsg.), Wissensrepräsentation in Expertensystemen. Workshop, Herrenberg, März 1987. Proceedings. VII, 189 Seiten. 1988.

Band 173: M. H. Schulz, Testmustergenerierung und Fehlersimulation in digitalen Schaltungen mit hoher Komplexität. IX, 165 Seiten. 1988.

Band 174: A. Endrös, Rechtsprechung und Computer in den neunziger Jahren. XIX, 129 Seiten. 1988.

Band 175: J. Hülsemann, Funktioneller Test der Auflösung von Zugriffskonflikten in Mehrrechnersystemen. X, 179 Seiten. 1988.

Band 176: H. Trost (Hrsg.), 4. Österreichische Artificial-Intelligence-Tagung. Wien, August 1988. Proceedings. VIII, 207 Seiten. 1988.

Band 177: L. Voelkel, J. Pliquett, Signaturanalyse. 223 Seiten. 1989.

Band 178: H. Göttler, Graphgrammatiken in der Softwaretechnik. VIII, 244 Seiten. 1988.

Band 179: W. Ameling (Hrsg.), Simulationstechnik. 5. Symposium. Aachen, September 1988. Proceedings. XIV, 538 Seiten. 1988.

Band 180. H. Bunke, O. Kübler, P. Stucki (Hrsg.), Mustererkennung 1988. 10. DAGM-Symposium, Zürich, September 1988. Proceedings. XV, 361 Seiten. 1988.

Band 181: W. Hoeppner (Hrsg.), Künstliche Intelligenz. GWAI-88, 12. Jahrestagung. Eringerfeld, September 1988. Proceedings. XII, 333 Seiten. 1988.

Band 182: W. Barth (Hrsg.), Visualisierungstechniken und Algorithmen. Fachgespräch, Wien, September 1988. Proceedings. VIII, 247 Seiten. 1988.

Band 183: A. Clauer, W. Purgathofer (Hrsg.), AUSTROGRAPHICS '88. Fachtagung, Wien, September 1988. Proceedings. VIII, 267 Seiten. 1988.

Band 184: B. Gollan, W. Paul, A. Schmitt (Hrsg.), Innovative Informations-Infrastrukturen. I.I.I. – Forum, Saarbrücken, Oktober 1988. Proceedings. VIII, 291 Seiten. 1988.

Band 185: B. Mitschang, Ein Molekül-Atom-Datenmodell für Non-Standard-Anwendungen. XI, 230 Seiten. 1988.

Band 186: E. Rahm, Synchronisation in Mehrrechner-Datenbanksystemen. IX, 272 Seiten. 1988.

Band 187: R. Valk (Hrsg.), GI – 18. Jahrestagung I. Vernetzte und komplexe Informatik-Systeme. Hamburg, Oktober 1988. Proceedings. XVI, 776 Seiten.

Band 188: R. Valk (Hrsg.), GI – 18. Jahrestagung II. Vernetzte und komplexe Informatik-Systeme. Hamburg, Oktober 1988. Proceedings. XVI, 704 Seiten.

Band 189: B. Wolfinger (Hrsg.), Vernetzte und komplexe Informatik-Systeme. Industrieprogramm zur 18. Jahrestagung der GI, Hamburg, Oktober 1988. Proceedings. X, 229 Seiten. 1988.

Band 190: D. Maurer, Relevanzanalyse. VIII, 239 Seiten. 1988.

Band 191: P. Levi, Planen für autonome Montageroboter. XIII, 259 Seiten. 1988.

Band 192: K. Kansy, P. Wißkirchen (Hrsg.), Graphik im Bürobereich. Proceedings, 1988. VIII, 187 Seiten. 1988.

Band 193: W. Gotthard, Datenbanksysteme für Software-Produktionsumgebungen. X, 193 Seiten. 1988.

Band 194: C. Lewerentz, Interaktives Entwerfen großer Programmsysteme. VII, 179 Seiten. 1988.

Band 195: I. S. Bátori, U. Hahn, M. Pinkal, W. Wahlster (Hrsg.), Computerlinguistik und ihre theoretischen Grundlagen. Proceedings. IX, 218 Seiten. 1988.

Band 197: M. Leszak, H. Eggert, Petri-Netz-Methoden und -Werkzeuge. XII, 254 Seiten. 1989.

Band 198: U. Reimer, FRM: Ein Frame-Repräsentationsmodell und seine formale Semantik. VIII, 161 Seiten. 1988.

Band 199: C. Beckstein, Zur Logik der Logik-Programmierung. IX, 246 Seiten. 1988.

Band 200: A. Reinefeld, Spielbaum-Suchverfahren. IX, 191 Seiten. 1989.

Band 201: A. M. Kotz, Triggermechanismen in Datenbanksystemen. VIII, 187 Seiten. 1989.

Band 202: Th. Christaller (Hrsg.), Künstliche Intelligenz. 5. Frühjahrsschule, KIFS-87, Günne, März/April 1987. Proceedings. VII, 403 Seiten, 1989.

Band 203: K. v. Luck (Hrsg.), Künstliche Intelligenz. 7. Frühjahrsschule, KIFS-89, Günne, März 1989. Proceedings. VII, 302 Seiten. 1989.

Band 204: T. Härder (Hrsg.), Datenbanksysteme in Büro, Technik und Wissenschaft. GI/SI-Fachtagung, Zürich, März 1989. Proceedings. XII, 427 Seiten. 1989.

Band 205: P. J. Kühn (Hrsg.), Kommunikation in verteilten Systemen. ITG/GI-Fachtagung, Stuttgart, Februar 1989. Proceedings. XII, 907 Seiten. 1989.

Band 206: P. Horster, H. Isselhorst, Approximative Public-Key-Kryptosysteme. VII, 174 Seiten. 1989.

Band 207: J. Knop (Hrsg.), Organisation der Datenverarbeitung an der Schwelle der 90er Jahre. 8. GI-Fachgespräch, Düsseldorf, März 1989. Proceedings. IX, 276 Seiten. 1989.

Band 208. J. Retti, K. Leidlmair (Hrsg.), 5. Österreichische Artificial-Intelligence-Tagung, Igls/Tirol, März 1989. Proceedings. XI, 452 Seiten. 1989.

Band 209: U. W. Lipeck, Dynamische Integrität von Datenbanken. VIII, 140 Seiten. 1989.

Band 210: K. Drosten, Termersetzungssysteme. IX, 152 Seiten. 1989.

Band 211: H. W. Meuer (Hrsg.), SUPERCOMPUTER '89. Mannheim, Juni 1989. Proceedings, 1989. VIII, 171 Seiten. 1989.

Band 212: W.-M. Lippe (Hrsg.), Software-Entwicklung. Fachtagung, Marburg, Juni 1989. Proceedings. IX, 290 Seiten. 1989.

Band 213: I. Walter, Datenbankgestützte Repräsentation und Extraktion von Episodenbeschreibungen aus Bildfolgen. VIII, 243 Seiten. 1989.

Band 214: W. Görke, H. Sörensen (Hrsg.), Fehlertolerierende Rechensysteme / Fault-Tolerant Computing Systems. 4. Internationale GI/ITG/GMA-Fachtagung, Baden-Baden, September 1989. Proceedings. XI, 390 Seiten. 1989.

Band 215: M. Bidjan-Irani, Qualität und Testbarkeit hochintegrierter Schaltungen. IX, 169 Seiten. 1989.

Band 216: D. Metzing (Hrsg.), GWAI-89. 13th German Workshop on Artificial Intelligence. Eringerfeld, September 1989. Proceedings. XII, 485 Seiten. 1989.

Band 217: M. Zieher, Kopplung von Rechnernetzen. XII, 218 Seiten. 1989.

Informatik-Fachberichte 263

Herausgeber: W. Brauer
im Auftrag der Gesellschaft für Informatik (GI)

Henning Eckhardt

Entwurfstransaktionen für modulare Objektsysteme

Synchronisierung in objektorientierten Datenbanksystemen

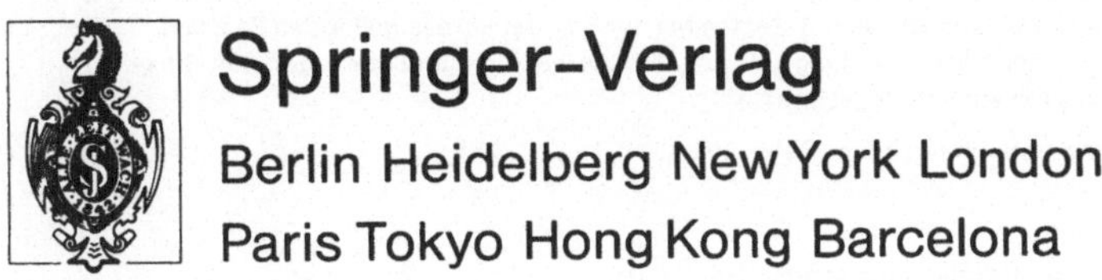

Autor

Henning Eckhardt
Ploenzke Informatik, Abt. PSE
Wilhelmstr. 48, W-6200 Wiesbaden

CR Subject Classification (1987): H.2.4, E.1, J.6

ISBN 978-3-540-53481-5 ISBN 978-3-642-51138-7 (eBook)
DOI 10.1007/978-3-642-51138-7

2145/3140-543210 – Gedruckt auf säurefreiem Papier

Vorwort

Thema der Arbeit ist die Synchronisierung von Transaktionen beim Zugriff auf sogenannte komplexe Objekte, wobei hier Objektstrukturen im Vordergrund stehen, wie man sie in Entwurfsanwendungen - z.B. Schaltungs- und Softwareentwurf - findet. Im Gegensatz zu einer Reihe anderer Verfahren wird für die Synchronisierung die logische Struktur der Objekte, und nicht ihre Speicherungsstruktur zugrunde gelegt. Dabei wird sowohl nach Varianten für Synchronisierungsverfahren auf den gegebenen Strukturen gefragt als auch nach der Möglichkeit, entwurfstypische Strukturen in das Objektmodell einzuführen und für die Synchronisierung auszunutzen. Die Behandlung von Verfahrensvarianten nimmt einen relativ breiten Raum ein. Dies spiegelt jedoch nicht die Gewichtung wider, die ich ihr zuordnen möchte; vielmehr betrachte ich die - durch den Softwareentwurf motivierte -Einführung von Abstraktionsebenen als den weitaus wichtigeren Beitrag.

Die vorliegende Arbeit entstand am Fachbereich Informatik der Johann Wolfgang Goethe-Universität Frankfurt als Dissertation unter dem Titel "Abwicklung von Entwurfstransaktionen für modulare Objektsysteme - Beiträge zur Synchronisierung in objektorientierten Datenbanken".

Zum Gelingen der Arbeit haben eine Reihe von Personen direkt oder indirekt beitragen. Mein Dank gilt meinen einstigen Kollegen Wolfgang Johannsen, Florian Matthes, Martin Weigele und insbesondere Jürgen Koch.

Erwähnen möchte ich auch, daß die experimentelle Implemenentierung nicht möglich gewesen wäre ohne das umfangreiche Objektspeicherungssystem, das im Verlauf der Diplomarbeiten von Jutta Czerny, Stefan Ott und Dietmar Weinmann entstand.

Mein Dank für etliche Diskussionen und wertvolle Anregungen geht schließlich auch an Prof. Dr. M. Jarke, Prof. Dr. H.-J. Schek und an letzter, aber keineswegs geringster Stelle Prof. Dr. J.W. Schmidt, mit dessen fachlicher und organisatorischer Unterstützung die Arbeit ermöglicht und verwirklicht wurde.

Frankfurt, im Oktober 1990 — Henning Eckhardt

Inhalt

1 Einleitung

Der Datenbankeinsatz im rechnergestützten Entwurf zeichnet sich aus durch – im Vergleich zu konventionellen Datenbankanwendungen – besondere Anforderungen an Datenmodell und Transaktionsabwicklung. Sowohl das Relationenmodell als auch das "traditionelle" Transaktionskonzept können diese Anforderungen in der Regel nicht befriedigend abdecken. Auf beiden Gebieten werden deshalb neue Konzepte entwickelt. Die Synchronisierung von Transaktionen ist durch die besonderen Charakteristika beider Gebiete auf zweierlei Weise betroffen. Zum einen erweist sich das für die klassische "flache" Transaktion gebräuchliche Korrektheitskriterium der Serialisierbarkeit als zu restriktiv. Eine Antwort hierauf ist die Zulassung nichtserialisierbarer Abwicklungen und die Einführung hierarchischer Transaktionsmodelle. Zum anderen legen Art und Umfang der Daten in Entwurfsanwendungen es nahe, spezielle, auf ausgewählten Dateneigenschaften basierende Synchronisierungsverfahren zu verwenden. Der thematische Schwerpunkt der vorliegenden Arbeit ist in den letzteren Bereich einzuordnen: die Synchronisierung von Transaktionen auf Entwurfsdaten.

1.1 Synchronisierung in Entwurfsanwendungen

Die Transaktion der konventionellen Datenbankanwendung ist eine Folge von Datenoperationen, die drei verschiedene Aufgaben in sich vereinigt; sie ist [Lynch 1983a][1]

- eine Einheit bezüglich der Konsistenzerhaltung,
- eine Einheit bezüglich der Synchronisierung und
- eine Einheit bezüglich der Fehlererholung.

[1] Die als typisch geltenden vier Transaktionseigenschaften der Atomarität, Konsistenz(erhaltung), Isolation und Dauerhaftigkeit ("ACID" – [Härder, Reuter 1983]) beschreiben den gleichen Sachverhalt.

Alle drei Aufgaben stehen zwar in Beziehung zueinander – beispielsweise sind bestimmte Verfahren der Synchronisierung und Fehlererholung nicht miteinander kombinierbar – in ihrer theoretischen Behandlung können sie aber unabhängig voneinander betrachtet werden. Für die Synchronisierung von Transaktionen steht mit dem Kriterium der *Serialisierbarkeit* ein theoretisch gut fundiertes Korrektheitskriterium zur Verfügung.

Die Verknüpfung der drei Aufgaben in dem einen Konzept "Transaktion" hat sich für konventionelle Anwendungen bewährt. Aus verschiedenen Gründen nimmt dabei die Eigenschaft der Konsistenzerhaltung eine Sonderrolle ein: sie wird, wenigstens aus der Sicht der Synchronisierung und Fehlererholung, als gegeben angenommen. Gilt diese Annahme, dann verhindert die Wahl der Transaktion als Synchronisierungseinheit Inkonsistenzen, die durch Nebenläufigkeit verursacht werden, und eine transaktionsorientierte Fehlererholung garantiert die (Wieder-) Herstellung konsistenter Datenzustände.

Im Zusammenhang mit Entwurfsanwendungen (und anderen der sogenannten "neuartigen" Anwendungen) erweist sich dieses Konzept der "integrierten Transaktion" jedoch als problematisch; die verschiedenen Funktionen treten in Widerspruch zueinander [Lynch 1983a] [Lorie, Plouffe 1983]. Erstellung und Fortschreibung von Entwurfsdaten sind gewöhnlich langdauernde, interaktiv abgewickelte Vorgänge. Dementsprechend sind die Operationsfolgen, die die Konsistenz der Daten bewahren, ebenfalls häufig von sehr langer Dauer. Eine Verwendung dieser "langen Transaktionen" als Synchronisierungseinheiten kann zu beträchtlichen gegenseitigen Verzögerungen führen – hier gerät die Konsistenzerhaltungseinheit in Konflikt mit der Synchronisierung, die eher nach kurzen Transaktionen verlangt. Im interaktiven Betrieb wären solche Verzögerungen besonders störend, weil sie die Benutzer zum Warten am Terminal zwingen würden [Bancilhon, Kim, Korth 1985]. Einen inakzeptablen Aufwand verursacht auch das Zurücksetzen oder Wiederholen langer Operationsfolgen bei der Fehlererholung, insbesondere, wenn dabei interaktiv eingegebene Daten verlorengehen [Lorie, Plouffe 1983] [Haskin, Lorie 1982] – hier beginnen die Funktionen der Konsistenzerhaltung und der Fehlererholung miteinander unverträglich zu werden.

Zur Lösung dieser Widersprüche werden folgerichtig die drei Funktionen einer Transaktion getrennt und *verschiedenen* Funktionseinheiten zugeordnet oder – und das läuft auf dasselbe hinaus – man verzichtet für bestimmte Transaktionen auf einzelne dieser Funktionen. Nicht selten allerdings werden diese Funktionseinheiten weiterhin unterschiedslos als "Transaktionen" bezeichnet, was die begriffliche Klarheit nicht unbedingt fördert.

Erste Schritte zu einem Transaktionskonzept in dieser Richtung finden sich bei [Lorie, Plouffe 1983]. Entwurfstransaktionen sind dort Folgen von Kurztransaktionen, diese wiederum sind Folgen einfacher Operationen. Die Entwurfstransaktionen sind den einzelnen Projektmitarbeitern zugeordnet, sie bilden die Einheiten der Konsistenzerhaltung und der Synchronisierung, die Kurztransaktionen die Einheiten der Fehlererholung.

Probleme ergeben sich aber auch im Rahmen der einzelnen Transaktionsfunktionen. Aus der in Entwurfsprojekten üblichen Arbeitsteilung beispielsweise entsteht ein Bedarf an geregelter Kommunikation von Daten zwischen den Projektmitarbeitern. Die Wahl der Transaktion als *alleiniger* Synchronisierungseinheit bedingt jedoch eine gewisse Isolierung der Transaktionen voneinander. Ein System wie das oben beschriebene, in dem die Entwurfstransaktionen die einzigen Synchronisierungseinheiten bilden, trägt dem Aspekt der Kooperation im Entwurfsprozeß nur ungenügend Rechnung [Kim et al. 1984]. In der Folge sind deshalb *hierarchische Modelle* für Entwurfstransaktionen entwickelt worden, die differenziertere Beschreibungen des Verhaltens von Transaktionen zulassen. Ein frühes Beispiel für solches Modell ist bei [Kim et al. 1984] zu finden. Die Hierarchie modelliert dort Abhängigkeiten zwischen Transaktionen, die durch den Austausch von Daten entstehen. Hierbei steht der Kooperationsgedanke im Vordergrund, während der Problematik simultaner Ausführungen von Transaktionen relativ wenig Aufmerksamkeit gewidmet wird - mit dem Ergebnis, daß nur wenig differenzierte Aussagen über den Datenzustand nach einer nebenläufigen Abwicklung gemacht werden können.

Weiterführende Arbeiten verwenden *geschachtelte Transaktionen* zur Modellierung der Entwurfsvorgänge, so zum Beispiel [Klahold et al. 1985], [Bancilhon, Kim, Korth 1985]. Die Schachtelung dient ebenfalls in erster Linie zur Modellierung der Arbeitsteilung im Entwurf; die einzelnen Transaktionen sind organisatorischen Einheiten wie Projekten, Teams und Mitarbeitern zugeordnet. Auch hier bezeichnet "Transaktion" Funktionseinheiten mit verschiedenartigen Aufgaben. Bei [Bancilhon, Kim, Korth 1985] etwa gibt es Transaktionen, die bezüglich der Synchronisierung keine Funktion haben, bei [Klahold et al. 1985] lassen sich für eine bestimmte Klasse von Transaktionen die Synchronisierungsbedingungen bei Bedarf außer Kraft setzen. Geschachtelt werden in diesen Modellen also verschiedenartige Funktionseinheiten. Wenn dabei bestimmte Klassen von Transaktionen auch Synchronisierungsaufgaben erfüllen, so lassen sich daraus jedoch bereits präzisere Aussagen über den Datenzustand ableiten, als bei einem System wie dem von [Kim et al. 1984] beschriebenen.

Transaktionsmodelle der oben besprochenen Art setzen bezüglich der Synchronisierung beim Kriterium der Serialisierbarkeit an, entweder, indem sie es (teilweise) aufgeben, durch ein anderes ersetzen oder indem sie es auf hierarchische Systeme übertragen. Von Bedeutung für die Synchronisierungs*technik* können - bei einem gegebenen Korrektheitskriterium - aber auch noch bestimmte Dateneigenschaften sein. Die Grundaussagen der Serialisierbarkeitstheorie beziehen sich auf ein Modell des Datenbanksystems, in dem die Daten in der Form uninterpretierter, voneinander unabhängiger "Entitäten" vorliegen. Im Relationenmodell bilden typischerweise Tupel solche Entitäten. Entwurfsdaten aber sind in der Regel komplex strukturiert und großen Umfangs; zwischen den Dateneinheiten gibt es eine große Anzahl von Beziehungen, unter Umständen verschiedenen Typs und es ist häufig auch erforderlich, eine solche Struktur wiederum als Einheit identifizieren zu können [Lockemann et al. 1985] [Härder, Reuter 1985]. In einem Relationenschema ist dies bekanntlich nicht direkt beschreibbar; Beziehungen zwischen den Dateneinheiten müssen auf Daten*werte* abgebildet werden, und das Datenbanksystem kann solche "Strukturdaten" nicht von anderen Daten unterscheiden. Die Folge können umständliche Spezifikationen des Datenbankschemas, Redundanz, ineffiziente Speicherungsstrukturen und komplizierte Anwendungsprogramme sein. Man strebt deshalb an, "typische" Datenstrukturen von Entwurfsdaten in das Datenmodell aufzunehmen [Lockemann et al. 1985].

Mit der Entwicklung von Datenmodellen für komplexe Strukturen wurde relativ früh begonnen, unabhängig von CAD-Anwendungen[2]. Typische Strukturen, die man in solchen *semantischen Datenmodellen* antrifft, sind cartesisches Produkt, Mengenbildung, Klassifikation und Generalisierung. Die beiden ersten Strukturen werden häufig als *Aggregationen* bezeichnet, da sie zur Konstruktion zusammengesetzter Datenobjekte dienen, während durch Klassifikation und Generalisierung eine Reduktion auf gemeinsame Eigenschaften von Datenobjekten erfolgt.

Bereits im Zusammenhang mit Entwurfsanwendungen wurde in [Batory, Buchmann 1984] das Konzept der *molekularen Aggregation* eingeführt – eine Form der Datenabstraktion durch eine Modularisierung der Datenmenge – und auf Beispiele aus dem Bereich des VLSI-Entwurfs angewandt [Batory, Kim 1985]. Modularisierung als Mittel zur Strukturierung von Entwurfsbeschreibungen läßt sich aber auch in anderen Bereichen, beispielsweise in der Softwareentwicklung finden.

Synchronisierungstechniken für strukturierte Daten sind schon für konventionelle Datenbankanwendungen entwickelt worden, und zwar mit zwei verschiedenen Zielrichtungen: zur Erhöhung des Parallelitätsgrades von Abwicklern und zur Verringerung des Verwaltungsaufwands für Sperren.

Eine Erhöhung des Parallelitätsgrades gegenüber Standardprotokollen wie dem Zweiphasensperren läßt sich erreichen, weil man für bestimmte Datenstrukturen nicht-zweiphasige serialisierende Sperrprotokolle einsetzen kann. Beispiele für solche Verfahren bieten diverse spezielle Synchronisierungsprotokolle für Suchstrukturen und allgemeine Sperrprotokolle für bestimmte Klassen gerichteter Graphen (s. Kap. 2).

In erster Linie auf eine Verringerung des Sperrverwaltungsaufwands ausgerichtet ist das von [Gray et al. 1976] entwickelte *multigranulare Sperren.* Gesperrt werden bei diesem Verfahren die Knoten eines *Sperrgraphen.* Der Graph beschreibt die Granularitätshierarchie der Daten in einem relationalen Datenbanksystem. Das multigranulare Sperren erlaubt das Setzen *impliziter* Sperren und erspart damit unter günstigen Umständen eine größere Anzahl expliziter Sperren. Zwar ist diese Technik ursprünglich nicht für die Anwendung auf strukturierte Datenobjekte vorgesehen gewesen, die Möglichkeit des impliziten Sperrens erscheint aber gerade angesichts des großen Datenumfangs, den einzelne Objekte im Entwurfsbereich annehmen können, reizvoll. So wurde auch bereits von [Haskin, Lorie 1982] die Anwendung dieses Protokolls auf Entwurfsdaten vorgeschlagen. Realisiert oder vorgesehen ist das multigranulare Sperren auch in dem System

[2] Als Beispiele seien – stellvertretend für viele – [Smith, Smith 1977a], [Codd 1979], [Hammer, McLeod 1981] herausgegriffen.

R^2D^2 [Dürr, Kemper 1988], allerdings für sehr spezielle Datenstrukturen. Als Ausgangspunkt dient das multigranulare Sperren auch bei [Herrmann 1990] und bei dem Synchronisierungsverfahren im objektorientierten Datenbanksystem ORION [Kim et al. 1987] [Garza, Kim 1988]. Die meisten der genannten Verfahren verwenden als Sperrgraphen eine Beschreibung der Struktur der physischen Repräsentation der Objekte, wobei es sich dann jeweils um relationale Repräsentationen handelt. Die Sperrverfahren sind also nicht auf der logischen Ebene des Datenmodells angesiedelt, sondern auf der der Repräsentation; sie sind *repräsentationsabhängig* formuliert. Eine Ausnahme bildet das in ORION angewandte Verfahren; hier dienen als Sperreinheiten bereits die Komponenten des Datenmodells, nämlich Klassen und Objekte.

1.2 Problemstellung und Zielsetzung

Diese Arbeit befaßt sich mit dem Einsatz von Sperrprotokollen, die für die logische Ebene eines Datenmodells für komplexe Objekte formuliert sind, also nicht mehr auf die physische Repräsentation der Objekte Bezug nehmen. Gefragt wird nach Zusammenhängen zwischen strukturellen Eigenschaften der Objekte und der Synchronisierung von Transaktionen. Im Zentrum steht der Ansatz des multigranularen Sperrens, der wegen der Möglichkeit des impliziten Sperrens gerade für solche Anwendungen interessant erscheint. Die Themenstellung läßt sich in etwa durch die beiden folgenden Fragen umreißen:

- *Welche Konsequenzen haben die Objekteigenschaften für das Sperrverfahren, welche dieser Eigenschaften lassen sich für eine Erhöhung des Parallelitätsgrades ausnutzen und unter welchen Bedingungen?*

  Charakteristisch für eine Reihe von Datenmodellen zur Beschreibung komplexer Objekte ist zum Beispiel, daß ein direkter Zugriff auch auf Objektkomponenten möglich ist, der Zugriffspfad also nicht allein durch die Objektstruktur vorgegeben ist. Im Rahmen der ursprünglichen Anwendung des multigranularen Sperrens gab es keine Entsprechung zur solchen Direktzugriffen. Im Zusammenhang mit Datenmodellen, die gemeinsame Datenobjekte (data sharing) zulassen, kommen ferner Operationen vor, die nur die *Beziehungen zwischen Objekten* modifizieren, nicht aber die an solchen Beziehungen beteiligten Objekte insgesamt. Das Sperren ganzer Objekte bzw. Teilobjekte ist in einem solchen Fall unter Umständen mehr, als erforderlich wäre.

- *Lassen sich durch die Übernahme bestimmter Objektstrukturen in das Datenmodell Vorteile für das Sperrverfahren erzielen?*

  Auch der eigentliche Vorteil des multigranularen Sperrens, die impliziten Sperren, kann sich unter bestimmten Bedingungen in unerwünschter Weise negativ auf den Parallelitätsgrad auswirken. In Anwendungen wie dem Schaltungsentwurf beispielsweise kann ein Objekt auf verschiedenen Abstraktionsebenen dargestellt werden. Im Softwareentwurf finden sich diese Abstraktionsebenen in der Form der Modularisierung wieder. Zur

Repräsentation dieser verschiedenen Abstraktionsebenen haben [Batory, Buchmann 1984] eine spezielle Aggregationsform, die schon erwähnte molekulare Aggregation, eingeführt. Die verschiedenen Ebenen können zum Teil unabhängig voneinander bearbeitet werden. In einem Datenmodell jedoch, in dem die Abstraktionsebenen eines Objekts als solche nicht voneinander unterscheidbar sind, würde ein Verfahren wie das multigranulare Sperren die Daten auf mehreren solcher Ebenen unter Umständen implizit mitsperren, die unabhängige Bearbeitung also gerade verhindern.

Bei der Behandlung beider Problemstellungen wird ein "konservatives" Modell des Datenbanksystems zugrunde gelegt, d.h. es wird angenommen, daß das Datenbankverwaltungssystem

- von den Anwendungsprogrammen die Aufrufe von Daten- und gegebenenfalls auch Sperroperationen registriert, diese
- Operationsaufrufe Transaktionen zuordnen kann und
- eine Auswertung der Semantik von Anwendungsprogrammen für die Synchronisierung nicht durchführt.

Den beiden oben aufgeführten Schwerpunkten entsprechend setzen die in dieser Arbeit vorgestellten Sperrprotokolle sowohl beim Sperrverfahren als auch beim Datenmodell an, indem

- einerseits verschiedene Sperreinheiten und Sperrgraphstrukturen mit entsprechenden Sperrrbedingungen eingeführt und andererseits
- die oben genannten *Abstraktionsebenen* in das Datenmodell aufgenommen und durch eine entsprechende Konstruktion des Sperrgraphen und des Sperrprotokolls ausgenutzt werden.

Beide Maßnahmen sind voneinander unabhängig. Die Wahl der Sperreinheit und des Sperrgraphen wirkt sich bei gegebenem Datenmodell auf den Parallelitätsgrad und die notwendige Zahl expliziter Sperren aus. Die Berücksichtigung von Abstraktionsebenen im Sperrprotokoll erlaubt – gegenüber einem Datenmodell ohne diese Ebenen – eine Begrenzung der Reichweite impliziter Sperren und, für einige Sperrmodi, eine Reduktion der Anzahl der erforderlichen expliziten Sperren.

Die Sperrverfahren werden anhand eines *exemplarischen Datenmodells* für komplexe Objekte, der sogenannten *Objektsysteme* [Khoshafian, Copeland 1986] entwickelt. Zur Repräsentation verschiedener Abstraktionsebenen wird dieses Datenmodell um eine als "Modul" bezeichnete Datenstruktur erweitert zu *modularen Objektsystemen*. Die Sperrprotokolle werden zunächst für flache Transaktionen formuliert; die Integration in geschachtelte Transaktionen bringt keine wesentlichen Änderungen mehr mit sich.

Von Interesse sind für diese Arbeit nur die *strukturellen Eigenschaften* des Datenmodells. Objektsysteme stellen in dieser Hinsicht ein sehr allgemeines Modell dar, das auf wenigen, einfachen Konzepten aufbaut und die Vorteile des Relationenmodells bewahrt, das aufgrund seiner Eigenschaften aber auch schon als Basis für die Implementierung eines objektorientierten Datenmodells verstanden werden kann. Wegen dieser Allgemeinheit sind die hier vorgestellten Sperrverfahren zugleich als ein Beitrag zur Implementierung eines Synchronisierungsverfahrens für das am Lehrstuhl für Datenbanken und Informationssysteme in Entwicklung befindliche *DBPL-System* zu sehen. DBPL [Eckhardt et al. 1985] [Schmidt, Eckhardt, Matthes 1988] ist eine Datenbankprogrammiersprache, die als Kern die Sprache *Modula-2* [Wirth 1983] enthält. Die erste Implementation von DBPL unterstützte nur flache Relationen als Datenbankvariable; zur Zeit wird das System erweitert auf Datenbankvariable beliebigen Typs. Die so entstehenden Strukturen von Datenbankinhalten kommen den in Objektsystemen verfügbaren Datenstrukturen sehr nahe. Die Einführung von Abstraktionsebenen hat sich darüber hinaus als ein geeignetes Mittel für die Beschreibung Software-Konfigurationen in einer Datenbank für Software-Engineering erwiesen [Eckhardt 1987].

Nicht behandelt wird in dieser Arbeit die Frage nach der günstigsten Plazierung von Sperren. Die Sperrprotokolle formulieren wie üblich die Bedingungen, denen die einzelnen Transaktionen genügen müssen, um eine "korrekte" nebenläufige Abwicklung zu garantieren. Wenn aber, wie in diesem Fall, eine Menge von Objekten durch verschiedene Sperrbelegungen gesperrt werden kann, dann eröffnet sich auch die Möglichkeit, nach einer für die jeweilige Datenbankanfrage oder -manipulation günstigen Sperrbelegung zu suchen. Überlegungen in dieser Richtung stellen [Dürr, Kemper 1988] an. Ausführlichere Behandlungen dieses Themas finden sich in [Herrmann 1990].

1.3 Überblick über die Arbeit

Die Arbeit besteht im wesentlichen aus drei Teilen: einer Einführung in Modelle für die Abwicklung von Transaktionen und in Sperrtechniken für die Synchronisierung (Kap. 2, 3), einer Darstellung der Datenstrukturen, die im folgenden zugrundegelegt werden (Kap. 4) und der Vorstellung der für diese Datenstrukturen entwickelten Sperrprotokolle (Kap. 5, 6).

Kapitel 2 und großenteils auch 3 sollen dazu dienen, den für die Betrachtung von Synchronisierungstechniken und Modellen für Entwurfstransaktionen relevanten theoretischen Hintergrund herauszuarbeiten. Kapitel 2 behandelt ausschließlich flache Transaktionen. Es beginnt mit einem Abriß der Theorie der Serialisierbarkeit, in dem die verschiedenen Serialisierbarkeitsbegriffe und das wichtigste allgemeine Sperrverfahren zur Realisierung serialisierbarer Abwicklungen vorgestellt werden. Im Anschluß daran wird auf spezielle, datenorientierte Sperrverfahren eingegangen. Eines davon, das multigranulare Sperren, bildet den Ausgangspunkt für das in Kapitel 5 vorzustellende Sperrverfahren.

Gegenstand von Kapitel 3 sind hierarchische Transaktionsmodelle auf zwei Gebieten: Modelle für die Synchronisierung von Transaktionen und Modelle für Entwurfstransaktionen. Im Zusammenhang mit der Synchronisierung werden zwei Arten von Hierarchien betrachtet, sogenannte "Mehrebenenabwicklungen"

$\mathcal{E}$	Menge der Entitäten einer Datenbank
St	Menge der Datenzustände einer Datenbank
St_C	Menge der konsistenten Datenzustände in St
τ	endliche Menge von Transaktionen
T	endliche Menge von Transaktionsbäumen
$<_t$	Transaktionsordnung einer Transaktion t
$<_T$	globale Transaktionsordnung einer Menge T von Transaktionsbäumen
$<_{DEP}$	Abhängigkeitsordnung einer Abwicklung
$\mathcal{C}$	Fixpunktmenge eines Abwicklers
$\mathcal{DG}$	Abhängigkeitsgraph einer Abwicklung

Tabelle 1.1: Liste der Standardsymbole

und geschachtelte Transaktionen. Der Abschnitt über die Synchronisierung geschachtelter Transaktionen bildet den Hintergrund für die darauf folgende Betrachtung von Transaktionskonzepten für Entwurfsanwendungen.

Kapitel 4 beschäftigt sich mit Datenmodellen zur Repräsentation komplexer Objekte bzw. Entwurfsdaten. Dieses Kapitel dient im wesentlichen dazu, die als exemplarisches Datenmodell verwendeten Objektsysteme vorzustellen und die Erweiterung auf modulare Objektsysteme einzuführen. Vorweg geht eine zusammenfassende Darstellung einiger der bekannteren Datenmodelle, die im Zusammenhang mit der Modellierung komplexer Objekte entwickelt oder verwendet wurden.

Kapitel 5 beginnt mit einer Betrachtung der Anwendung des multigranularen Sperrens auf komplexe Objekte, insbesondere auf Objektsysteme. Die dort angestellten Überlegungen dienen als Ansatz für eine Modifikation des Sperrprotokolls. Anschließend wird dieses Protokoll erweitert zu einem Sperrprotokoll für modulare Objektsysteme. Beide Sperrverfahren werden für flache Transaktionen entwickelt; das in Kapitel 3 verwendete Modell für geschachtelte Transaktionen erlaubt dann eine relativ problemlose Einbettung der Verfahren in geschachtelte Transaktionen. Kapitel 6 schließlich behandelt einige technische Einzelheiten einer Implementierung der Synchronisierungsverfahren für ein Mehrbenutzer-Objektspeicherungssystem.

1.4 Notationelle Konventionen

Es wurde versucht, bei der Beschreibung der verschiedenen Transaktionsmodelle eine möglichst einheitliche Bezeichnungsweise beizubehalten. Tabelle 1.1 führt die so enststandenen "Standardsymbole" auf; die genaue Bedeutung der Symbole ist den beiden folgenden Kapiteln zu entnehmen.

Ferner bezeichnet $f|_M$ die Einschränkung einer Funktion f auf die Menge M, $<|_M$ die Einschränkung einer Ordnungsrelation auf Paare in $M \times M$. Sind a, b Knoten eines gerichteten Graphen, so bezeichnen $\langle a, b\rangle$ bzw. $\langle a, m, b\rangle$ Kanten von a nach b; in der letzteren Form ist die Kante markiert (mit m). Für die Potenzmenge wird das Symbol $\mathcal{P}$ verwendet.

Das Symbol "□" markiert das Ende von Definitionen und Sätzen.

2 Flache Transaktionsmodelle

In diesem Kapitel soll zunächst ein Überblick über die "klassische" Theorie der Serialisierbarkeit gegeben werden, die für flache (im Gegensatz zu geschachtelten) Transaktionen formuliert wurde. Einige wesentliche Eigenschaften von Abwicklungen solcher Transaktionen gelten in nur wenig modifizierter Form auch noch für geschachtelte Transaktionen, wie sie in Kapitel 3 behandelt werden.

Die Benutzer einer Datenbank erwarten, daß die Daten gewissen Konsistenzbedingungen genügen, die durch den modellierten Realitätsaspekt und durch die Eigenschaften des verwendeten Datenmodells vorgegeben sind. Das Konzept der *Transaktion* hat im Rahmen der konventionellen Anwendungen bei Maßnahmen zur Sicherung dieser Konsistenz eine zentrale Rolle eingenommen. Im allgemeinen kann eine einzelne Datenbankoperation nicht die Einhaltung aller Konsistenzbedingungen garantieren, sondern nur eine Folge mehrerer Operationen. Man faßt darum eine solche Folge zu einer neuen Einheit, der Transaktion, zusammen. Eine Transaktion überführt also, zumindest bei isolierter Ausführung, einen konsistenten Zustand der Datenbank wieder in einen konsistenten Zustand [Eswaran et al. 1976].

Wird die Konsistenzerhaltung als Eigenschaft einer *isoliert* ausgeführten Transaktion vorausgesetzt, bleibt allerdings die Möglichkeit bestehen, daß simultan arbeitende Transaktionen durch Interferenzen inkonsistente Zustände erzeugen. Diese *Parallelitätsanomalien* sind in der Literatur ausführlich behandelt worden (z.B. [Kelter 1985], [Ullman 1982]). Die Vermeidung solcher Anomalien ist Gegenstand der Theorie der Parallelitätskontrolle oder Synchronisierung von Transaktionen. Als Korrektheitskriterium für die simultane Ausführung von Transaktionen hat sich dort die *Serialisierbarkeit* durchgesetzt: eine simultane Ausführung ist serialisierbar, wenn es eine – in einem jeweils zu bestimmenden Sinn: – *äquivalente* sequentielle Hintereinanderausführung der gleichen Transaktionen gibt. Serialisierbare Ausführungen sind konsistenzerhaltend, wenn jede einzelne Transaktion dies ist; sie "bewahren" diese Eigenschaft. Aufgrund dessen wird die Synchronisierung von Transaktionen gelegentlich auch als Maßnahme zur Konsistenzsicherung betrachtet. In der "klassischen" Theorie der Serialisierbarkeit spielt der Konsistenzbegriff jedoch keine Rolle, ebensowenig wie in den meisten Erweiterungen auf hierarchische Transaktionsmodelle.

Auf die Beziehungen zwischen Konsistenz und Synchronisierung werden wir am Schluß des Kapitels noch einmal kurz eingehen. Zunächst folgt der Überblick über die Theorie der Serialisierbarkeit; Abschnitt 2.2 behandelt anschließend einige spezielle, datenorientierte Synchronisierungsverfahren. Insbesondere wird dort auch das multigranulare Sperren vorgestellt, das als Ausgangspunkt für die in dieser Arbeit zu entwickelnden Sperrprotokolle dient.

2.1 Theorie der Serialisierbarkeit

Eine der ersten formalen Behandlungen der Serialisierbarkeit stammt von [Eswaran et al. 1976]; die Äquivalenz von Abwicklungen wird dort auf der Basis von Konflikten zwischen Transaktionen definiert. [Papadimitriou 1979] hat darauf hingewiesen, daß der Begriff der Serialisierbarkeit schon auf eine allgemeinere Äquivalenzdefinition anwendbar ist und hat dementsprechend verschiedene Klassen serialisierbarer Abwicklungen unterschieden. [Eswaran et al. 1976] beschreiben nach dieser Klassifizierung den speziellen Fall der *Konfliktserialisierbarkeit* [Yannakakis 1984]. Die Klasse konfliktserialisierbarer Abwicklungen hat aufgrund ihrer Eigenschaften eine sehr große praktische Bedeutung; einerseits läßt sich nämlich für den Test auf Konfliktserialisierbarkeit ein effizientes Verfahren angeben, andererseits weisen reale Synchronisierungsverfahren eine "Monotonieeigenschaft" auf, die genau durch die konfliktserialisierbaren Abwicklungen erfüllt wird [Yannakakis 1984]. Aus diesem Grund wird die Bezeichnung "Serialisierbarkeit" häufig nur auf den Spezialfall der Konfliktserialisierbarkeit angewendet (so z.B. bei [Bernstein, Hadzilacos, Goodman 1987]); solange keine Mißverständnisse entstehen können, werden wir dies im folgenden ebenfalls tun.

2.1.1 Ein Modell des Datenbanksystems

Für alle weiteren Betrachtungen zur Synchronisierung genügt es, ein sehr einfaches Modell eines Datenbanksystems zugrunde zu legen, in dem nur zwei Funktionseinheiten einer Datenbank unterschieden werden: ein *Datensystem* und ein *Abwickler* (s.a. Abb. 2.2, S. 15). Das Datensystem führt die Operationen auf den Daten aus, der Abwickler kontrolliert, welche Operations*aufrufe* tatsächlich zum Datensystem gelangen.

Das Datensystem

Das Datensystem führt *Operationen* auf einer Menge $\mathcal{E}$ von Entitäten aus. Als Entität wird eine Menge von Daten bezeichnet, die bezüglich der Operationen als atomare Einheit behandelt werden kann. Es wird vorausgesetzt, daß $\mathcal{E}$ eine Partition der Menge der Daten darstellt. Damit sind bestimmte Seiteneffekte wie implizite Änderungen von Entitäten durch eine Operation ausgeschlossen.

Über etwaige Feinstrukturen dieser Entitäten werden keine Annahmen gemacht. Jeder Entität $x \in \mathcal{E}$ ist ein Wertebereich D_x zugeordnet. Die Menge St der möglichen Datenzustände wird durch das cartesische Produkt der Wertebereiche beschrieben:

$$St = \prod_{x \in \mathcal{E}} D_x$$

In der Regel genügen nicht alle Zustände aus St den durch das jeweilige Datenmodell und die Datenbankanwendung definierten Konsistenzbedingungen, sondern nur eine Teilmenge $St_C \subseteq St$ von *konsistenten* Zuständen.

Die Ausführung einer Operation auf einer Entität wird als *Aktion* bezeichnet; jede Aktion kann als Abbildung $St \longrightarrow St$ beschrieben werden. Im allgemeinen wird man den Effekt einer Aktion mittels der Operation definieren können, deren Ausführung sie darstellt. Zur Bezeichnung der Aktionen werden deshalb im folgenden häufig die Operationsnamen benutzt; verschiedene Ausführungen derselben Operation werden durch die Verwendung von Indizes unterschieden oder nur durch ihre Position in sequentiellen Darstellungen von Abwicklungen. Die Menge der Datenoperationen wird in der klassischen Theorie meistens auf *read* (r) und *write* (w) beschränkt; $r(x)$ liest genau eine Entität $x \in \mathcal{E}$, $w(x)$ schreibt genau eine Entität $x \in \mathcal{E}$. Dieses Modell wird im folgenden als *Lese/Schreib-Modell* bezeichnet. Einige wichtige Aussagen der Serialisierbarkeitstheorie gelten für ein eingeschränktes Modell, das *Aktionsmodell* [Papadimitriou 1986]. Im Aktionsmodell bilden Lesen und Schreiben einer Entität eine einzige Aktion; $a(x)$ (access) liest den Wert der Entität x und schreibt anschließend einen neuen Wert nach x.

Definition 2.1 Die Ausführung einer endlichen Menge A von Aktionen durch ein Datensystem wird als *Abwicklung* (schedule, history, log, computation) bezeichnet. Eine Abwicklung wird durch ein Paar $s = (A, <)$ beschrieben, wobei $<$ eine totale Ordnung auf A ist; $<$ heißt *Ausführungsordnung.* □

Die Ausführungsordnung beschreibt eine zeitliche Reihenfolge: "$a < b$" ist zu interpretieren als "a endet, bevor b beginnt". Durch die Verwendung einer totalen Ordnung wird den Aktionen eine *Atomaritätseigenschaft* zugewiesen, die in Serialisierbarkeitsbeweisen benötigt wird. Der einfacheren Schreibweise wegen werden wir Abwicklungen häufig als Sequenz von Aktionen notieren, eine Abwicklung s mit den Aktionen $a_1 < a_2 < a_3 < a_4$ also beispielsweise als $s = a_1a_2a_3a_4$. Für zwei Aktionsmengen A und B verwenden wir auch die abkürzende Schreibweise $A < B$, wenn für alle $a \in A$ und alle $b \in B$ gilt $a < b$.

Eine *Transaktion* wird als Sequenz von Aktionen beschrieben; die Aktionsfolge repräsentiert die *Ausführung* eines Programms, einen Prozeß also (das "Programm" kann auch aus einer Folge von Benutzerbefehlen im interaktiven Betrieb bestehen); Kontrollstrukturen des Programms tauchen in dieser Darstellung demnach nicht mehr auf [1]:

[1] Der später folgende Begriff der "Sichtserialisierbarkeit" berücksichtigt aber indirekt die Existenz von Kontrollstrukturen.

Definition 2.2 Eine *Transaktion* t ist ein Paar $(A, <_t)$, wobei A eine endliche Menge von Aktionen ist und $<_t$ eine totale Ordnung auf A; $<_t$ heißt *Transaktionsordnung*.

Ein *Transaktionssystem* τ ist eine endliche Menge $\{t_1, t_2, \ldots, t_m\}$ von Transaktionen, wobei die Aktionsmengen A_i der Transaktionen paarweise disjunkt sind. □

Die Transaktionsordnung ist die durch die Transaktion vorgeschriebene zeitliche Beziehung zwischen den Aktionen in A; sie kann beispielsweise durch das die Transaktion erzeugende Programm definiert sein. Um die Möglichkeit kürzerer Formulierungen zu haben, verwenden wir zur Identifizierung von Aktionen eines Transaktionssystems Indizes in folgender Weise: Sei $\tau = \{t_1, t_2, \ldots t_m\}$ ein Transaktionssystem; die Aktionsmenge einer Transaktion t_i wird durch A_i bezeichnet und Aktionen aus A_i werden durch ein Indexpaar ik gekennzeichnet, wobei i die Transaktion identifiziert und k die "Position" der Aktion innerhalb der Transaktion. Die Aktion a_{ik} stellt also die k-te Aktion von t_i dar.

Man kann jeder Transaktion t ein Programmschema wie folgt zuordnen: Eine Aktion $r_i(x)$ weist einer Programmvariablen θ_i den Wert von x zu; eine Aktion $w_i(x)$ weist der Entität x einen Wert zu, der eine (uninterpretierte) Funktion

$$f_i(\theta_{k_1}, \theta_{k_2}, \ldots, \theta_{k_j})$$

(für alle $k_l < i$ und $a_{k_l} = r(\ldots)$) aller vorher gelesenen Entitäten ist. Eine *Interpretation* von t ist dann eine Zuordnung der Entitäten zu Wertebereichen und der Funktionssymbole f_i zu Funktionen auf diesen Wertebereichen. Im Aktionsmodell werden jeder Aktion $a_i(x)$ beide Zuweisungen als unteilbare Einheit zugeordnet.

> **Beispiel 2.1** Abbildung 2.1 zeigt zwei Beispiele für Programmschemata und Interpretationen. Das erste Beispiel könnte aus einer Auftragsbearbeitung stammen, in der für eine Menge x einer bestellten Ware anhand des Preises y der neue Kontostand z eines Kunden berechnet und anschließend die Bestellmenge auf Null gesetzt wird.
>
> Das zweite Beispiel könnte eine Transaktion darstellen, die einen bestimmten Betrag von einem Konto (x) abbucht und ihn einem anderen Konto (y) gutschreibt.
>
> Die erste Transaktion kann in dieser Form nicht im Aktionsmodell vorkommen, da dort sowohl die Trennung von Lese- und Schreiboperation ($r_1(x)$ und $w_5(x)$) als auch einzelne Leseoperationen ($r_2(y)$) ausgeschlossen sind. Die von dieser Transaktion durchgeführte Berechnung läßt sich aber auch im Aktionsmodell darstellen.

Bei der nebenläufigen Abarbeitung von Transaktionen können sich deren Aktionsfolgen überlappen. Dabei müssen die einzelnen Transaktionsordnungen jedoch erhalten bleiben.

Definition 2.3 Eine *Abwicklung eines Transaktionssystems* $\tau = \{t_1, t_2, .., t_m\}$ mit $t_i = (A_i, <_{t_i})$ ist eine Abwicklung $s = (A, <)$, derart, daß $A = A_1 \cup A_2 \cup \ldots \cup A_m$ und für alle $<_{t_i}$ gilt $<_{t_i} \subseteq <$.

Transaktion	Programmschema	Interpretation
	Lese/Schreib-Modell	
$r_1(x)$	$\theta_1 := x$	$D_x = D_y = D_z =$ **integer**
$r_2(y)$	$\theta_2 := y$	$f_4(\theta_1, \theta_2, \theta_3) = \theta_1 * \theta_2 + \theta_3$
$r_3(z)$	$\theta_3 := z$	$f_5(\theta_1, \theta_2, \theta_3) = 0$
$w_4(z)$	$z := f_4(\theta_1, \theta_2, \theta_3)$	
$w_5(x)$	$x := f_5(\theta_1, \theta_2, \theta_3)$	
	Aktionsmodell	
$a_1(x)$	$\theta_1 := x$	$D_x = D_y =$ **integer**
	$x := f_1(\theta_1)$	$f_1(\theta_1) = \theta_1 - 50$
$a_2(y)$	$\theta_2 := y$	$f_2(\theta_1, \theta_2) = \theta_2 + 50$
	$y := f_2(\theta_1, \theta_2)$	

Abbildung 2.1: Beispiel für zwei Programmschemata und Interpretationen

Die Abwicklung heißt *seriell*, wenn für je zwei Transaktionen t_i und t_k in s entweder $A_i < A_k$ oder $A_k < A_i$ gilt. □

Eine serielle Abwicklung stellt eine Hintereinanderausführung der Transaktionen dar. Eine solche Abwicklung notieren wir im folgenden auch als Sequenz von Transaktionen. Serielle Abwicklungen haben eine sehr angenehme Eigenschaft: der Datenzustand nach der Abwicklung kann mittels einer sukzessiven "Anwendung" der einzelnen Transaktionen auf den Anfangszustand beschrieben werden.

Analog zur Interpretation einer einzelnen Transaktion definiert man die Interpretation eines Transaktionssystems, indem man für jede Transaktion eine Interpretation angibt. Dabei muß für jede Entität x der Wertebereich D_x in jeder Interpretation derselbe sein.

Der Abwickler

Der *Abwickler* (scheduler) ist diejenige Funktionseinheit des Datenbanksystems, die dafür sorgt, daß nur als korrekt klassifizierte Abwicklungen zur Ausführung kommen. Der Strom von Operationsaufrufen verschiedener Transaktionen wird vom Abwickler als Eingabe empfangen und zur Ausführung an das Datensystem weitergegeben (Abb. 2.2. Rechts ist die von den Transaktionen erzeugte Folge von Operationsaufrufen dargestellt, links die vom Abwickler durch Umordnen erzeugte Folge.). Der Abwickler testet jeden Operationsaufruf auf Zulässigkeit innerhalb einer korrekten Abwicklung und verzögert gegebenenfalls dessen Weitergabe, um so die Eingabeabwicklung in eine korrekte effektive Abwicklung zu transformieren.

Ein qualitatives Leistungsmaß für einen Abwickler *TM* ist dessen Fixpunktmenge[2] [Kung, Papadimitriou 1983]. Sei S die Menge aller möglichen Abwicklungen,

[2] "concurrency" bei [Papadimitriou 1986]

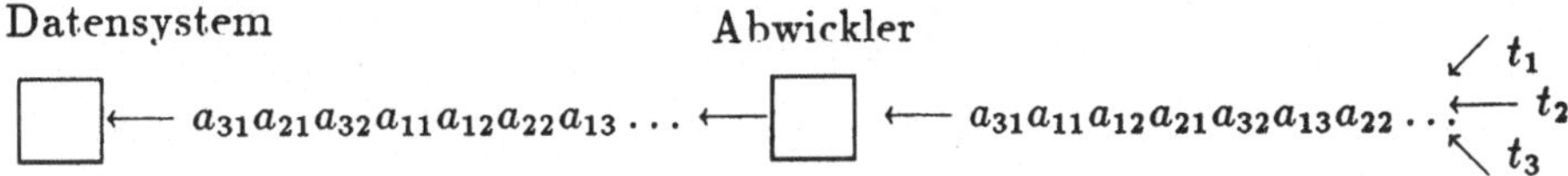

Abbildung 2.2: Funktion des Abwicklers im Datenbanksystem

also die Menge der Abwicklungen, die *TM* als Eingabe erhalten kann; als *Fixpunktmenge* von *TM*, $C(TM)$, wird die Menge von Abwicklungen aus S bezeichnet, die *TM* ohne Verzögerungen, also unverändert, passieren können. $C(TM)$ ist ein Maß für den Parallelitätsgrad eines Abwicklers; wenn für zwei Abwickler *TM* und TM' $C(TM) \subset C(TM')$ gilt, dann erlaubt TM' eine höhere Parallelität als *TM*. Zur Bewertung von Abwickleralgorithmen muß allerdings auch deren Effizienz betrachtet werden; für einige Klassen korrekter Abwicklungen läßt sich kein effizienter Abwickler konstruieren. Außerdem können zwei Abwickler bezüglich ihres Parallelitätsgrades unvergleichbar sein, da die Teilmengenbeziehung zwischen den Fixpunktmengen nur eine partielle Ordnung bildet.

2.1.2 Klassen serialisierbarer Abwicklungen

Jede Abwicklung s kann auch als Abbildung

$$s : St \longrightarrow St$$

betrachtet werden. Zwei Abwicklungen s und s' der gleichen Menge von Transaktionen werden dann als zustandsäquivalent (state equivalent, final-state equivalent) bezeichnet, wenn sie als solche Abbildungen identisch sind:

Definition 2.4 Zwei Abwicklungen s und s' eines Transaktionssystems τ sind *zustandsäquivalent*, wenn unter jeder Interpretation für s bzw. s' und für alle Anfangszustände $st_0 \in St$ gilt $s(st_0) = s'(st_0)$. □

Die Korrektheit einer nebenläufigen Abwicklung von Transaktionen kann nun mit Hilfe der Zustandsäquivalenz definiert werden:

Definition 2.5 Eine Abwicklung s heißt *zustandsserialisierbar* (final-state serializable), wenn es zu s eine zustandsäquivalente serielle Abwicklung gibt. □

Die Klausel "unter jeder Interpretation" in Definition 2.4 schließt die Berücksichtigung einer speziellen Semantik der Daten aus; Zustandsäquivalenz und -serialisierbarkeit sind rein syntaktische Kriterien.

Zustandsserialisierbare Abwicklungen können eine unter Umständen unerwünschte Eigenschaft besitzen; ein Beispiel dafür zeigt Abbildung 2.3 [Yannakakis 1984]. Die nebenläufige Abwicklung von t_1, t_2 und t_3 ist zustandsäquivalent zur seriellen Abwicklung $t_1t_2t_3$ obwohl $r_{21}(y)$ nicht den von $w_{12}(y)$ geschriebenen Wert liest. Der Grund dafür ist die Transaktion t_3, die mit der Aktion $w_{31}(x)$ das Ergebnis von t_1 löscht; die Aktionen von t_2 sind in dieser Abwicklung "tot". Zwar ist der Datenbankzustand nach der Abwicklung der gleiche wie nach $t_1t_2t_3$, es ist aber nicht sicher, daß die *Transaktionen* in der seriellen

$$
\begin{array}{lllll}
s = & t_1 & r_{11}(x) & & w_{12}(y) & \\
& t_2 & & r_{21}(y) w_{22}(x) & & \\
& t_3 & & & & w_{31}(x)
\end{array}
$$

Abbildung 2.3: Eine zustandsserialisierbare Abwicklung

Abwicklung noch konsistenzerhaltend sind. Wenn nämlich die Transaktionen durch Programme oder interaktive Benutzer erzeugt werden, kann die Auswahl der jeweils nächsten Aktion durch die bereits gelesenen Werte bedingt sein. Die Transaktion t_2 des Beispiels hat aber in der seriellen Abwicklung eine andere "Sicht" der Datenbank als in der nebenläufigen; es wäre also möglich, daß t_2 in $t_1 t_2 t_3$ andere Aktionen enthielte. Diese Überlegungen gelten nur für das Lese/Schreib-Modell; im Aktionsmodell könnten t_1, t_2 und t_3 nicht vorkommen.

Eine strengere Äquivalenzdefinition schließt diese Art von Parallelitätsanomalien aus [Yannakakis 1984]:

Definition 2.6 Die *Sicht* einer Transaktion t mit Leseaktionen $r_1(x_1), \ldots, r_k(x_k)$ in einer Abwicklung s ist die Menge der Werte von $x_1, \ldots, x_k$, die durch die Aktionen $r_1(x_1), \ldots, r_k(x_k)$ gelesen werden. Zwei Abwicklungen s und s' heißen *sichtäquivalent* (view equivalent), wenn

(a) sie zustandsäquivalent sind und

(b) die Sichten jeder Transaktion in s und s' bei jedem Anfangszustand der Datenbank und unter jeder Interpretation gleich sind.

□

Definition 2.7 Eine Abwicklung heißt *sichtserialisierbar* (view serializable), wenn es eine sichtäquivalente serielle Abwicklung gibt. □

Die Abwicklung in Abbildung 2.3 ist nicht sichtserialisierbar.

Aus Definition 2.6 folgt unmittelbar

Satz 2.1 Jede sichtserialisierbare Abwicklung ist zustandsserialisierbar. □

Das obige Beispiel zeigt auch, daß die Klasse VSR der sichtserialisierbaren Abwicklungen eine echte Teilmenge der Klasse SSR der zustandsserialisierbaren Abwicklungen ist[3].

Der von [Eswaran et al. 1976] eingeführte Begriff der Konfliktserialisierbarkeit beruht auf der Bestimmung von Konflikten oder Unverträglichkeiten zwischen den Aktionen verschiedener Transaktionen.

Definition 2.8 Zwei Aktionen a_{ij} und a_{kl} zweier verschiedener Transaktionen t_i und t_k heißen *unverträglich*, wenn beide auf dieselbe Entität zugreifen und mindestens eine Aktion eine Schreiboperation ist. Andernfalls heißen a_{ij} und a_{kl} *verträglich*. □

[3] SSR \ VSR läßt sich sogar genau bestimmen als die Klasse aller Abwicklungen, die sogenannte tote Aktionen enthalten [Papadimitriou 1986].

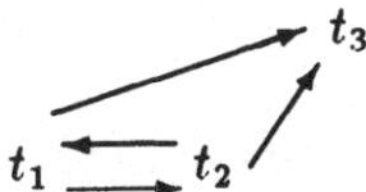

Abbildung 2.4: Abhängigkeitsgraph

Die Definition ist so gewählt, daß zwei in einer Abwicklung s aufeinander folgende verträgliche Aktionen kommutieren, d.h. sie können miteinander vertauscht werden und die daraus entstehende Abwicklung s' ist sichtäquivalent zu s. Definition 2.8 bestimmt die Unverträglichkeiten im Lese/Schreib-Modell. Im Aktionsmodell sind zwei Aktionen unverträglich, wenn sie auf dieselbe Entität zugreifen. Tatsächlich ist zur Prüfung der Konfliktäquivalenz die Kenntnis der ausgeführten Operation nicht einmal nötig; es genügt, für jedes Paar a_{ij}, a_{kl} zu wissen, ob die Aktionen verträglich sind oder nicht.

Definition 2.9 Zwei Abwicklungen $s = (A, <)$ und $s' = (A, <')$, eines Transaktionssystems $\tau = \{t_1, \ldots, t_m\}$ heißen *konfliktäquivalent*, wenn für jedes Paar (a_{ij}, a_{kl}) unverträglicher Aktionen gilt:

$$a_{ij} < a_{kl} \Leftrightarrow a_{ij} <' a_{kl}$$

Eine Abwicklung s heißt *konfliktserialisierbar*, wenn es zu s eine konfliktäquivalente serielle Abwicklung gibt. □

Satz 2.2 [Papadimitriou 1986] Jede konfliktserialisierbare Abwicklung ist sichtserialisierbar. □

Beim Aktionsmodell fallen Zustands-, Sicht- und Konfliktserialisierbarkeit zusammen. Die Klasse CSR der konfliktserialisierbaren Abwicklungen ist für die Konstruktion von Abwicklern in mehrerlei Hinsicht von besonderer Bedeutung. Während Tests auf Sicht- und Zustandsserialisierbarkeit NP-vollständig sind [Papadimitriou 1979] [Papadimitriou 1986], gibt es für Konfliktserialisierbarkeit einen effizienten Test. Der Nachweis geschieht mittels Konstruktion eines sogenannten *Abhängigkeitsgraphen* ("Konfliktgraph" [Papadimitriou 1986], "Serialisierungsgraph" [Bernstein, Hadzilacos, Goodman 1987]).

Definition 2.10 Sei $s = (A, <)$ eine Abwicklung eines Transaktionssystems $\tau = \{t_1, \ldots, t_m\}$. Der *Abhängigkeitsgraph* $\mathcal{DG}(s)$ ist ein gerichteter Graph, dessen Knoten die Transaktionen $t_1, \ldots, t_m$ und dessen Kanten alle Paare $\langle t_i, t_k \rangle$ sind, für die es unverträgliche Aktionen a_{ij} und a_{kl} mit $a_{ij} < a_{kl}$ gibt. $\mathcal{DG}(s)$ definiert eine Relation $<_{DEP} \subseteq \tau \times \tau$ mit $t_i <_{DEP} t_k$ genau dann, wenn es in $\mathcal{DG}(s)$ einen gerichteten Weg von t_i nach t_k gibt. □

Abbildung 2.4 zeigt den Abhängigkeitsgraphen zu der Abwicklung aus Abbildung 2.3.

Satz 2.3 [Papadimitriou 1979] [Papadimitriou 1986] Eine Abwicklung s ist genau dann konfliktserialisierbar, wenn der Abhängigkeitsgraph $\mathcal{DG}(s)$ azyklisch ist. □

$$
\begin{array}{llllll}
s = & t_1 & w_{11}(x) & & & r_{12}(y)w_{13}(y) & \\
& t_2 & & w_{21}(x) & & & \\
& t_3 & & & r_{31}(x)w_{32}(y) & & \\
& t_4 & & & & & w_{41}(x)
\end{array}
$$

Abbildung 2.5: Eine sichtserialisierbare Abwicklung

Eine zu Satz 2.3 äquivalente Aussage ist, daß s genau dann konfliktserialisierbar ist, wenn $<_{DEP}$ eine partielle Ordnung bildet. Eine weitere mögliche Definition der Konfliktserialisierbarkeit basiert auf der Vertauschung kommutierender Operationen [Papadimitriou 1986]: Eine Abwicklung s eines Transaktionsystems τ ist genau dann konfliktserialisierbar, wenn sie sich durch fortgesetzte Vertauschung aufeinander folgender kommutierender Operationen zu einer seriellen Abwicklung von τ umformen läßt.

Nach [Papadimitriou 1979] gibt es für eine Klasse K von Abwicklungen nur dann einen effizienten Abwickler, wenn jedes Präfix einer Abwicklung aus K in polynomialer Zeit erkannt werden kann[4]. Die Klasse CSR hat diese Eigenschaft, denn jedes Präfix einer Abwicklung $s \in$ CSR kann ebenfalls mit Hilfe des Abhängigkeitsgraphen erkannt werden.

Eine zweite wichtige Eigenschaft konfliktserialisierbarer Abwicklungen, die zugleich den Unterschied zur Sichtserialisierbarkeit charakterisiert, ist die der Monotonie [Yannakakis 1984].

Definition 2.11 Seien τ und τ' Transaktionssysteme, $\tau' \subseteq \tau$, und s eine Abwicklung von τ. Die *Projektion* von s nach τ', $s_{\tau'}$, ist die Abwicklung, die aus s durch Entfernen aller Aktionen der Transaktionen aus $\tau \setminus \tau'$ entsteht.[5] □

Definition 2.12 Eine Klasse S von Abwicklungen heißt *monoton*, wenn für jedes $s \in S$ auch alle Projektionen $s_{\tau'}$ in S liegen. □

Es läßt sich leicht zeigen, daß CSR monoton ist. Nach Satz 2.3 ist der Abhängigkeitsgraph $\mathcal{DG}(s)$ für jedes $s \in$ CSR azyklisch; für ein $s_{\tau'}$ entsteht $\mathcal{DG}(s_{\tau'})$ aus $\mathcal{DG}(s)$ durch Löschen der Knoten aus $\tau \setminus \tau'$ und der inzidenten Kanten. Da $\mathcal{DG}(s)$ keine Zyklen enthält, enthält auch $\mathcal{DG}(s_{\tau'})$ keine, d.h. $s_{\tau'} \in$ CSR.

VSR ist nicht monoton; Abbildung 2.5 zeigt ein Gegenbeispiel [Papadimitriou 1986]: die Abwicklung s ist sichtäquivalent zu $t_2t_3t_1t_4$; für $s_{\{t_1,t_3,t_4\}}$ gibt es jedoch keine äquivalente serielle Abwicklung. Nach [Yannakakis 1984] ist CSR sogar die größte monotone Teilklasse von VSR:

---

[4] Jeder "Anfang" einer Abwicklung ist ein Präfix; genauer [Bernstein, Hadzilacos, Goodman 1987]: Ein *Präfix* einer Abwicklung $s = (A, <)$ ist jede Abwicklung $s' = (A', <')$, mit $A' \subseteq A$, für die gilt

(a) $\forall a, b \in A' : a <' b \Leftrightarrow a < b$

(b) $\forall a \in A', b \in A : b < a \Rightarrow b \in A'$

[5] $s_{\tau'}$ wird bei [Yannakakis 1984] als "Teilabwicklung" bezeichnet.

Satz 2.4 [Yannakakis 1984] Eine Abwicklung s ist genau dann konfliktserialisierbar, wenn für alle Teilmengen τ' der Transaktionen in s die Projektion $s_{\tau'}$ sichtserialisierbar ist. □

Nach Satz 2.4 muß ein Abwickler mit monotoner Fixpunktmenge, der sichtserialisierbare Abwicklungen garantieren soll, konfliktserialisierbare Abwicklungen erzwingen. Monotonie der Fixpunktmenge drückt aber eine "natürliche" Eigenschaft existierender Abwickler aus [Yannakakis 1984]: ein Operationsaufruf, der den Abwickler bei einer gegebenen Last unverzögert passieren kann, kann dies auch bei einer geringeren Last, d.h. bei weniger Transaktionen.

Im folgenden ist, soweit Mißverständnisse ausgeschlossen sind, mit "Serialisierbarkeit" stets Konfliktserialisierbarkeit gemeint.

2.1.3 Abwickler und Sperrprotokolle

In die vorangehenden Definitionen gehen keine Annahmen über die Mechanismen ein, die ein Abwickler zur Verzögerung von Aktionen benutzt. Die Synchronisierungstechnik hat aber Einfluß auf Parallelitätsgrad und Effizienz des Abwicklers.

Die bekannteste und am weitesten verbreitete Methode zur Implementierung von Verzögerungen ist die *Sperrtechnik*. In die Abwicklung werden Operationen auf sogenannten *Sperren* eingefügt. Grundsätzlich gibt es zwei Sperroperationen: *lock* (l) und *unlock* (u); $l(p)$ "setzt" eine Sperre p, $u(p)$ "löst" eine Sperre. Eine Transaktion "hält" eine Sperre, wenn sie die Sperre gesetzt aber noch nicht gelöst hat. Die Sperroperationen werden als atomare Aktionen ausgeführt. Die Semantik dieser Sperren wird durch die Bestimmung der zulässigen Abwicklungen von Sperraktionen definiert. Prinzipiell gilt, daß in einer zulässigen Abwicklung s von Sperraktionen eine Transaktion t_i eine Sperre p nicht setzen darf, wenn diese bereits von einer Transaktion t_k gehalten wird. Genauer: zu zwei Aktionen $l_i(p) \in A_i$ und $l_k(p) \in A_k$ mit $l_k(p) < l_i(p)$ muß stets eine Aktion $u_k(p) \in A_k$ existieren, für die gilt $l_k(p) < u_k(p) < l_i(p)$. In dem eingangs vorgestellten Modell des Datenbanksystems (Abb. 2.2, S. 15) ist die Ausführung der Sperroperationen und die Sicherung der Zulässigkeit von Sperraktionen dem Abwickler zuzuordnen. Ziel der Verwendung von Sperren ist es nun, Sperraktionen derart in die Ausführung einer jeden Transaktion einzufügen, daß die Zulässigkeit der Sperraktionen die Serialisierbarkeit der Abwicklung impliziert. Der vom Abwickler durchzuführende Zulässigkeitstest kann dann auf die Sperraktionen beschränkt werden.

Welche Instanz innerhalb eines Datenbanksystems die Sperraktionen in die Transaktionen einfügt, hängt unter anderem von den Abwicklungen ab, die man realisieren will. Grundsätzlich können die Sperroperationen natürlich vom Anwendungsprogramm aufgerufen werden. Für eine eingeschränkte Klasse von Abwicklungen kann aber auch das Datenbanksystem den Aufruf dieser Operationen übernehmen.

In Datenbanksystemen finden Sperren normalerweise nicht in dieser allgemeinen Form Verwendung, sondern es werden *Entitätssperren* und *Sperrmodi* eingeführt. Entitätssperren liegen vor, wenn jeder Entität eine Sperre zugeordnet ist, die jede Transaktion vor dem Zugriff auf die Entität gesetzt haben muß[6]. Eine Entität ist *gesperrt*, wenn die ihr zugeordnete Sperre gesetzt ist. Im folgenden werden nur Entitätssperren bzw. eine leicht verallgemeinerte Form derselben verwendet. Zur Bezeichnung der Sperren dienen die Entitätsnamen soweit diese eindeutig bestimmt sind.

Will man zulassen, daß mehrere Transaktionen unter bestimmten Bedingungen eine Sperre gleichzeitig halten, so läßt sich dies mit Hilfe von Sperrmodi beschreiben. Im Lese/Schreibmodell beispielsweise sind Leseoperationen verschiedener Transaktionen miteinander verträglich; die Transaktionen müßten sich also durch das Setzen der entsprechenden Sperren nicht wechselseitig ausschließen. Aus diesem Grund führt man zwei den Datenoperationen entsprechende Sperrmodi r und w ein[7] und definiert analog zur Verträglichkeit von Datenoperationen eine Verträglichkeit von Sperrmodi. Der Modus einer Sperroperation wird im folgenden als Teil des Operationsnamens notiert: $rl(x)$ (read lock) setzt eine Sperre im Modus r für die Entität x, $wl(x)$ (write lock) setzt eine Sperre im Modus w. Der Sperrmodus w soll eine Änderung der gesperrten Entität zulassen; da man die Leseoperation auch als identische Änderung betrachten kann, spricht nichts dagegen, im Modus w auch die Operation r zuzulassen. Die Operationen $ru(x)$ bzw. $wu(x)$ (unlock) lösen die jeweiligen Sperren wieder. Im Aktionsmodell benötigt man natürlich keine Sperrmodi.

Definition 2.13 Zwei Sperraktionen $ol_{ij}(x)$ und $pl_{kl}(y)$ zweier Transaktionen t_i und t_k, $o, p \in \{r, w\}$, $i \neq k$, heißen *unverträglich*, wenn $x = y$ und mindestens einer der beiden Sperrmodi w ist.

Zwei Sperraktionen $l_{ij}(x)$ und $l_{kl}(y)$ im Aktionsmodell sind unverträglich, wenn $x = y$. □

Die Verträglichkeit von Sperren für eine gegebene Entität wird häufig in Form einer *Kompatibilitätsmatrix* dargestellt (Tab. 2.1). In den Zeilen der Matrix ist

	r	w
r	+	−
w	−	−

Tabelle 2.1: Kompatibilitätsmatrix für das Lese/Schreib-Modell

der Modus einer bereits bestehenden Sperre notiert, in den Spalten der Modus der durch eine andere Transaktion zu setzenden Sperre. Ein "+" kennzeichnet Verträglichkeit, ein "–" Unverträglichkeit.

[6] Wobei es Verfahren gibt, die mit "impliziten" Sperren arbeiten – s. 2.2.3

[7] Die Sperrmodi r und w werden häufig auch mit S (shared) und X (exclusive) bezeichnet. Die hier verwendete Schreibweise wurde aus [Bernstein, Hadzilacos, Goodman 1987] übernommen, weil sie eine knappere und dennoch klare Formulierung erlaubt.

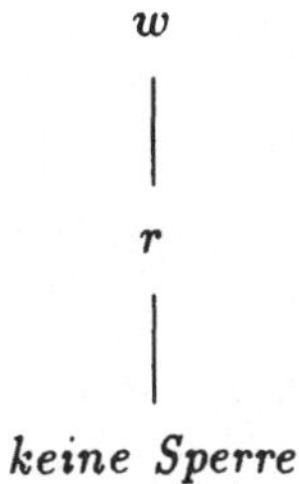

Abbildung 2.6: Verschärfungsgraph für die Sperrmodi r und w

Hat man mehrere Sperrmodi, wie im Lese/Schreibmodell, so kann man auf der Menge der Modi aufgrund der erlaubten Operationen eine partielle Ordnung definieren[8].

Definition 2.14 Seine $m_1, m_2, \ldots, m_n$ Sperrmodi und $O_1, O_2, \ldots, O_n$ die Mengen der unter diesen Modi erlaubten Operationen (inklusive Sperroperationen), wobei keine zwei dieser Mengen gleich seien. Ein Modus m_i heißt *schwächer* als m_j (bzw. m_j *stärker* als m_i), in Zeichen $m_i \prec m_j$, wenn gilt $O_i \subset O_j$. □

Ein stärkerer Modus erlaubt also mehr Operationen auf dem gesperrten Objekt, als der schwächere. Im Lese/Schreibmodell gilt beispielsweise $r \prec w$. Die Ordnung $\prec$ stellen wir im folgenden durch einen gerichteten Graphen dar, wobei die Konvention gilt, daß die Sperrmodi in einem solchen *Verschärfungsgraphen* von "oben" nach "unten" schwächer werden. Abbildung 2.6 zeigt den Verschärfungsgraphen für die Sperrmodi r und w.

Eine Transaktion, die außer Datenoperationen auch Sperroperationen enthält, wird als *sperrende Transaktion* bezeichnet. Bei allen weiteren Betrachtungen wird vorausgesetzt, daß jede sperrende Transaktion folgende Kriterien der *Wohlgeformtheit* erfüllt (s.a. [Eswaran et al. 1976]):

Definition 2.15 Eine sperrende Transaktion heißt *wohlgeformt*, wenn sie

(a) keine Sperre setzt, die sie bereits hält,

(b) keine Sperre löst, die sie nicht hält und

(c) jede gesetzte Sperre schließlich wieder löst.

□

Die ersten beiden Bedingungen sollen das Auftauchen "überflüssiger" Sperr- und Löseoperationen in einer Transaktion ausschließen, also etwa eine Folge wie

$$\ldots rl(x) \ldots rl(x) \ldots ru(x) \ldots$$

Nicht ausgeschlossen ist dadurch aber zum Beispiel eine Sperrverschärfung:

[8] Die folgende Definition wird im Hinblick auf spätere Abschnitte bereits etwas allgemeiner formuliert, als an dieser Stelle nötig wäre.

$$\ldots rl(x) \ldots wl(x) \ldots wu(x) \ldots ru(x) \ldots$$

Die Menge aller Sperren, die zu einem bestimmten Zeitpunkt von den Transaktionen aus τ gehalten werden, wird als *Sperrbelegung* bezeichnet.

Definition 2.16 Eine Abwicklung $s = (A, <)$ eines Systems $\tau = \{t_1, \ldots, t_m\}$ sperrender Transaktionen heißt *zulässig*, wenn für je zwei Transaktionen t_i und t_k für jedes Paar $ol_{ij}(x)$, $pl_{kl}(y)$, $o, p \in \{r, w\}$, unverträglicher Sperraktionen mit $ol_{ij}(x) < pl_{kl}(y)$ gilt $ou_{ij'}(x) < pl_{kl}(y)$. Eine Sperrbelegung heißt zulässig, wenn sie keine zwei unverträglichen Sperren enthält. □

Bezogen auf das Lese-/Schreibmodell besagt die Definition, daß in einer zulässigen Abwicklung keine zwei Transaktionen gleichzeitig unverträgliche Sperren halten dürfen[9]. Jede Projektion einer zulässigen Abwicklung ist offensichtlich ebenfalls zulässig, d.h. die Klasse zulässiger Abwicklungen ist monoton (Def. 2.11, 2.12). Für einen Abwickler TM, der auf Entitätssperren basiert, gilt nach Satz 2.4 somit $C(S) \subseteq$ CSR.

Erhält der Abwickler einen Aufruf einer Sperroperation ol_{ij}, der mit einer bereits bestehenden Sperre auf x unverträglich ist, so verzögert er den Aufruf bis die bestehende Sperre gelöst wird. Der Test auf Zulässigkeit einer Datenoperation wird ersetzt durch den Test auf Verträglichkeit von Sperren. Damit die Menge der Abwicklungen der Datenoperationen, also die Fixpunktmenge, die jeweils gewünschten Eigenschaften hat, muß das Einfügen von Sperroperationen in Transaktionen gewissen Regeln genügen. Die Regeln geben an, welche Bedingungen zum Zeitpunkt eines Operationsaufrufs erfüllt sein müssen. Die Menge dieser Regeln bildet das *Sperrprotokoll*. Sind die zulässigen Abwicklungen eines Systems von Transaktionen nach einem gegebenen Sperrprotokoll stets serialisierbar, dann wird dieses Protokoll als *sicher* bezeichnet.

Ist eine zulässige Abwicklung s sperrender Transaktionen gegeben, dann genügt für Serialisierbarkeitsüberlegungen die Betrachtung der Datenoperationen in s. Es kann aber auch zweckmäßig sein, von den Datenoperationen in s zu abstrahieren und nur die Sperroperationen zu betrachten, und zwar aus folgendem Grund: Eine Sperre wird von einer Transaktion in einem Zeitintervall, nämlich zwischen Setzen und Lösen, gehalten. Die durch die Sperre ermöglichte Datenoperation kann an einem beliebigen Punkt innerhalb dieses *Sperrintervalls* aufgerufen werden. Maßgebend für den Abwickler ist nur die Lage der Sperrintervalle.

Definition 2.17 Sei s eine Abwicklung sperrender Transaktionen. Als *Reduktion* $\rho(s)$ von s wird die Abwicklung bezeichnet, die aus s durch Streichen aller Sperroperationen entsteht. Als *Sperrmuster* $\sigma(s)$ von s wird die Abwicklung bezeichnet, die aus s durch Streichen aller Datenoperationen entsteht. □

[9] Diese Definition bezieht sich nur auf die explizit gesetzten Sperren; im nächsten Abschnitt (2.2) wird ein Verfahren mit impliziten Sperren vorgestellt – in einem solchen Fall muß dann noch nachgewiesen werden, daß in einer zulässigen Abwicklung auch keine unverträglichen impliziten Sperren auftreten können.

Jede in einem Sperrmuster vorkommende Transaktion repräsentiert genau genommen eine Menge von Transaktionen mit jeweils der gleichen Reihenfolge von Sperraktionen. Die Datenoperationen können von diesen Transaktionen jedoch – innerhalb der zugehörigen Sperrintervalle! – zu jeweils verschiedenen Zeitpunkten aufgerufen werden. Der Abwickler behandelt alle Transaktionen dieser Menge gleich. Man kann somit für Abwicklungen sperrender Transaktionen die Konfliktäquivalenz auch mittels der Sperrintervalle unverträglicher Sperren bestimmen [Yannakakis 1982].

Damit Protokolle sicher sind, müssen sie bestimmte Regeln zur Einschränkung der Reihenfolge von Sperroperationen enthalten. [Eswaran et al. 1976] haben zu diesem Zweck gefordert, daß jede Transaktion zwei Phasen durchläuft. In der ersten Phase werden Sperren nur gesetzt, in der zweiten nur gelöst. Das Protokoll für das sogenannte *Zweiphasensperren* (2PL – two phase locking) enthält die folgenden Regeln:

(2PL-1) Eine Transaktion kann eine Operation $o \in \{r, w\}$ auf einer Entität x nur ausführen, wenn sie eine Sperre im Modus o für x hält.

(2PL-2) Auf eine Operation zum Lösen einer Sperre (ru, wu) folgt keine Operation zum Setzen einer Sperre (rl, wl).

Satz 2.5 Jede zulässige Abwicklung $s = (A, <)$ eines Systems $\tau = \{t_1, \ldots, t_m\}$ sperrender Transaktionen, die dem 2PL-Protokoll genügen, ist serialisierbar.

Satz 2.5 ist von einer Reihe von Autoren für zum Teil unterschiedliche Transaktionsmodelle bewiesen worden[10]. [Papadimitriou 1986] führt einen einfachen Beweis an, der auf der Konstruktion einer konfliktäquivalenten seriellen Abwicklung beruht; [Eswaran et al. 1976] gehen ähnlich vor:

Beweis: Der *Serialisierungspunkt* sp_i einer Transaktion t_i in s sei jeweils die letzte Sperraktion $rl_{ij}(..)$ oder $wl_{ij}(..)$ von t_i in s. Man konstruiere die Abwicklung $s' = (A', <')$ als serielle Abwicklung der Transaktionen aus τ in der Reihenfolge ihrer Serialisierungspunkte in s, d.h. t_i kommt in s' vor t_k, wenn gilt $sp_i < sp_k$. Da $<$ eine totale Ordnung bildet, ist die Reihenfolge der Transaktionen stets definiert. Die Abwicklung $\rho(s')$ enthält offensichtlich die gleichen Paare unverträglicher Operationen wie $\rho(s)$.

Seien nun a_{ij} und a_{kl} zwei unverträgliche Aktionen zweier Transaktionen t_i und t_k in $\rho(s)$ und es gelte $a_{ij} < a_{kl}$. Nach Regel 2PL-1 müssen t_i und t_k in s zum Zeitpunkt der Ausführung von a_{ij} bzw. a_{kl} zwei Sperren gehalten haben, die miteinander unverträglich sind. Demnach muß t_i seine Sperre durch eine Aktion $a_{ij'}$ gelöst haben bevor t_k seine Sperre durch eine Aktion $a_{kl'}$ gesetzt hat, d.h. $a_{ij} < a_{ij'} < a_{kl'} < a_{kl}$. Nach Regel 2PL-2 gilt $sp_i < a_{ij'}$ und $a_{kl'} \leq sp_k$. Daraus folgt $sp_i < sp_k$, d.h. t_i kommt in s' vor t_k und $\rho(s)$ und $\rho(s')$ sind somit konfliktäquivalent. □

Wird das Lösen der Sperren bis zum Transaktionsende aufgeschoben, spricht man vom *strikten* [Bernstein, Hadzilacos, Goodman 1987] oder *dynamischen*

[10] Beweise u.a. bei [Eswaran et al. 1976], [Papadimitriou 1979], [Ullman 1982], [Papadimitriou 1986], [Bernstein, Hadzilacos, Goodman 1987]

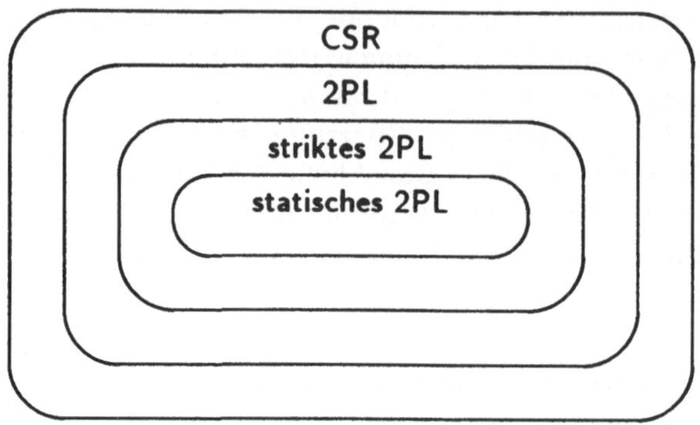

Abbildung 2.7: Die Fixpunktmengen verschiedener Abwickler

[Papadimitriou 1986] 2PL. Unter diesem Protokoll können die Sperraktionen vom Datenbanksystem automatisch ausgelöst werden. Wenn der erste Aufruf einer Datenoperation für eine bestimmte Entität von einer Transaktion eintrifft, führt das Datenbanksystem zunächst eine Sperroperation für diese Entität aus. Bei Transaktionsende werden dann alle von der Transaktion gehaltenen Sperren gelöst. Striktes 2PL ist außerdem für die Fehlererholungsmechanismen des Datenbanksystems von Bedeutung. Die Verzögerung der Sperrfreigabe bis zum Transaktionsende sichert nämlich die Rücksetzbarkeit der Transaktion im Fehlerfall [Papadimitriou 1986] [Bernstein, Hadzilacos, Goodman 1987]; werden die Sperren schon früher gelöst, so können andere Transaktionen einen Datenbankzustand lesen, der unter Umständen später, aufgrund eines Fehlers, ungültig wird.

Schränkt man auch noch das Setzen von Sperren auf den Transaktionsbeginn ein, so gelangt man zum *statischen* 2PL. Statisches 2PL vermeidet Verklemmungen (deadlocks). Beim strikten 2PL- und beim 2PL-Protokoll müssen dagegen zusätzliche Maßnahmen zur Verklemmungsvermeidung oder -auflösung vorgesehen werden.

Die Einschränkungen des Protokolls bewirken auch jeweils Einschränkungen der Fixpunktmengen der zugehörigen Abwickler. Die Beziehungen zwischen den Fixpunktmengen sind in Abbildung 2.7 dargestellt [Papadimitriou 1986]; CSR steht für einen Abwickler, dessen Fixpunktmenge genau die Klasse CSR ist.

Bislang wurde davon ausgegangen, daß eine Transaktion keine Entität sperrt, die sie nicht benötigt und daß alle Entitäten gleichförmig behandelt werden. Unter "gleichförmiger Behandlung" ist folgendes zu verstehen: Sei τ ein Transaktionssystem, $t \in \tau$ eine Transaktion und π eine Permutation der Menge $\mathcal{E}$ von Entitäten, dann ist die Transaktion t', die aus t entsteht durch Umbenennung aller Entitäten entsprechend π, ebenfalls in τ enthalten. Die Entitäten sind also in einem gewissen Sinn nicht unterscheidbar. Transaktionssysteme mit dieser Eigenschaft heißen *unstrukturiert* [Papadimitriou 1986]. Die Bedeutung dieses Begriffs wird deutlicher, wenn man sich vor Augen hält, daß τ alle Transaktionen enthalten kann, die bei einer gegebenen Datenbank möglich sind. Die Menge

τ stellt dann eine Information über das mögliche Verhalten von Transaktionen dar. Häufig sind die in einer Datenbank vorliegenden Transaktionssysteme nicht beliebig und die Entitäten unterliegen einer physischen oder logischen Ordnung, die die Transaktionen beachten müssen. Das ist zum Beispiel der Fall, wenn die Daten als lineare Listen oder Bäume aufgebaut sind, die nur in einer festgelegten Reihenfolge bearbeitet werden dürfen. In solchen Situationen lassen sich unter Umständen auch sichere nicht-zweiphasige Protokolle angeben, die aber andererseits das Sperren nicht benötigter Entitäten generell nicht ausschließen können [Yannakakis 1982].

2.2 Datenorientierte Synchronisierung

In diesem Abschnitt soll auf Beziehungen zwischen Synchronisierungstechniken und strukturellen Eigenschaften der Daten eingegangen werden. Eine solche Eigenschaft ist die Anordnung der Daten in einer Zugriffstruktur. Baumstrukturen, wie sie auch bei der Implementierung von Suchstrukturen (Indizes) Verwendung finden, sind ein Beispiel dafür. Die Baumstrukturen müssen stets in der gleichen Richtung, von der Wurzel zu den Blättern durchlaufen werden, auch wenn die Transaktion gar nicht alle Entitäten auf dem durchlaufenen Weg benötigt. Transaktionssysteme, die auf solchen Daten arbeiten, sind offensichtlich strukturiert. Eine ganze Klasse von Protokollen, die sogenannten Hypergraphprotokolle, nutzt diese Dateneigenschaften zur Realisierung nicht-zweiphasiger Sperrprotokolle, mit denen sich ein höherer Parallelitätsgrad als bei Verwendung des 2PL-Protokolls erreichen läßt.

Einfluß auf den Parallelitätsgrad eines Abwicklers und dessen Verwaltungsaufwand für Sperren hat aber auch die *Granularität* der Sperreinheiten. Darunter wird die relative Größe der mittels einer Sperre gesperrten Entitätenmenge verstanden. Die Daten einer Datenbank liegen selten als "flache" Mengen von Entitäten vor; meist hat man es mit einer Hierarchie von Einheiten zu tun, deren kleinste die einzelne Entität ist. Das klassische Beispiel in diesem Zusammenhang ist die Speicherungsstruktur eines konventionellen Datenbanksystems: die Daten einer Datenbank sind in verschiedenen Dateien gespeichert, die Dateien in Blöcke untergliedert und die Blöcke in Sätze (s.a. Abb. 2.10, S. 34). Werden die Sperrvariablen mit Sätzen assoziiert, hat man eine sehr *feine*, werden sie mit Dateien assoziiert, eine sehr *grobe* Granularität. Zwischen beiden Alternativen besteht ein trade-off. Eine gröbere Granularität führt zu einer sinkenden Anzahl zu verwaltender Sperren aber auch zu einer kleiner werdenden Fixpunktmenge. Eine feinere Granularität geht mit einer größeren Fixpunktmenge aber auch mit einem erhöhten Sperrverwaltungsaufwand einher. Diese Tatsache war der Anlaß für die Entwicklung eines ***multigranularen*** Sperrprotokolls (multigranularity locking - MGL) [Gray et al. 1976], welches das Setzen von Sperren auf verschiedenen Granularitätsstufen und damit die Wahl einer für die jeweilige Anwendung günstigen Granularität erlaubt.

Hinter beiden Synchronisierungstechniken, den Hypergraphprotokollen und dem multigranularen Sperren, stehen verschiedene Zielsetzungen. Bei der Verwendung eines Hypergraphprotokolls soll die Zahl der zu einem Zeitpunkt gesperrten Entitäten gering gehalten werden; erreicht wird dies durch die Möglichkeit des frühzeitigen Lösens von Sperren. Beim multigranularen Sperren hingegen soll die *Zahl der zu verwaltenden Sperren* minimiert werden. Ein solches Verfahren ist besonders bei umfangreichen strukturierten Datenbeständen interessant; aus diesem Grund wurden Variationen des MGL-Protokolls auch bereits zur Anwendung auf Entwurfsdaten vorgeschlagen. Wir werden dieses Verfahren ebenfalls als Ausgangspunkt für das in Kapitel 5 zu entwickelnde Sperrprotokoll nehmen.

2.2.1 Protokolle für Baumstrukturen

Für Suchbäume, die sehr häufig benutzte Datenstrukturen innerhalb einer Datenbank sind, wurden zahlreiche Synchronisierungsverfahren entwickelt. Im Gegensatz zu allgemeinen Datenbankanwendungen sind die Abläufe von Transaktionen hier bekannt, da sie die Implementierungen der Operationen auf Suchbäumen darstellen (search, insert, delete). Ein allgemeines Protokoll für Daten, die in Baumstrukturen organisiert sind, wurde von [Silberschatz, Kedem 1980] vorgestellt. Ebenso wie die Protokolle für Suchbäume ist dieses *Baumprotokoll* nicht-zweiphasig.

Synchronisierung in Suchbäumen

[Bayer, Schkolnick 1977] beschreiben einen Algorithmus für B*-Bäume, der eine abstimmbare Kombination dreier verschiedener Verfahren mit unterschiedlichem Synchronisierungsverhalten erlaubt. Kriterium für die Abstimmung der Synchronisierung ist nicht nur der Parallelitätsgrad, sondern auch die Häufigkeit von Operationen, die zu Konflikten führen. Wir skizzieren hier nur zwei der drei Verfahren.

Entitäten sind in diesem Fall die Knoten der B*-Bäume. Eine Eigenschaft der Knoten, die für die Synchronisierung eine wichtige Rolle spielt, ist deren *Sicherheit*. Ein Knoten ist *sicher*, wenn eine Einfüg- oder Löschoperation auf dem Knoten die Baumstruktur nicht verändern kann, also keine Aufspaltung oder Verschmelzung durchgeführt werden muß. Die Sicherheit ist abhängig von der Zahl der Einträge im Knoten. Alle Verfahren setzen voraus, daß der Baum jeweils von der Wurzel beginnend durchlaufen wird. Zwei Arten von Transaktionen werden unterschieden: *Leser*, die nur Werte von Entitäten lesen, und *Schreiber*, die die Struktur des B*-Baums verändern. Die Transaktionsart bestimmt die verwendbaren Sperrmodi.

Verfahren 1: Das einfachste Verfahren beruht im Prinzip auf dem Sperren des Pfades zum zu ändernden Knoten; es arbeitet mit zwei Sperrmodi: ρ für Leser und ξ für Schreiber; ρ und ξ entsprechen den Modi r und w (s. Tabelle 2.2).

Leser durchlaufen den Pfad zum gesuchten Blatt, setzen dabei jeweils eine ρ-Sperre auf den nächsten Knoten und geben den Vorgänger wieder frei. Schreiber setzen auf jeden zu passierenden Knoten des Pfades zunächst eine ξ-Sperre;

erst wenn ein sicherer Knoten gesperrt wird, werden die Sperren auf seinen Vorgängern gelöst. Schreiber hinterlassen bei diesem Verfahren unter Umständen für längere Zeit gesperrte Pfade, wobei insbesondere auch die Wurzel mitgesperrt sein kann.

Verfahren 2: Dieses Verfahren arbeitet mit drei Sperrmodi: ρ für Leser, α und ξ für Schreiber. ρ-Sperren sind mit α-Sperren verträglich; α-Sperren sind jedoch untereinander unverträglich (Tabelle 2.2); sie werden von Schreibern zur Markierung von potentiell zu sperrenden Knoten benützt und können in ξ-Sperren konvertiert werden. Die Konversionsanforderung wird jeder anderen Sperranforderung vorgezogen und die Konversion selbst als atomare Operation vorausgesetzt.

	ρ	ξ
ρ	+	−
ξ	−	−

Verfahren 1

	ρ	α	ξ
ρ	+	+	−
α	+	−	−
ξ	−	−	−

Verfahren 2

Tabelle 2.2: Kompatibilitätsmatrizen für B*-Protokolle

Leser arbeiten nach dem gleichen Protokoll wie beim ersten Verfahren. Schreiber durchlaufen den Pfad zum gesuchten Blatt und sperren jeden zu passierenden Knoten mit α; wird dabei ein sicherer Knoten gesperrt, werden die Sperren auf allen Vorgängern gelöst. Ist das gesuchte Blatt erreicht und kann die Änderungsoperation durchgeführt werden, dann werden alle α-Sperren top down in ξ-Sperren konvertiert. Schreiber können sich bei diesem Verfahren unter Umständen noch gegenseitig verzögern, ohne daß gesperrte Knoten immer tatsächlich verändert werden.

An beiden Verfahren läßt sich die prinzipielle Vorgehensweise erkennen, die einen Verzicht auf die Zweiphasigkeit ermöglicht. Zwei Transaktionen, die im Verlauf ihrer Ausführung auf denselben Knoten zugreifen wollen, müssen denselben Pfad durchlaufen und auf diesem Pfad zu jedem Zeitpunkt mindestens eine Sperre halten, d.h. es gibt keine Lücke zwischen den Sperrintervallen einer Transaktion. Sind die Sperren unverträglich, dann bilden sie eine Art Barriere: die später gekommene Transaktion kann die frühere auf dem Pfad nicht überholen; eine einmal etablierte zeitliche Reihenfolge zwischen beiden bleibt für die Dauer der Ausführung erhalten.

Dieses Prinzip läßt sich, wie man am Baumprotokoll sehen wird, auch auf andere in Baumstrukturen organisierte Daten anwenden. Der Test auf Sicherheit eines Knotens ist jedoch bereits spezifisch für die Datenstruktur B*-Baum. Er dient dazu, den frühestmöglichen Zeitpunkt zu erkennen, zu dem eine Sperre wieder gelöst und somit ein möglichst hoher Parallelitätsgrad erzielt werden kann. Weitere Verbesserungen von Protokollen für Suchbäume, wie sie etwa in [Kung, Lehman 1980] und [Lehman, Yao 1981] zu finden sind, machen sich ebenfalls bereits Spezifika der Datenstrukturen zunutze. [Kung, Lehman 1980] geben ein Sperrprotokoll für Binärbäume, [Lehman, Yao 1981] ein daraus abge-

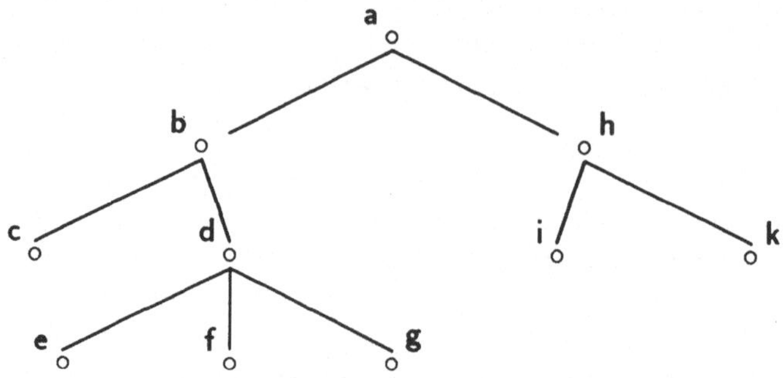

Abbildung 2.8: Beispiel zum Baumprotokoll

leitetes Sperrprotokoll für eine Variante der B*-Bäume an. Bei beiden Protokollen können Leser unsynchronisiert abgewickelt werden, wenn die Atomarität von Änderungsoperationen gewährleistet ist. In beiden Fällen werden auch die zugrunde liegenden Datenstrukturen um Einträge erweitert, die das Auffinden von Schlüsselwerten im Suchbaum auch dann garantieren, wenn gleichzeitig die Baumstruktur geändert wird. Transaktionsabwicklungen in einer solchen Umgebung sind nach dem im ersten Abschnitt dieses Kapitels vorgestellten einfachen Modell nicht mehr serialisierbar. Zwei Abwicklungen, die *verschiedene* Baumstrukturen mit der gleichen Menge gespeicherter Schlüsselwerte erzeugen, werden als äquivalent behandelt. [Ford, Calhoun 1984] zeigen, daß man für diese Protokolle dennoch einen Serialisierbarkeitsbegriff definieren kann, wenn man – wie [Bernstein, Goodman, Lai 1983] – zwischen einer Benutzer- und einer Systemsicht unterscheidet. Aus der Benutzersicht kann man dann nämlich von Details der Transaktionsimplementation abstrahieren und solcherart Abwicklungen als serialisierbar klassifizieren, die aus Systemsicht nicht serialisierbar sind. [Shasha 1984] hat hiervon ausgehend ein allgemeines Modell für Transaktionen auf Suchstrukturen entwickelt, das die Synchronisierung von Operationen auf Suchstrukturen als speziellen Fall der Synchronisierung in abstrakten Datentypen behandelt (s.a. [Goodman, Shasha 1985], [Shasha, Goodman 1988]).

Das Baumprotokoll

Das *Baumprotokoll* von [Silberschatz, Kedem 1980] ist ein Sperrprotokoll für hierarchische Datenmodelle. Dem Protokoll liegt das Aktionsmodell zugrunde, d.h. es gibt keine Sperrmodi. Wie bei Suchbäumen ist die Reihenfolge der Aktionen in den Transaktionen, aufgrund der Baumstruktur, in der die Entitäten angeordnet sind, nicht mehr beliebig. Will eine Transaktion zum Beispiel auf die zwei Entitäten a und f (Abb. 2.8) zugreifen und gibt es einen gerichteten Weg im Baum von a nach f, so muß die Transaktion auch alle Entitäten auf diesem Weg passieren und sperren. Transaktionssysteme für eine solche hierarchische Datenbank sind offensichtlich strukturiert, denn da für alle Transaktionen die Reihenfolge der Zugriffe auf die Entitäten durch die Wege im Baum festgelegt ist, lassen sich die Entitätsnamen nicht beliebig vertauschen.

Das Baumprotokoll enthält folgende Regeln (Transaktionen werden als wohlgeformt vorausgesetzt):

(TREE-1) Eine Transaktion kann nur dann auf eine Entität x zugreifen, wenn sie eine Sperre für x hält.

(TREE-2) Die erste Sperre einer Transaktion kann für eine beliebige Entität x_0 gesetzt werden.

(TREE-3) Eine Transaktion kann eine Entität $x \neq x_0$ dann und nur dann sperren, wenn sie eine Sperre für den unmittelbaren Vorgänger von x hält.

Sei $L(t_i)$ die Menge der von einer Transaktion t_i im Verlauf ihrer Ausführung gesperrten Entitäten. Zu jeder Abwicklung $s = (A, <)$ eines Transaktionsystems $\tau = \{t_1, \ldots, t_m\}$ läßt sich eine Relation $<_L \subseteq \tau \times \tau$ konstruieren mit $t_i <_L t_k$, wenn

(a) $L(t_i) \cap L(t_k) \neq \emptyset$ und
(b) es eine Entität $x \in L(t_i) \cap L(t_k)$ gibt, so daß t_i die Sperre für x löst, bevor t_k die Sperre für x setzt.

Es läßt sich zeigen, daß die reflexive, transitive Hülle $<_L^*$ von $<_L$ eine partielle Ordnung bildet [Silberschatz, Kedem 1980]. Die durch den Abhängigkeitsgraphen $\mathcal{DG}(s)$ definierte Ordnung $<_{DEP}$ ist in $<_L^*$ enthalten; sei nämlich $t_i <_{DEP} t_k$, dann gibt es ein $x \in \mathcal{E}$ und Aktionen a_{ij}, a_{kl}, die auf x zugreifen und $a_{ij} < a_{kl}$. Nach Regel TREE-1 gibt es dann Sperraktionen $l_{ij'}(x) < a_{ij}$ und $l_{kl'}(x) < a_{kl}$; da die Sperren unverträglich sind, muß es in s auch eine Operation $u_{ij''}(x) < l_{kl'}(x)$ geben, d.h. $t_i <_{DEP} t_k \Rightarrow t_i <_L^* t_k$. Weil $<_{DEP}$ somit ebenfalls eine partielle Ordnung bildet, kann $\mathcal{DG}(s)$ keinen Zyklus enthalten; s ist also serialisierbar. [11]

2.2.2 Protokolle für allgemeinere Strukturen

Das Baumprotokoll ist ein Spezialfall einer ganzen Klasse von Protokollen, der sogenannten *Hypergraphprotokolle*[12] [Yannakakis 1982] [Papadimitriou 1986], zu der auch Protokolle für gerichtete azyklische Graphen gehören. Da die später in dieser Arbeit betrachteten Objektsysteme durch solche Graphen beschrieben werden können, sollen zwei dieser Protokolle hier kurz vorgestellt werden – eines für das Aktionsmodell und eines für das Lese/Schreibmodell.

Beim Sperren in gerichteten azyklischen Graphen muß verhindert werden, daß sich Transaktionen auf verschiedenen Wegen überholen können. Für das Aktionsmodell leistet dies das sogenannte DAG-Protokoll [Yannakakis 1982] [Papadimitriou 1986]. Seien die Entitäten als Knoten eines gerichteten azyklischen

[11] Mit Hilfe der Relation $<_L^*$ läßt sich auch zeigen, daß das Baumprotokoll verklemmungsfrei ist.

[12] In der allgemeinen Form des Protokolls müssen die Entitäten als Knoten in einem gerichteten Hypergraphen angeordnet sein – daher die Bezeichnung.

Graphen $G = (\mathcal{E}, K)$, mit genau einer Wurzel organisiert; das Sperrprotokoll lautet:

(DAG-1) Eine Transaktion kann nur dann auf eine Entität x zugreifen, wenn sie eine Sperre für x hält.

(DAG-2) Die erste Sperre einer Transaktion kann für eine beliebige Entität x_0 gesetzt werden.

(DAG-3) Eine Transaktion t kann eine Entität $x \neq x_0$ nur dann sperren, wenn

(a) t alle Entitäten y mit $\langle y, x\rangle \in K$ gesperrt (und eventuell wieder freigegeben) hat und

(b) t für mindestens eine Entität y mit $\langle y, x\rangle \in K$ noch eine Sperre hält.

Mit dem Übergang zu zwei Sperrmodi r und w ist das Protokoll nicht mehr sicher, wie das Sperrmuster

$$
\begin{aligned}
s = \; & wl_{11}(e_1)wl_{12}(e_2)wu_{13}(e_1)wl_{21}(e_1)rl_{14}(e_3)wu_{15}(e_2) \\
& wl_{22}(e_2)wu_{23}(e_1)rl_{24}(e_3)wu_{25}(e_2)wl_{26}(e_5)wu_{27}(e_5) \\
& wl_{16}(e_5)wu_{(}e_5)
\end{aligned}
$$

zweier Transaktionen t_1 und t_2 für den Graphen aus Abb. 2.9 (S. 32) zeigt. Der Grund dafür ist, daß die beiden Transaktionen beim gleichzeitigen Sperren von e_3 nicht mehr verzögert werden, da sie verträgliche Sperren halten. Die Transaktion t_2 kann nun t_1 "überholen" und die beim Zugriff auf e_1 und e_2 gültige zeitliche Einordnung *nach* t_1 beim Zugriff auf e_5 umkehren. $\mathcal{DG}(\rho(s))$ enthält jetzt den Zyklus $t_1 <_{DEP} t_2 <_{DEP} t_1$.

Eine Lösung für dieses Problem findet sich im EGL-Protokoll[13] [Kedem, Silberschatz 1983]:

$\mathcal{E} = \{e_1, e_2, \ldots, e_n\}$ sei die Menge der Entitäten, $G = (\mathcal{E}, K)$ ein gerichteter azyklischer Graph. Die Entitäten seien so durchnumeriert, daß für jede Kante $\langle e_i, e_k\rangle \in K$ gilt: $i < k$. Zur Formulierung der Sperrbedingung wird eine Funktion

$$guard : \mathcal{E} \rightarrow \mathcal{P}(\mathcal{P}(\mathcal{E}) \times \mathcal{P}(\mathcal{E}))$$

$$guard(e_k) = \left\{(A_1^k, B_1^k), (A_2^k, B_2^k), \ldots, (A_{n_k}^k, B_{n_k}^k)\right\}$$

definiert mit

(a) $\emptyset \neq B_i^k \subseteq A_i^k$

(b) $e_q \in A_i^k \Rightarrow q < k$

(c) $\langle e_q, e_k\rangle \in K \Leftrightarrow \exists i : e_q \in A_i^k$

[13] EGL = extended guard locking

Die letzte Bedingung besagt, daß der Anfangsknoten jeder Kante in G in mindestens einem der A_i^k des Endknotens vorkommen muß. Man kann diese Bedingung auch als Konstruktionsvorschrift für G bei einer gegebenen Funktion *guard* verstehen.

G ist ein *Sperrgraph* für das EGL-Protokoll, wenn die folgenden Bedingungen erfüllt sind:

(a) jedes A_i^k liegt in einem Block[14] von G,

(b) wenn für $i, j \in [1, \ldots, n_k]$ gilt $A_i^k \cap B_j^k = \emptyset$, dann liegen A_i^k und A_j^k in verschiedenen Blöcken von G und $A_i^k \cap A_j^k = \emptyset$.

Abbildung 2.9 zeigt ein Beispiel für einen Sperrgraphen.

Im Modus r gesperrte Knotenmengen bilden sogenannte *Fallgruben*. Seien $L_r(t_i)$ und $L_w(t_i)$ die Mengen der von einer Transaktion t_i im Verlauf ihrer Ausführung mit r bzw w gesperrten Entitäten.[15]. $L_r(t_i)$ spannt einen Teilgraph von G auf, der gewöhnlich aus einer Menge $\{G_1, G_2, \ldots, G_m\}$ von jeweils zusammenhängenden Komponenten bestehen wird.

Definition 2.18 Seien $G = (\mathcal{E}, K)$ ein Sperrgraph, $C_1, C_2, \ldots, C_m$ die Mengen der Knoten der durch $L_r(t_i)$ aufgespannten Teilgraphen $G_1, G_2, \ldots, G_m$ von G. Eine Menge

$$C_q \cup \{x \in L_w(t_i) | \langle x, y\rangle \in K \vee \langle y, x\rangle \in K, y \in C_q\}, q \in [1, \ldots, m]$$

wird als *Fallgrube von t_i* bezeichnet. □

Für das Sperren von Fallgruben wird eine eingeschränkte Zweiphasigkeit eingeführt: eine Transaktion T_i arbeitet *auf einer Menge* $\{e_1, \ldots, e_m\} \subseteq L(t_i)$ *zweiphasig*, wenn sie alle $e_j \in \{e_1, \ldots, e_m\}$ sperrt, bevor sie eine Sperre für eins dieser e_j wieder löst.

Das Protokoll lautet:

(EGL-1) Eine Transaktion darf eine Operation $o(x), o \in \{r, w\}, x \in \mathcal{E}$ nur dann ausführen, wenn sie eine Sperre im Modus o für x hält.

(EGL-2) Die erste Sperre einer Transaktion kann für eine beliebige Entität x_0 gesetzt werden.

(EGL-3) Eine Transaktion t kann eine Entität $e_k \neq x_0$ nur dann sperren, wenn es ein B_i^k gibt, so daß t Sperren für alle Entitäten in B_i^k hält und Sperren für alle Entitäten in $A_i^k \setminus B_i^k$ gesetzt (und evtl. wieder gelöst) hat.

(EGL-4) Eine Transaktion muß auf jeder ihrer Fallgruben zweiphasig arbeiten.

[14] "Block" in der graphentheoretischen Bedeutung.

[15] Die Sperrmodi wurden bei diesem Verfahren ursprünglich mit S (= r) und X (= w) bezeichnet.

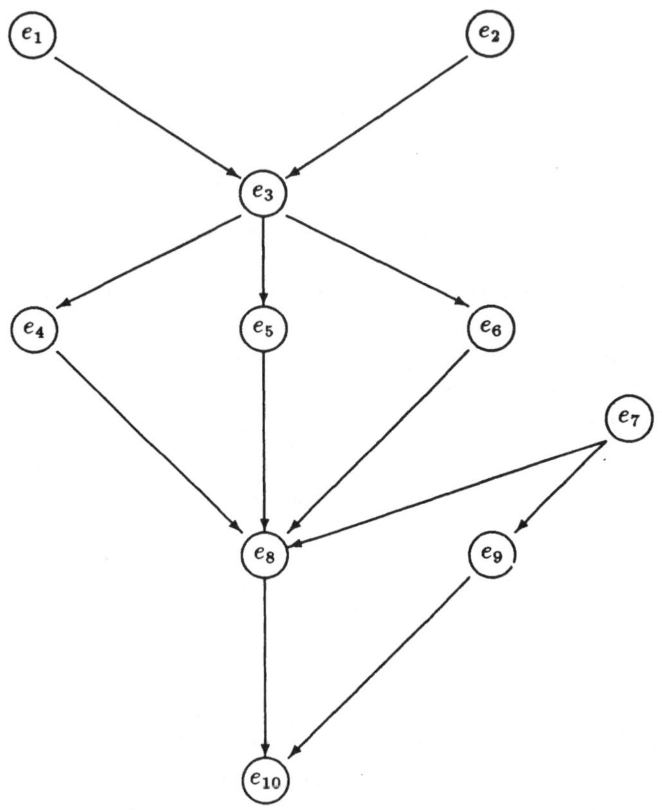

e_k	$guard(e_k)$
e_1	$\emptyset$
e_2	$\emptyset$
e_3	$\{(\{e_1\},\{e_1\}),(\{e_2\},\{e_2\})\}$
e_4	$\{(\{e_3\},\{e_3\})\}$
e_5	$\{(\{e_3\},\{e_3\})\}$
e_6	$\{(\{e_3\},\{e_3\})\}$
e_7	$\emptyset$
e_8	$\{(\{e_4,e_5\},\{e_4,e_5\}),(\{e_5,e_6\},\{e_5,e_6\}),(\{e_4,e_6\},\{e_4,e_6\}),(\{e_7\},\{e_7\})\}$
e_9	$\{(\{e_7\},\{e_7\})\}$
e_{10}	$\{(\{e_8,e_9\},\{e_8\}),(\{e_8,e_9\},\{e_9\})\}$

Abbildung 2.9: Beispiel für einen Sperrgraphen [Kedem, Silberschatz 1983]

Eine Transaktion, die beispielsweise die Datenoperationen $w(e_3)w(e_5)r(e_8)w(e_{10})$ auf den Entitäten aus Abbildung 2.9 ausführen soll, muß nach diesem Protokoll insgesamt sieben Knoten, nämlich $e_3, e_4, e_5, e_7, e_8, e_9$ und e_{10} sperren. Durch den Lesezugriff auf e_8 entsteht eine Fallgrube, die dazu führt, daß nur die Sperre auf e_3 tatsächlich vorzeitig gelöst werden kann. Eine mögliche Abwicklung der Transaktion könnte wie folgt aussehen:

$wl(e_3)w(e_3)$	(Schreiben von e_3)
$wl(e_5)w(e_5)$	(Schreiben von e_5)
$wl(e_4)wu(e_3)rl(e_8)r(e_8)$	(Lesen von e_8)
$wl(e_7)wl(e_9)wl(e_{10})w(e_{10})$	(Schreiben von e_{10})
$wu(e_4)wu(e_5)wu(e_7)wu(e_9)ru(e_8)wu(e_{10})$	(Sperren Lösen)

Die Knoten e_4, e_7 und e_9, auf die nicht zugegriffen wird, könnten zwar auch im Modus r gesperrt werden, dies würde aber die Fallgrube auf alle gesperrten Knoten ausdehnen. Dann würde die gesamte Transaktion zweiphasig sperren.

Das Sperren von Entitäten, auf die gar nicht zugegriffen wird, ist charakteristisch für Hypergraphprotokolle. In [Buckley, Silberschatz 1984] wird deshalb die Einführung von zusätzlichen *Kantensperren* vorgeschlagen. Mit Hilfe der Kantensperren wird nun das Sperren von Teilgraphen für nachfolgende Transaktionen realisiert. Knoten innerhalb dieses Teilgraphen müssen nur noch gesperrt werden, wenn tatsächlich ein Zugriff erfolgt. Kantensperren dürfen in manchen Fällen früher gelöst werden als Knotensperren, die zugleich zum Sperren von Teilgraphen und Knoten dienen, wie in den oben vorgestellten Protokollen. Auf diese Weise läßt sich der Parallelitätsgrad etwas erhöhen.

Die Wahl der ersten Sperre ist praktisch nicht ganz so willkürlich, wie man beim ersten Blick auf das Protokoll vermuten mag. Sie ist nämlich für die Anzahl der allein aufgrund der Sperrbedingung erforderlichen Sperren entscheidend: Ist die erste gesperrte Entität x_0 einer Transaktion weder eine Wurzel, noch ein Blatt, noch eine Artikulation[16], so kann folgendes passieren: im weiteren Verlauf der Transaktion soll eine Entität x gesperrt werden, die auf einem Pfad von einer Wurzel des Sperrgraphen liegt, der nicht über x_0 führt. Wenn die Sperrbedingung das Setzen von Sperren auf diesem Pfad erfordert, so muß die Transaktion unter Umständen bei einer (oder mehr) der Wurzeln mit dem Sperren fortfahren.

2.2.3 Multigranulares Sperren

Das MGL-Protokoll [Gray et al. 1976] ist ein Zweiphasenprotokoll, das variable Sperrgranularitäten ermöglicht. Wie beim Lese/Schreib-Modell werden die beiden Datenoperationen *Lesen* und *Schreiben* unterschieden; mit den zugehörigen Sperrmodi r und w[17]. Die für die Synchronisierung relevanten Strukturen werden ebenfalls durch *Sperrgraphen* beschrieben, die auf gerichtete, azyklische Graphen beschränkt sind. Der Sperrgraph repräsentiert bei diesem Verfahren

[16] "Artikulation" in der graphentheoretischen Bedeutung.

[17] Die Sperrmodi wurden bei diesem Verfahren ursprünglich mit S ($= r$) und X ($= w$) bezeichnet.

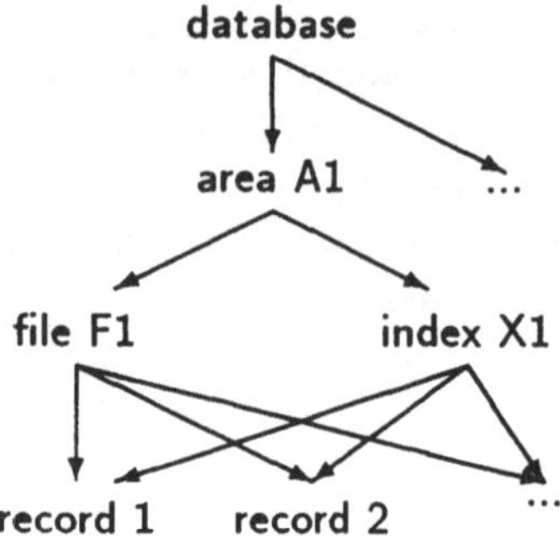

Abbildung 2.10: Beispiel für einen Sperrgraphen (nach [Gray et al. 1976])

die Granularitätshierarchie der Daten. Die Knoten bezeichnen Sperreinheiten und die Kanten Verfeinerungsbeziehungen; die Existenz einer Menge von Kanten $\langle x, y_1 \rangle, \ldots, \langle x, y_n \rangle$ bedeutet, daß die Sperreinheit x sich in eine Menge von Sperreinheiten $y_1, \ldots, y_n$ zerlegen läßt. Nutzdaten sind nur mit den Blättern assoziiert; die internen Knoten des Sperrgraphen müssen keine physische Entsprechung haben. Abbildung 2.10 zeigt ein Beispiel für einen solchen Sperrgraphen. MGL wird im System R [Astrahan et al. 1976] verwendet.

Die Funktion des MGL-Protokolls besteht letztlich darin, die *Blätter* des Graphen zu sperren, da nur auf dieser Granularitätsebene tatsächlich Datenoperationen ausgeführt werden. Durch das Setzen von Sperren für interne Knoten können *implizit* Sperren für Knoten auf nachfolgenden Granularitätsebenen gesetzt werden. Die Menge der Sperren, die eine Transaktion tatsächlich hält, besteht also aus der Menge der explizit und implizit gesetzten Sperren.

MGL wirkt sich günstig auf die Sperrverwaltung aus, wenn eine Sperrbelegung gefunden wird, bei der alle benötigten Blätter gesperrt sind und die Zahl dieser Blätter größer ist als die Zahl der expliziten Sperren.

Das Protokoll muß wie üblich garantieren, daß keine zwei Transaktionen gleichzeitig miteinander unverträgliche Sperren halten können. Damit nicht alle impliziten Sperren auf Verträglichkeit getestet werden müssen, führt MGL sogenannte *Intention Locks* – im folgenden *Warnsperren* genannt – ein. Warnsperren dienen zur Markierung der Vorgänger explizit gesperrter Knoten. Eine Warnsperre auf einem Knoten signalisiert, daß auf einer Ebene feinerer Granularität bereits eine Sperre gesetzt ist und verhindert so das Setzen einer unverträglichen Lese- oder Schreibsperre auf diesem Knoten. Jedem der beiden Sperrmodi r und w wird eine Warnsperre ir bzw. iw zugeordnet[18]. Ein fünfter, kombinierter Sperrmodus, riw, wird noch zur Unterstützung einer relativ häufigen Art von Transaktionen eingeführt, Transaktionen nämlich, die große Teile einer Datenbank lesen und anschließend nur wenige Komponenten ändern. Wir setzen wieder voraus, daß eine w- bzw. iw-Sperre eine r- bzw. ir-Sperre impliziert.

Die Sperrverträglichkeiten sind in Tabelle 2.3 angegeben. Die Warnsperren müssen natürlich vor den r- und w-Sperren gesetzt werden. Da im Sperrgra-

[18] Bei [Gray et al. 1976] IS (= ir) und IX, SIX (= iw, riw)

	ir	*iw*	*r*	*riw*	*w*
ir	+	+	+	+	–
iw	+	+	–	–	–
r	+	–	+	–	–
riw	+	–	–	–	–
w	–	–	–	–	–

Tabelle 2.3: Kompatibilitätsmatrix für das MGL-Protokoll

phen ein Knoten mehrere unmittelbare Vorgänger haben kann, bedarf es noch einer Konvention, die festlegt, unter welchen Bedingungen ein Knoten gesperrt werden kann bzw. als implizit gesperrt gilt. [Korth 1982] gibt zwei alternative Sperrbedingungen (node preconditions) an:

(a) Ein Knoten darf im Modus $m \in \{r, w\}$ oder *im* gesperrt werden, wenn die *Mehrheit* seiner direkten Vorgänger im Modus *im* gesperrt ist; er ist implizit im Modus *m* gesperrt, wenn die Mehrheit seiner direkten Vorgänger explizit oder implizit im Modus *m* gesperrt ist (unbiased node precondition).

(b) Ein Knoten darf im Modus *r* oder *ir* gesperrt werden, wenn *mindestens* ein direkter Vorgänger mit *ir* oder *iw* gesperrt ist; er ist implizit im Modus *r* gesperrt, wenn mindestens ein direkter Vorgänger explizit oder implizit mit *r* oder *w* gesperrt ist. Ein Knoten darf im Modus *w* oder *iw* gesperrt werden, wenn *alle* direkten Vorgänger im Modus *iw* gesperrt sind; er ist implizit im Modus *w* gesperrt, wenn alle direkten Vorgänger explizit oder implizit im Modus *w* gesperrt sind (biased node precondition).

Sperrbedingung (a) ist modusunabhängig. Im Beispiel aus Abbildung 2.10 können nach dieser Bedingung die Sätze der Datei *F1* implizit zum Lesen oder Schreiben gesperrt werden, indem man *F1* und *X1* explizit mit *r* oder *w* sperrt.

Sperrbedingung (b) ist modusabhängig und begünstigt Leseoperationen hinsichtlich der Anzahl der benötigten Sperren. Die jeweiligen Bedingungen für den Kombinationsmodus *riw* lassen sich aus den beiden Modi *r* und *iw* ableiten. Wiederum an Abbildung 2.10 veranschaulicht: um die Sätze der Datei *F1* implizit zum Lesen zu sperren, genügt es, *F1* explizit im Modus *r* zu sperren. Implizite Schreibsperren auf diesen Sätzen lassen sich aber nur errichten durch explizite *w*-Sperren auf allen unmittelbaren Vorgängern, in diesem Fall *F1* und *X1*.

Beide Sperrbedingungen stellen sicher, daß es für zwei Transaktionen, die denselben Knoten in unverträglichen Modi sperren wollen, mindestens einen Weg von einer Wurzel zu diesem Knoten gibt, den sie beide sperren müssen. Eine Abwicklung, die einer dieser Sperrbedingungen genügt, werde entsprechend Definition 2.16 als zulässig bezeichnet, wenn keine zwei Transaktionen gleichzeitig unverträgliche *explizite* Sperren halten[19].

[19] Beim EGL-Protokoll hat man gesehen, daß solche Sperrbedingungen noch differenzierter formuliert werden können.

Das MGL-Protokoll von [Gray et al. 1976] verwendet die modusabhängige Sperrbedingung; die Regeln lauten wie folgt:

(MGL-1) Sei b ein Blatt des Sperrgraphen. Eine Operation $o(b), o \in \{r, w\}$ kann nur ausgeführt werden, wenn b durch die Transaktion im Modus o gesperrt ist.

(MGL-2) Vor dem Setzen einer *ir*- oder *r*-Sperre für einen Knoten x muß die anfordernde Transaktion für mindestens einen direkten Vorgänger von x eine *ir*-Sperre halten, wenn ein solcher Vorgänger existiert.

(MGL-3) Vor dem Setzen einer *iw*-, *riw*- oder *w*-Sperre für einen Knoten x muß die anfordernde Transaktion *iw*-Sperren für alle direkten Vorgänger von x halten.

(MGL-4) Sperren werden bei den Blättern beginnend in Richtung Wurzel gelöst oder am Ende der Transaktion in beliebiger Reihenfolge.

(MGL-5) Nach dem ersten Lösen einer Sperre darf keine neue Sperre mehr gesetzt werden.

Regel MGL-4 soll verhindern, daß eine Transaktion nach dem Lösen von Sperren weiterhin eine *r*- oder *w*-Sperre hält, ohne Sperren für die Vorgänger zu besitzen. Regel MGL-5 sichert die Zweiphasigkeit[20]. Verklemmungen sind durch dieses Protokoll nicht ausgeschlossen. Tabelle 2.4 faßt noch einmal die Sperrwirkungen zusammen und Abbildung 2.11 zeigt den Verschärfungsgraphen für die Sperrmodi.

[Gray et al. 1976] begründen die Korrektheit des MGL-Protokolls damit, daß sich für jede zulässige Sperrbelegung nach dem Protokoll eine Sperrbelegung angeben läßt, die die gleichen Blätter des Sperrgraphen sperrt und nur explizite *r*- bzw *w*-Sperren verwendet.

Satz 2.6 Jede zulässige Abwicklung nach dem MGL-Protokoll ist serialisierbar.

Beweis: (S.a. [Papadimitriou 1986]) Da die Definition der Zulässigkeit (2.16) sich nur auf explizite Sperren bezieht, ist zunächst zu zeigen, daß keine zwei Transaktionen t_i und t_k in einer Abwicklung s gleichzeitig miteinander unverträgliche Sperren auf einem Blatt des Sperrgraphen halten können.

Angenommen das Gegenteil sei der Fall und t_i und t_k hielten zwei unverträgliche Sperren mit den Modi r oder w für das Blatt x. Eine der Transaktionen muß eine w-Sperre halten (s. Tab. 2.3). Diese Transaktion sei t_i; da der Sperrmodus w den Sperrmodus r impliziert, können wir oBdA annehmen, daß t_k eine r-Sperre hält. Gemäß Sperrbedingung (b) muß es einen Knoten x_k geben, für den t_k eine explizite r-Sperre hält und von dem ein Weg nach x führt (der Fall $x = x_k$ eingeschlossen). Nach MGL-2 muß es einen Weg von einer der Wurzeln nach x_k geben, so daß t_k *ir*-Sperren für alle Knoten des Weges hält. Für t_i muß

[20] [Gray et al. 1976] betrachten ihr Protokoll im Zusammenhang mit schwächeren Korrektheitskriterien als der Serialisierbarkeit. Regel MGL-5 wird deshalb dort nur als zusätzliche Bedingung zur Realisierung serialisierbarer Abwicklungen angegeben.

Modus	Sperrwirkung	erlaubte Operationen für Eigentümer der Sperre
ir	*kein* implizites Sperren	*ir*- und *r*-Sperren auf Nachfolgern
iw		*ir*-, *iw*-, *r*-, *riw*- und *w*-Sperren auf Nachfolgern
r	implizites Sperren aller Nachfolger mit *r*	Lesen aller Nachfolger
riw		Lesen aller Nachfolger und *iw*-, *riw*- oder *w*-Sperren auf Nachfolgern
w	implizites Sperren aller Nachfolger mit *r* und implizite *w*-Sperren für alle Nachfolger, deren Vorgänger *alle* mit *w* gesperrt sind	Lesen aller Nachfolger und Schreiben aller implizit mit *w* gesperrten Nachfolger

Tabelle 2.4: Sperrmodi im MGL-Protokoll

es nach der Sperrbedingung eine Menge X_i von Knoten geben, so daß *jeder* Weg von einer Wurzel nach x über einen Knoten aus X_i führt und t_i eine explizite w-Sperre für alle Knoten aus X_i hält (der Fall $X_i = \{x\}$ eingeschlossen). Auf einem dieser Wege muß folglich auch x_k liegen.

Nun sind folgende Fälle unterscheidbar:

(a) $x_k \in X_i$;

(b) ein Knoten $x_i \in X_i$ liegt auf dem von t_k mit *ir* gesperrten Weg;

(c) x_k liegt auf einem der von t_i mit *iw* gesperrten Wege.

In allen drei Fällen hielten t_i und t_k in s miteinander unverträgliche explizite Sperren, im Widerspruch zu der Annahme, daß s zulässig sei.

Nun läßt sich eine zulässige Abwicklung s' aus s konstruieren, indem man alle Aktionen zum Setzen und Lösen von Sperren durch Aktionen zum expliziten Sperren und Freigeben der jeweils gemäß der Sperrbedingung betroffenen Blätter ersetzt. Offensichtlich ist $\rho(s) = \rho(s')$. Nach Regel MGL-5 folgen die Transaktionen in s' dem 2PL-Protokoll und s' ist somit nach Satz 2.5 serialisierbar. □

2.3 Transaktion und Konsistenz

Die "klassische" Transaktion aus dem Bereich der konventionellen Datenbankanwendungen ist ein Konstrukt, welches aus praktischen Gründen in sich drei Funktionen vereinigt; sie ist sowohl

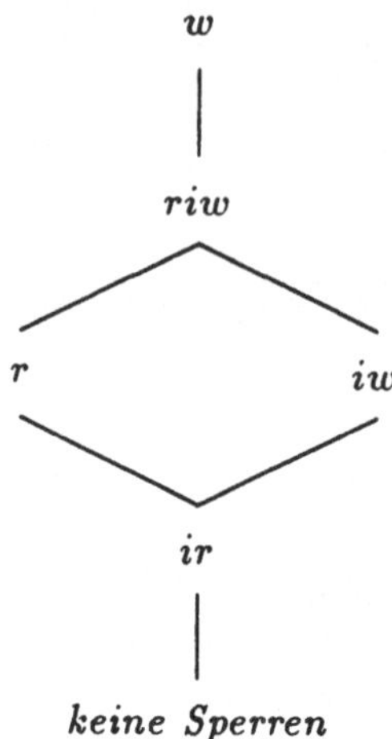

Abbildung 2.11: Verschärfungsgraph für das MGL-Protokoll

- Einheit der Konsistenzerhaltung, als auch
- Einheit der Synchronisierung und
- Einheit der Fehlererholung.

In der theoretischen Behandlung von Transaktionen in Datenbanken bilden diese drei Funktionen verschiedene Gegenstandsbereiche, die zwar in Beziehung zueinander stehen, aber im Prinzip unabhängig voneinander behandelt werden können. In dieser Unterscheidung drückt sich aber auch eine reale Arbeitsteilung aus. Die Eigenschaft der Konsistenzerhaltung wird bei den Maßnahmen zur Synchronisierung und Fehlererholung als gegeben vorausgesetzt. Synchronisierung und Fehlererholung sichern dann diese Eigenschaft auch unter den Bedingungen der simultanen Ausführung von Transaktionen und in Fehlersituationen.

Sicherlich waren Konsistenzüberlegungen eine wesentliche Motivation bei der Entwicklung der Synchronisierungstheorie; in den Begriff der Serialisierbarkeit flacher Transaktionen geht die Konsistenzerhaltung aber nicht als Bestandteil ein, ebensowenig wie in die Erweiterung der Theorie auf geschachtelte Transaktionen, wie sie in 3.1 behandelt wird. Serialisierbarkeit einer nebenläufigen Abwicklung bedeutet letztlich *Rekonstruierbarkeit* des Zustands nach der Abwicklung durch eine serielle Ausführung der beteiligten Operationseinheiten. Die theoretische Behandlung der Synchronisierung trägt in dieser Form auch realen Restriktionen Rechnung. Zwar weist die Klausel "unter jeder Interpretation", die in den Definitionen der Serialisierbarkeit verwendet wurde, schon darauf hin, daß sich unter einer speziellen Interpretation womöglich weitere serialisierbare Abläufe finden ließen. Zur Realisierung solcher Abwicklungen müßte dem Abwickler jedoch ein Mindestmaß an Information über die jeweilige Datenbankanwendung zur Verfügung stehen [Kung, Papadimitriou 1979] [Kung, Papadimitriou 1983], das in der Regel nicht gegeben ist. Der Abwickler registriert von der Ausführung der Anwendungsprogramme nur die Aufrufe der einfachen Datenoperationen und spezielle Kontrolloperationen, die zur Unterstützung der Synchronisierung dienen, wie zum Beispiel Sperroperationen, Start- und Endemeldungen von Transaktionen.

Die praktische Verknüpfung von Konsistenzerhaltung und Synchronisierung in einer Einheit, nämlich der Transaktion, scheint trotzdem nahe zu liegen, weil ja eine serialisierbare Abwicklung konsistenzerhaltender Transaktionen ebenfalls konsistenzerhaltend ist.[21] Im Rahmen konventioneller Anwendungen, wo Transaktionen in der Regel aus sehr kurzen Operationsfolgen bestehen, hat sich dieses Konzept auch bewährt. Unter veränderten Bedingungen jedoch können die verschiedenen Funktionen der Transaktion auch in Widerspruch zueinander treten, weil [Lynch 1983a]:

- mit zunehmender Komplexität der Anwendungen die Transaktion als Einheit der Konsistenzerhaltung an Umfang zunehmen wird,
- als Synchronisierungseinheit hingegen man Transaktionen auf möglichst wenige Aktionen beschränken wollen wird, um die wechselseitige Verzögerung gering zu halten.

Manifest geworden ist dieser potentielle Widerspruch vor allem in den sogenannten nichtkonventionellen Anwendungen, weil dort die Daten zum Teil sehr komplexe Strukturen aufweisen und weil sich die Abwicklung einer Transaktion über einen relativ langen Zeitraum erstrecken kann. Eine Antwort darauf war die Verwendung und auch Neuentwicklung hierarchischer Transaktionsmodelle. Diese Modelle sind Gegenstand des folgenden Kapitels.

[21] Ähnliche Überlegungen gelten auch jeweils für die Verwendung der Transaktionen als Einheit der Fehlererholung.

3 Hierarchische Modelle und Entwurfstransaktionen

Nach der Darstellung der Abwicklung flacher Transaktionen soll in diesem Kapitel der Begriff der Serialisierbarkeit auf geschachtelte Transaktionen ausgedehnt werden. Das entsprechende Modell (3.1) bildet einerseits die Grundlage für die Betrachtung einer Synchronisierungstechnik für geschachtelte Transaktionen, die in Kapitel 5 weiterverwendet wird; andererseits dient es als Hintergrund für einen Überblick über Konzepte für Entwurfstransaktionen in 3.2.

In der klassischen Theorie der Serialisierbarkeit werden Transaktionen als "flache" Gebilde behandelt, als Folgen von nicht weiter zerlegbaren Datenbankoperationen. Die Synchronisierung findet nur auf einer Ebene statt, nämlich zwischen Transaktionen. Eine Schachtelung von Transaktionen beispielsweise ist nicht vorgesehen. Diese Sichtweise hat sich vor allem in den konventionellen Datenbankanwendungen bewährt, in denen Transaktionen typischerweise von sehr kurzer Dauer sind. Andere Anwendungen jedoch – und dabei spielen die Entwurfsanwendungen eine wichtige Rolle – legen eine differenziertere Behandlung von Transaktionen nahe. [Gray 1981a] führt als Beispiel die Auftragsabwicklung eines Reisebüros für einen Kunden an, die in der Regel mehrere Schritte umfaßt, wie Flugreservierung, Bestellung eines Mietwagens, Zimmerreservierung, Rechnungsbegleich mit dem Kunden. Für letzteren bilden alle Schritte eine Einheit, eine "Transaktion": sie werden alle ausgeführt oder überhaupt nicht. Für die beteiligten Institutionen (Fluglinie, Wagenverleih, Hotel, Kreditinstitut) bildet nur jeweils ein Schritt eine Transaktion, die mit anderen, ähnlichen Transaktionen koordiniert werden muß. Problematisch werden flache Transaktionsmodelle auch, wenn die Transaktionen von langer Dauer sind, wie es zum Beispiel bei der Modellierung von Entwurfsvorgängen mit Hilfe von Transaktionen der Fall ist. Infolge der langen Dauer können sich Transaktionen gegenseitig entsprechend lange verzögern und das Zurücksetzen einer Transaktion, etwa im Fehlerfall, kann Zwischenergebnisse vernichten, deren Produktion unter Umständen viel Zeit gekostet hat.

Hierarchische Transaktionsmodelle erlauben eine Beschreibung der Synchronisierung auf mehreren (logischen) Ebenen. Auf dieser Grundlage lassen sich Korrektheitskriterien für Abwicklungen formulieren, die im Kontext flacher Transaktionen nicht ausdrückbar sind. Die Einführung einer hierarchischen Transaktionsstruktur erlaubt auch eine abgestufte Fehlererholung.

Fast alle hierarchischen Transaktionsmodelle basieren auf geschachtelten Transaktionen. Ausnahmen bilden die in 3.3 behandelten Modelle von [Garcia-Molina 1983] und [Lynch 1983a]. Beide Ansätze sind offenbar nicht weiter verfolgt worden; weil an ihnen aber ersichtlich wird, welche Lösungswege für Synchronisierungsverfahren eingeschlagen werden können, wenn die Semantik Berücksichtigung findet, stellen wir beide Modelle am Schluß in einem Exkurs etwas ausführlicher dar.

3.1 Geschachtelte Transaktionen

Bei der Schachtelung von Transaktionen möchte man die Eigenschaften einer Transaktion als Synchronisierungs- und Fehlererholungseinheit auch für Aktionsfolgen *innerhalb* einer Transaktion ausnutzen. Eine der ersten Arbeiten auf dem Gebiet verwendete geschachtelte Transaktionen zur Implementierung fehlertoleranter Prozesse in verteilten Systemen [Moss 1981] [Moss 1982]. [Weikum 1986, 1987, 1988] nutzt die Möglichkeit transaktionsinterner Parallelität und setzt geschachtelte Transaktionen zur Implementierung einer schichtweisen Synchronisierung von Transaktionen in einem Datenbanksystem ein. Im Zusammenhang mit Entwurfsanwendungen wird die Schachtelung von Transaktionen als Mittel zur Modellierung der hierarchischen Organisation eines Entwurfsprozesses und der damit verbundenen Interaktion von Entwerfern betrachtet [Kim et al. 1984] [Bancilhon, Kim, Korth 1985] [Klahold et al. 1985].

Theoretische Beschreibungen geschachtelter Transaktionen finden sich bei [Beeri, Bernstein, Goodman 1986] [Beeri, Bernstein, Goodman 1987] und [Lynch 1983b], [Fekete et al. 1987], ferner bei [Weikum 1986] [Weikum 1987] [Weikum 1988] für den speziellen Fall einer fixen Schachtelungstiefe und – ebenfalls spezieller und mit dem Schwerpunkt auf der Fehlererholung – bei [Moss, Griffeth, Graham 1986]. Im folgenden halten wir uns an die Darstellung in [Beeri, Bernstein, Goodman 1987], wobei wir uns auf einen Abriß des Modells beschränken. Für weitergehende Einzelheiten sei auf das entsprechende Papier verwiesen.

3.1.1 Ein Transaktionsmodell

Wie bei der Serialisierbarkeitstheorie für flache Transaktionen sind wieder die tatsächlichen Abwicklungen[1] von Transaktionen der Gegenstand der theoretischen Betrachtung und nicht die Programme, die die Transaktionen erzeugen. Transaktionen sind wiederum Mengen von Aktionen, die aber nicht nur Ausführungen einfacher Datenbankoperationen sind, wie in Kapitel 2, sondern selbst wiederum als Transaktionen, *Subtransaktionen*, realisiert sein können. Subtransaktionen können ebenfalls wieder Transaktionen enthalten usw. Eine

[1] Bei [Beeri, Bernstein, Goodman 1987] als "Berechnungen" bezeichnet.

feste oder maximale Schachtelungstiefe wird nicht vorausgesetzt. Aufgegeben wird auch die Annahme, daß jede Transaktion eine *Sequenz* von Operationen sei. In den meisten Anwendungen wäre dies keine sinnvolle Voraussetzung und für Korrektheitsüberlegungen genügt es beispielsweise, davon auszugehen, daß die Ausführungen *einfacher* Operationen stets als Sequenz beschreibbar sind.

Das Datensystem

In Verallgemeinerung des im vorigen Kapitel verwendeten Modells werden nun zusätzlich noch ***Rückgabewerte*** in die Betrachtung mit einbezogen, die vom Datensystem beim Abschluß einer Aktion oder von einer Transaktion bei deren Ende zurückgeliefert werden. In einer gegebenen Abwicklung werden die Rückgabewerte durch eine ***Rückgabefunktion*** r dargestellt, die die Menge der in der Abwicklung enthaltenen Operationen und Transaktionen auf eine Menge V von Werten abbildet. Wie bei den Entitäten werden keine Annahmen über die Art der Werte in V gemacht.

Ein Datensystem D läßt sich auch als die Menge der möglichen Abwicklungen von Operationen definieren. Dazu wird noch der Begriff der ***Komposition*** zweier partieller Ordnungen benötigt: seien A_1, A_2 zwei disjunkte Mengen von Aktionen und $<_1$ bzw. $<_2$ zwei partielle Ordnungen auf A_1 bzw. A_2, dann ist die Komposition von $<_1$ und $<_2$ definiert als

$$<_1 \otimes <_2 = <_1 \cup <_2 \cup A_1 \times A_2$$

Definition 3.1 Eine *Abwicklung in einem Datensystem* wird beschrieben durch ein Tupel $s = (st_1, A, <, r, st_2)$, wobei $st_1, st_2 \in St$, A eine endliche Menge von Aktionen, $<$ eine partielle Ordnung auf A und r eine auf A definierte Rückgabefunktion ist. Eine Abwicklung heißt *seriell*, wenn $<$ eine totale Ordnung ist. □

Definition 3.2 Ein *Datensystem* D ist eine Menge von Abwicklungen, die folgenden Bedingungen genügt:

(a) (Kompositionsaxiom) Wenn für $st_1, st_2, st_3 \in St$ die Abwicklungen $s_1 = (st_1, A_1, <_1, r_1, st_2)$ und $s_2 = (st_2, A_2, <_2, r_2, st_3)$ in D sind, dann ist auch $s = s_1 s_2 = (st_1, A_1 \cup A_2, <_1 \otimes <_2, r_1 \cup r_2, st_3)$ in D.

(b) (Dekompositionsaxiom) Wenn für $st_1, st_3 \in St$ eine Abwicklung $s = (st_1, A_1 \cup A_2, <_1 \otimes <_2, r, st_3)$ in D existiert, dann gibt es einen Zustand $st_2 \in St$ und Abwicklungen $s_1, s_2 \in D$, so daß $s_1 = (st_1, A_1, <_1, r|_{A_1}, st_2)$ und $s_2 = (st_2, A_2, <_2, r|_{A_2}, st_3)$.

(c) (Ordnungserhaltende Atomarität) Für jede Abwicklung $s = (st_1, A, <, r, st_2)$ in D gibt es eine totale Ordnung $<'$ mit $< \subseteq <'$, so daß $s' = (st_1, A, <', r, st_2)$ ebenfalls in D enthalten ist.

Eine Abwicklung $s \in D$ wird als *D-Abwicklung bezeichnet.* □

(a) - (c) formulieren Bedingungen, die in etwas anderer Form auch schon in Kapitel 2 verwendet wurden. Durch (a) wird gefordert, daß die Hintereinanderausführung zweier in D möglichen Abwicklungen ebenfalls möglich ist; (b) beschreibt, wann man von definierten Zwischenzuständen sprechen kann – in Kapitel 2 war dies nicht notwendig, weil $<$ dort als totale Ordnung vorausgesetzt wurde – und (c) ist eine der nunmehr nur noch partiellen Ausführungsordnung angepaßte Fassung der Atomaritätseigenschaft von Aktionen.

Definition 3.3 Eine *Transaktion* ist ein Tupel $t = (A, <_t, r)$, wobei A eine endliche Menge von Aktionen ist, $<_t$ eine partielle Ordnung auf A und r eine Rückgabefunktion auf $A \cup \{t\}$; $<_t$ ist wiederum die Transaktionsordnung.

Jedes Tupel $(A, <, r)$ mit $<_t \subseteq <$ beschreibt eine *Abwicklung* oder *Ausführung einer Transaktion.* □

Im Gegensatz zum vorangehenden Kapitel ist jetzt in der Regel auf der Menge τ von Transaktionen eines Transaktionssystems eine Struktur definiert. Eine Aktion a einer Transaktion $t \in \tau$ kann nun nämlich auch als Subtransaktion *implementiert* sein, d.h. zu a gibt es eine Transaktion $tr(a) \in \tau$, die beim Aufruf von a gestartet wird. Aus der Sicht von t ist es irrelevant, ob a wiederum eine Transaktion ist oder eine im Datensystem "fest verdrahtete" Operation. Sichergestellt sein muß lediglich, daß $tr(a)$ tatsächlich eine korrekte Implementierung von a darstellt, d.h. daß $tr(a)$ keine Wirkung erzielen kann, die nicht von a erwartet wird. Deshalb wird verlangt, daß Transaktionen, die eine Aktion implementieren, stets folgender Bedingung genügen:

- *(Sequentielle Korrektheit)* Sei $tr(a)$ eine Transaktion, die eine Aktion a implementiert. Dann muß für alle $st_1, st_2, <, r$ gelten: wenn $(A, <, r)$ eine Abwicklung von $tr(a)$ ist und $(st_1, A, <, r|_A, st_2)$ eine serielle D-Abwicklung, dann ist auch $(st_1, \{a\}, \emptyset, r(tr(a)), st_2)$ eine D-Abwicklung.

Die Eigenschaft der sequentiellen Korrektheit wird es später erlauben, bei der Betrachtung von Abwicklungen geschachtelter Transaktionen unter bestimmten Voraussetzungen eine Subtransaktion $tr(a)$ durch a zu ersetzen.

Graphisch läßt sich die Abwicklung einer geschachtelten Transaktion als Baum beschreiben, wobei die Blätter einfache Operationen repräsentieren, die internen Knoten (Sub-) Transaktionen. Abbildung 3.1 (S. 45) zeigt ein Beispiel: Die Transaktion t_1 führt zwei Operationen *Ins(ert)* und *Upd(date)* aus, die wiederum als Transaktionen implementiert sind. Die Abwicklungen von *Ins* und *Upd* bestehen jeweils aus zwei aufeinander folgenden Operationen *f(etch)* und *s(tore)* des Datensystems. Die Operationen f und s arbeiten auf "Seiten" p und q.

Bei der Betrachtung von geschachtelten Transaktionen benutzen wir zum Teil Begriffe, die dieser graphischen Darstellung entstammen. Die Operationen und Subtransaktionen einer Transaktion t_1 in einem gegebenen Transaktionsbaum werden als *direkte Nachfolger* von t_1 ($child(t_1)$) bezeichnet, t_1 als *direkter Vorgänger* der Subtransaktionen. Die Relationen *Nachfolger* (*desc*) und *Vorgänger* werden jeweils als reflexive transitive Hülle der Relationen "direkter Nachfolger" bzw. "direkter Vorgänger" definiert. Die nichtreflexiven Versionen der beiden Relationen seien als *echter* Vorgänger bzw. Nachfolger bezeichnet. Eine Transaktion ohne Vorgänger heißt *Wurzeltransaktion*. *Nachbarn* einer Transaktion t sind alle Transaktionen, die denselben direkten Vorgänger wie t haben.

Hierarchische Abwicklungen

Entsprechend der graphischen Darstellung einer geschachtelten Transaktion läßt sich die Abwicklung eines Systems geschachtelter Transaktionen mit Hilfe eines *Waldes* T von Transaktionsbäumen beschreiben, in dem die Knoten verschiedener Bäume durch die Ausführungsordnung in verschiedene zeitliche Beziehungen eingeordnet werden. T tritt damit an die Stelle der Menge τ von Transaktionen eines Transaktionssystems. Eine Abwicklung von T wird durch ein Tupel $s = (st_1, T, <, r, st_2)$ repräsentiert. Ist s gegeben, so bezeichne $root(T)$ bzw. $root(s)$ die Menge der Wurzeltransaktionen aus T, $leaves(T)$ bzw. $leaves(s)$ die Menge der Blätter der Abwicklung und $leaves(t)$ die Menge der von einer Transaktion t erreichbaren Blätter. Ist K eine Menge von Knoten aus T, so ist T_K der Wald mit den Wurzeln K. Der kleinste gemeinsame Vorgänger zweier Knoten x und y in T wird mit $lca(x,y)$ bezeichnet. Die Knoten x und y heißen *unvergleichbar*, wenn $lca(x,y) \notin \{x,y\}$ oder nicht existiert; eine maximale Menge paarweise unvergleichbarer Knoten wird als *Front* bezeichnet; eine Teilmenge einer Front heißt *partielle Front*. Eine Front kann man auch als Beschreibung des "Zustands" einer hierarchischen Abwicklung zu einem bestimmten Zeitpunkt auffassen. Die Abwicklung $(st_1, leaves(s), <|_{leaves(s)}, r|_{leaves(s)}, st_2)$ wird als *Einschränkung* oder *Projektion* von s auf das Datensystem D bezeichnet. Schließlich sei für einen internen Knoten x die *Einschränkung von s auf x* definiert als Tupel $(child(x), <|_{child(x)}, r|_{(child(x) \cup \{x\})})$. Für eine gegebene Menge T von Transaktionsbäumen läßt sich noch eine globale Transaktionsordnung definieren, die alle Transaktionsordnungen $<_T$ aus T und die durch sie implizierten Ordnungen enthält. Sei $<$ eine partielle Ordnung auf T; als *Ergänzung* (pull down) von $<$ wird die Relation $<\downarrow \subseteq T \times T$ bezeichnet, mit $x <\downarrow y$, wenn es Vorgänger p von x und q von y gibt, so daß $p < q$ gilt.

Definition 3.4 Sei T eine Menge von Transaktionsbäumen. Die *globale Transaktionsordnung* von T ist die Relation

$$<_T = \left(\bigcup_{t \in T} <_t \right) \downarrow$$

□

Definition 3.5 Sei T eine endliche Menge von Transaktionsbäumen, $<$ eine partielle Ordnung auf der Menge K der Knoten in T, r eine auf K definierte Rückgabefunktion und $st_1, st_2 \in St$. Eine *hierarchische Abwicklung von T* ist ein Tupel $s = (st_1, T, <, r, st_2)$, welches folgenden Bedingungen genügt:

(a) Seien $x, y \in T$ und $p \in desc(x)$, $q \in desc(y)$, dann muß gelten: $x < y \Rightarrow p < q$.

(b) Für jeden internen Knoten x aus T ist s eingeschränkt auf x eine Abwicklung von x.

(c) Die Projektion von s auf D ist eine D-Abwicklung.

Die Abwicklung s heißt *seriell*, wenn $<$ über den Wurzeltransaktionen und den direkten Nachfolgern jedes Knotens in T eine totale Ordnung bildet. □

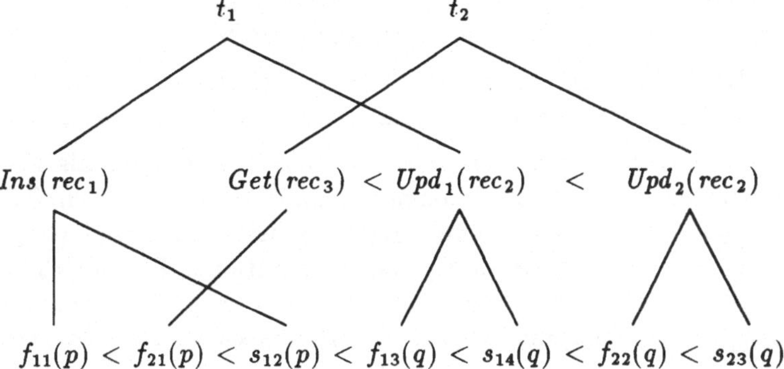

Abbildung 3.1: Beispiel für eine Abwicklung geschachtelter Transaktionen

Bedingung (a) verlangt eine "Abwärtskompatibilität" der Ausführungsordnung $<$ (downward order compatibility): wenn x endet, bevor y beginnt, dann muß auch jede der direkt oder indirekt durch x aufgerufenen Operationen oder Subtransaktionen enden, bevor eine der in der Abwicklung von y enthaltenen Operationen oder Subtransaktionen beginnt. Eine auf irgendeiner Ebene der Abwicklung von T gegebene zeitliche Ordnung zwischen zwei Subtransaktionen wird also auch unter deren Nachfolgern beibehalten. Die beiden übrigen Bedingungen stellen sicher, daß ein interner Knoten eine zulässige Beschreibung einer Transaktionsabwicklung repräsentiert (b) und daß die Blätter von T zu einer Abwicklung des Datensystems gehören (c).

Beispiel 3.1 Abbildung 3.1 zeigt die graphische Darstellung einer hierarchischen Abwicklung. T enthält zwei Wurzeltransaktionen t_1 und t_2; t_1 führt die Operationen *Ins* und *Upd(ate)* auf den "Sätzen" rec_1 und rec_2 aus, t_2 die Operationen *Get* und *Upd* auf den Sätzen rec_3 und rec_2. *Get, Ins* und *Upd* sind als Subtransaktionen implementiert, die jeweils aus Sequenzen von Operationen f und s des Datensystems bestehen. Die Abwicklungen von $Ins(rec_1)$ und $Get(rec_3)$ überlappen sich, weswegen weder $Ins(rec_1) < Get(rec_3)$ noch $Get(rec_3) < Ins(rec_1)$ gilt[2]. In einem Modell flacher Transaktionen wäre die Abwicklung bezüglich des Zugriffs auf die Seiten p und q nicht serialisierbar; wegen $f_{21}(p) < s_{12}(p)$ und $s_{14}(q) < f_{22}(q)$ würde nämlich sowohl $t_2 <_{DEP} t_1$ als auch $t_1 <_{DEP} t_2$ gelten, d.h. der Abhängigkeitsgraph enthielte einen Zyklus.

Wie bei flachen Transaktionen wird die "Korrektheit" einer Abwicklung definiert, indem man zunächst eine Klasse von Abwicklungen bestimmt, die als korrekt vorausgesetzt werden und sodann jede Abwicklung s als korrekt betrachtet, für die es in dieser Klasse eine zu s äquivalente Abwicklung gibt. Zwei Abwicklungen s_1 und s_2 sind *äquivalent*, $s_1 \equiv s_2$, wenn sie die gleichen Anfangs- und Endzustände haben und ihre Wurzeltransaktionen die gleichen Rückgabewerte erzeugen. Darin ist die Voraussetzung enthalten, daß sie die gleichen Wurzeln

[2]Nicht in der Abbildung dargestellt wurde, daß $Ins(rec_1) < Upd_1(rec_2)$.

haben. Verwendet man die Klasse serieller Abwicklungen als Referenz, erhält man wiederum Serialisierbarkeit als Korrektheitskriterium.

Definition 3.6 Eine hierarchische Abwicklung s geschachtelter Transaktionen heißt *serialisierbar*, wenn es eine zu s äquivalente serielle Abwicklung gibt. □

Wenn die Wurzeltransaktionen einer Abwicklung nur Blätter als Nachfolger haben, dann liegen flache Transaktionen vor und Definition 3.6 umfaßt die in Kapitel 2 eingeführte Zustands- bzw. Sichtserialisierbarkeit[3]. Analog zu den dort verwendeten verschiedenenen Äquivalenzdefinitionen lassen sich auch hier weitere Restriktionen einführen und man kann zum Beispiel von den Zuständen des Datensystems absehen, um lediglich die Konflikte zwischen Operationen zu betrachten.

Hierarchische Serialisierbarkeit

Beim Nachweis der Serialisierbarkeit von hierarchischen Abwicklungen geht es meistens darum zu zeigen, daß eine gegebene Front äquivalent zu der hierarchischen Abwicklung "unter" ihr ist; diese Abwicklung kann dann entfernt, also auf die Front reduziert werden. Dabei sind zwei Beweistechniken von Bedeutung: die *Substitution* von Teilbäumen und die *Vertauschung kommutierender Operationen*; letzteres ist ein konfliktorientiertes Verfahren. Beide Methoden werden im folgenden kurz dargestellt[4].

Bei der *Substitution* werden Teilabwicklungen einer hierarchischen Abwicklung durch äquivalente Abwicklungen ersetzt. Werden dabei Bäume gegen einzelne Knoten ausgetauscht, spricht man von einer *Reduktion*, werden Knoten durch Bäume ersetzt, von einer *Expansion*.

Definition 3.7 Seien $s = (st_1, T, <, r, st_2)$ eine hierarchische Abwicklung, $u = (\widehat{st_1}, T_u, <_u, r_u, \widehat{st_2})$ und $s_x = (\widehat{st_1}, T_{\{x\}}, < |_{T_{\{x\}}}, r|_{T_{\{x\}}}, \widehat{st_2})$ Abwicklungs*bäume*, wobei T_u als Wurzel x habe und $r_u(x) = r(x)$ sei[5]. Die *Substitution von s_x durch u in s*, $s[s_x \Longleftarrow u]$, ist eine Abwicklung $(st_1, T', <', r', st_2)$ für die gilt

(a) T' entsteht aus T durch Ersetzen von $T_{\{x\}}$ durch T_u,

(b) $<'$ ist $<$ auf $T \setminus T_{\{x\}}$ und $<_u$ auf T_u und für $y \in T \setminus T_{\{x\}}$ gilt $y < x \Rightarrow y <' T_u$ bzw. $x < y \Rightarrow T_u <' y$,

(c) r' ist r_u auf T_u und r sonst.

□

Die Äquivalenz zweier Abwicklungen, die durch Substitution auseinander hervorgehen, ist nur gegeben, wenn die Ausführungsordnung bestimmte Bedingungen erfüllt.

Definition 3.8 Sei $s = (st_1, T, <, r, st_2)$ eine hierarchische Abwicklung, K eine Menge von Knoten aus T. *K wird durch $<$ separiert*, wenn für jedes $x \in leaves(T) \setminus leaves(K)$ entweder $x < leaves(K)$ oder $leaves(K) < x$ gilt.

[3] Bei entsprechender Wahl der Transaktionsordnung und der Rückgabefunktion.

[4] Für die zum Teil umfangreichen Beweise der Korrektheit dieser Verfahren und für weitere Einzelheiten sei auf [Beeri, Bernstein, Goodman 1987] verwiesen.

[5] Demnach ist $s_x \equiv u$

Eine partielle Front K wird durch $<$ *serialisiert*, wenn jeder Knoten aus K durch $<$ separiert wird. □

Wird eine partielle Front F durch $<$ separiert, dann läßt sich s nach Definition 3.2 (b) als eine Komposition von Teilabwicklungen beschreiben, wobei eine Komponente die Teilabwicklung $s_F = (\widehat{st_1}, T_F, <|_{T_F}, r|_{T_F}, \widehat{st_2})$ "von s unter F" ist. Definition 3.7 kann auf die Substitution einer partiellen Front F ausgedehnt werden, wenn F durch $<$ separiert wird. An Stelle des Abwicklungsbaumes s_x wird dann die Teilabwicklung s_F ersetzt durch eine äquivalente Abwicklung.

Satz 3.1 (Substitution) [Beeri, Bernstein, Goodman 1987] Sei s eine hierarchische Abwicklung, F eine partielle Front, die durch $<$ separiert wird und s_F die Teilabwicklung von s unter F. Gegeben sei ferner eine hierarchische Abwicklung d_F mit $s_F \equiv d_F$, wobei die Wurzeln der beiden Abwicklungen die gleiche Ordnung haben. Dann ist $\tilde{s} = s[s_F \Longleftarrow d_F]$ eine hierarchische Abwicklung und es gilt $s \equiv \tilde{s}$. □

Ein Spezialfall der Substitution liegt vor, wenn F ein einzelner Knoten ist, dessen Nachfolger nur Blätter sind. Die Annahme der sequentiellen Korrektheit (S. 43) erlaubt es, die Blätter zu entfernen und damit die Subtransaktion, die durch den Knoten repräsentiert wird, durch die mit ihr assoziierte Operation zu ersetzen.

Die *Vertauschung kommutierender Operationen* wurde schon in Kapitel 2 für eine alternative Definition der Konfliktserialisierbarkeit verwendet.

Definition 3.9 Seien o_1 und o_2 Operationen und $st \in St$ ein Zustand; o_1 und o_2 *kommutieren bezüglich* st, wenn ihre Reihenfolge für den Folgezustand irrelevant ist, d.h. wenn für alle r und st' gilt

$$(st, \{o_1, o_2\}, (o_1, o_2), r, st') \in D \Leftrightarrow (st, \{o_1, o_2\}, (o_2, o_1), r, st') \in D$$

Die Operationen *kommutieren allgemein*, wenn sie bezüglich aller Zustände kommutieren. □

In hierarchischen Abwicklungen muß bei der Vertauschung kommutierender Operationen darauf geachtet werden, daß die Abwicklungseigenschaften (Def. 3.5) nicht verletzt werden. Dies wäre möglich, wenn die Anordnung der Operationen in einer Abwicklung durch eine Transaktionsordnung festgelegt ist.

Definition 3.10 Seien x, y zwei aufeinander folgende Blätter einer hierarchischen Abwicklung s (d.h. $\{x,y\}$ wird durch $<$ separiert). Nach Definition 3.2 läßt sich die Projektion $\hat{s}$ von s auf das Datensystem dann darstellen als Komposition $\hat{s} = s_1 s_2 s_3$, wobei $s_2 = (st_1, \{x,y\}, <|_{\{x,y\}}, r|_{\{x,y\}}, st_2)$. Die Blätter x und y *können in* s *vertauscht werden*, wenn sie bezüglich st_1 kommutieren und wenn weder $x <_T y$ noch $y <_T x$ gilt. □

Satz 3.2 (Kommutativität) [Beeri, Bernstein, Goodman 1987] Sei s eine hierarchische Abwicklung, x und y seien Blätter, die in s vertauscht werden können und $\bar{s}$ sei die Abwicklung, die aus s durch die Vertauschung entsteht. Dann ist $\bar{s}$ eine hierarchische Abwicklung und es gilt $s \equiv \bar{s}$. □

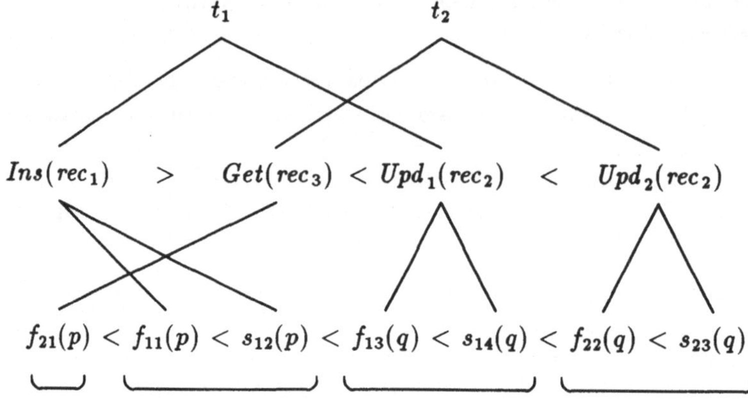

Abbildung 3.2: Vertauschung von f_{11} und f_{21} ($Ins < Upd_1$)

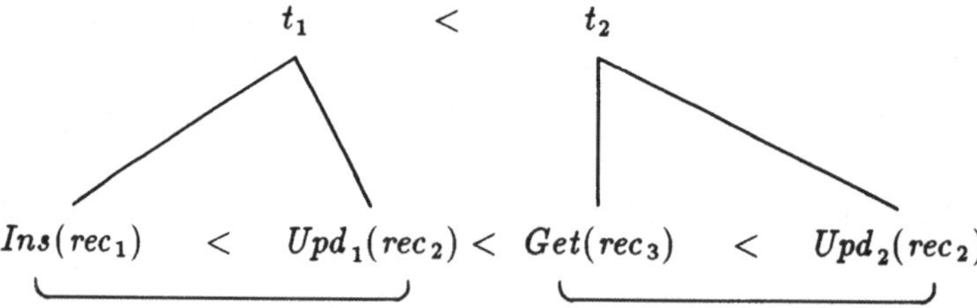

Abbildung 3.3: Substitution und Vertauschung von *Get* mit *Ins, Upd*$_1$

Beispiel 3.2 Die Verwendung der beiden Techniken der Substitution und der Vertauschung sei kurz an der Abwicklung in Abbildung 3.1 erläutert; wir nehmen dabei an, daß die Operationen *f* und *Get* als Rückgabewert die gelesene Seite bzw. den gelesenen Satz liefern und die Operationen *s*, *Ins* und *Upd* einen Wert, der Erfolg oder Mißerfolg der Operation anzeigt. Die Blätter $f_{11}(p)$ und $f_{21}(p)$ können vertauscht werden, da diese Operationen kommutieren; Abbildung 3.2 zeigt die daraus entstehende Abwicklung.

Die Front { $Ins(rec_1)$, $Get(rec_3)$, $Upd_1(rec_2)$, $Upd_2(rec_2)$ } wird darin durch < serialisiert. Nach Satz 3.1 können die Abwicklungen dieser Subtransaktionen auf die entsprechenden Operationen reduziert werden. Die so entstandene Abwicklung kann wiederum durch Vertauschung von $Get(rec_3)$ mit $Ins(rec_1)$ und anschließend mit $Upd_1(rec_2)$ umgeformt werden; Abbildung 3.3 zeigt das Ergebnis. Die Front $\{t_1, t_2\}$ wird nun durch < serialisiert, d.h. die ursprüngliche Abwicklung ist äquivalent zu einer Hintereinanderausführung von t_1 und t_2.

Analog zum Begriff der Konfliktäquivalenz bei flachen Transaktionen lassen sich auf der Basis von Substitution und Vertauschung spezielle Äquivalenz- und Serialisierbarkeitsbegriffe definieren.

Definition 3.11 Zwei hierarchische Abwicklungen s und s' sind *zustandsabhängig konfliktäquivalent*, wenn durch Vertauschung kommutierender Operationen und durch Reduktion oder Expansion s in s' umgeformt werden kann (oder umgekehrt).

Eine hierarchische Abwicklung s heißt *zustandsabhängig konfliktserialisierbar*, wenn es eine serielle Abwicklung s' gibt, die zustandsabhängig konfliktäquivalent zu s ist. □

Für flache Transaktionen wurde Konfliktäquivalenz in Kapitel 2 zustandsunabhängig definiert. Im Kontext hierarchischer Abwicklungen entspricht dies einer Beschränkung auf die Vertauschung allgemein kommutierender Operationen:

Definition 3.12 Zwei hierarchische Abwicklungen s und s' sind *konfliktäquivalent*, wenn durch Vertauschung allgemein kommutierender Operationen und durch Reduktion oder Expansion s in s' umgeformt werden kann (oder umgekehrt).

Eine hierarchische Abwicklung s heißt *konfliktserialisierbar*, wenn es eine serielle Abwicklung s' gibt, die konfliktäquivalent zu s ist. □

Offensichtlich ist jede konfliktserialisierbare Abwicklung auch zustandsabhängig konfliktserialisierbar.

3.1.2 Realisierung geschachtelter Transaktionen

Eine der früheren Arbeiten zur Schachtelung von Transaktionen stammt von [Moss 1981] [Moss 1982]. Der wesentliche Grund für die Einführung der Schachtelung war die Möglichkeit einer einfacheren Implementierung fehlertoleranter paralleler Prozesse in verteilten Systemen. Die Transaktionen bleiben weiterhin Einheiten der Synchronisierung und Fehlererholung, allerdings nur bezüglich der Nachbartransaktionen. Wenn eine Subtransaktion scheitert, so hinterläßt sie – aufgrund ihrer Transaktionseigenschaft – keine Wirkung, insbesondere muß ihr Abbruch nicht den Ablauf einer Vorgängertransaktion stören. Statt dessen kann beispielsweise eine neue Subtransaktion gestartet oder das Scheitern akzeptiert werden.

Moss realisiert mit Hilfe eines Sperrprotokolls sogenannte *geschlossen geschachtelte* Transaktionen [Weikum 1988]: von einer Subtransaktion t geänderte Entitäten bleiben für die Nachbarn der Vorgänger von t so lange unsichtbar, bis diese Vorgänger selbst zum Abschluß gekommen sind. So ist zum Beispiel in dem Abwicklungsbaum in Abbildung 3.4 (S. 53) eine von t_{1211} vorgenommene Änderung für t_{111} erst dann sichtbar, wenn t_{12} zum Abschluß gekommen ist. Das Beispiel im vorangehenden Abschnitt (Abb. 3.1) stellt demgegenüber eine offene Schachtelung dar: die durch $s_{14}(q)$ geschriebene Seite q ist unmittelbar nach Abluß von $Upd_1(rec_2)$ wieder lesbar (nicht aber der Satz rec_2 !). Die offene Schachtelung ist dort möglich, weil die Entitäten auf den verschiedenen

Schachtelungstiefen der Abwicklung auch verschiedenen logischen Ebenen zugeordnet sind und zwischen diesen Ebenen eine 1:n-Beziehung besteht (eine Seite kann mehrere Sätze enthalten). Deshalb können die Seiten auf der "Seitenebene" schon vor Abschluß der Wurzeltransaktionen freigegeben werden, solange nur sichergestellt ist, daß die Transaktionen auf der "Satzebene" serialisierbar bleiben[6]

Bei dem von *Moss* konzipierten System hingegen greifen alle Transaktionen, unabhängig von der Schachtelungstiefe, auf die gleiche Art von Entitäten zu. Im Prinzip kann eine Subtransaktion also mit anderen Transaktionen auf jeder beliebigen Schachtelungstiefe in Konflikt stehen[7]. Im Sperrprotokoll werden deshalb die Sperren von Subtransaktionen beim Lösen an ihre Vorgänger vererbt. In [Moss 1981] und [Moss 1982] werden zwei verschiedene Versionen des Sperrprotokolls angegeben, die allerdings nur unterschiedliche Realisierungstechniken beschreiben. Das Protokoll stellt zugleich eine einfache Technik zur Integration von Zweiphasenprotokollen in geschachtelten Transaktionen dar. Wir werden diese Technik später in Kapitel 5 ebenfalls verwenden.

Es sei angenommen, daß eine Transaktion entweder nur Subtransaktionen oder nur einfache Operationen enthält[8]. Für ein Datensystem mit einfachen Operationen r und w lautet das Sperrprotokoll wie folgt [Moss 1982]:

(MOS-1) Eine Transaktion darf eine Operation $o(x), o \in \{r, w\}, x \in \mathcal{E}$ nur dann ausführen, wenn sie eine Sperre im Modus o für x hält.

(MOS-2) Eine Transaktion t darf eine r-Sperre für eine Entität x nur dann setzen, wenn alle w-Sperren für x von Vorgängern von t gehalten werden.

(MOS-3) Eine Transaktion t darf eine w-Sperre für eine Entität x nur dann setzen, wenn alle Sperren für x von Vorgängern von t gehalten werden.

(MOS-4) Schließt eine Wurzeltransaktion ab, so werden alle Sperren, die die Transaktion hält, freigegeben. Schließt eine andere Transaktion t ab, so erbt der Vorgänger von t alle Sperren, die t hält. Hält der Vorgänger bereits eine Sperre für eine Entität, so wird der stärkere Sperrmodus beibehalten.

(MOS-5) Bricht eine Transaktion t ab (abort), so werden ihre Sperren freigegeben. Sperren, die von Vorgängern von t für die entsprechenden Entitäten gehalten werden, bleiben bestehen.

---

[6]Diese vorzeitige Freigabe hat ihren Preis bei der Fehlererholung; das Zurücksetzen von Transaktionen muß nun mit Hilfe von Kompensationsoperationen geschehen [Weikum 1988]

[7]Dies gilt auch für die im folgenden Abschnitt besprochene Verwendung von geschachtelten Transaktionen in Entwurfsanwendungen.

[8]Dies stellt keine Einschränkung der Allgemeinheit dar; jede "gemischte" Transaktion läßt sich durch Einführung zusätzlicher Subtransaktionen, die die einfachen Operationen ausführen, entsprechend umformen. Läßt man gemischte Transaktionen zu, so besteht die Möglichkeit zusätzlicher Verklemmungen zwischen Transaktionen und deren Nachfolgern; bei [Moss 1981] finden sich Algorithmen für die Behandlung dieser Verklemmungen.

Abbildung 3.4 (S. 53) zeigt ein Beispiel für den Ablauf der Sperrvererbung.

Satz 3.3 Jede zulässige Abwicklung eines Systems geschachtelter Transaktionen, die dem Protokoll MOS genügt, ist konfliktserialisierbar.

Eine Abwicklung nach diesem Protokoll läßt sich schon durch Vertauschung allgemein kommutierender Operationen in eine äquivalente serielle Abwicklung transformieren; das kann beispielsweise durch sukzessives Separieren der Transaktionen, beginnend bei den Wurzeltransaktionen, erfolgen [Beeri, Bernstein, Goodman 1987]. Dabei wird die Tatsache ausgenutzt, daß jede Transaktion bezüglich der einfachen Operationen einem 2PL-Protokoll folgt.

Zunächst führen wir an einfachen Operationen neben r und w noch die Operationen rl und wl zum Setzen von Sperren ein. Auf die Darstellung der Operationen zum Lösen von Sperren verzichten wir; es wird angenommen, daß alle Sperren einer Transaktion nach der jeweils letzten Aktion gelöst bzw. an den Vorgänger weitergegeben werden. Eine solche letzte Aktion läßt sich nach Definition 3.2 (c) stets identifizieren. Zwei Sperroperationen $ol(x)$ und $o'l(y)$ *können vertauscht werden*, wenn die Operationen $o(x)$ und $o(y)$ vertauscht werden können.

Beweis: (Satz 3.3) Jede Transaktion $t \in T$ folgt bezüglich *leaves(t)* einem strikten 2PL-Protokoll; nach MOS-1 und MOS-4 muß nämlich vor Ausführung einer einfachen Operation $o(x)$ eine entsprechende Sperre durch t oder einen Nachfolger von t gesetzt werden. Von der ersten Sperroperation $ol(x)$ in der Abwicklung von t wird eine Sperre im Modus o für x von t oder einem Nachfolger von t bis zum Ende von t gehalten oder bewahrt.

Seien nun $t_1, t_2, \ldots, t_n$ die Wurzeltransaktionen der Abwicklung s. In einem ersten Schritt separiere man durch Vertauschung kommutierender Operationen t_1 bis t_n, ohne dabei die Transaktionsordnung der Blätter zu verändern. Da $t_1, t_2, \ldots, t_n$ bezüglich *leaves(s)* einem 2PL-Protokoll folgen, ist dies nach Satz 2.5 (S. 23) möglich. Als Ergebnis erhält man eine Komposition von Teilabwicklungen $s_1 s_2 \ldots s_n \equiv s$, wobei s_i jeweils die Teilabwicklung unter t_i ist.

In weiteren Schritten separiere man nun jeweils die Subtransaktionen bereits separierter Transaktionen auf die gleiche Weise wie oben. Da auch alle Subtransaktionen bezüglich *leaves(s)* dem 2PL-Protokoll folgen, ist dies ebenfalls möglich. Das Ergebnis ist eine serielle Abwicklung $s' \equiv s$. □

Man kann das Protokoll auch unter Verwendung des 2PL-Protokolls formulieren; als Blatttransaktion sei dabei eine Transaktion bezeichnet, die nur einfache Operationen enthält:

($2PL_n$-1) Jede Blatttransaktion folgt dem strikten 2PL-Protokoll.

($2PL_n$-2) Eine Blatttransaktion t darf eine Sperre für eine Entität x nur dann setzen, wenn alle unverträglichen Sperren für x von Vorgängern von t gehalten werden.

($2PL_n$-3) wie MOS-4.

($2PL_n$-4) wie MOS-5.

In [Moss 1981] wird noch zusätzlich zwischen der tatsächlichen Benutzung einer Sperre im Zusammenhang mit Datenoperationen und dem passiven Halten ererbter Sperren unterschieden. Eine Transaktion t kann eine Sperre nun auf zweierlei Weise "besitzen"; sie kann die Sperre *halten* oder *bewahren* (retain). Wenn t eine Sperre für eine Entität hält, so kann t auf diese entsprechend dem Sperrmodus zugreifen. Wenn eine Subtransaktion von t abschließt, so übernimmt t deren Sperren zum Bewahren. Eine bewahrte Sperre wirkt für Nachbarn von t wie eine normal gehaltene Sperre; Nachfolger von t können solche Sperren jedoch übernehmen und für die Dauer ihrer Operationen *halten*. Abbildung 3.4 zeigt ein Beispiel für diese Sperrvererbung: Im Baum links oben hält t_{1212} nach Ausführung einer Operation $wl(x)$ eine w-Sperre für x. Nach Abschluß von t_{1212} (rechts oben) wird die Sperre durch den Vorgänger t_{121} bewahrt; ein neuer Nachfolger von t_{121} kann diese Sperre anschließend wieder setzen (links unten). Erst nach Abschluß von t_{12} kann diese Sperre durch einen anderen Nachfolger von t_1 erworben werden (rechts unten). Ignoriert man die Unterscheidung von "gehaltenen" und "bewahrten" Sperren, so erhält man die Sperrvererbung nach [Moss 1982].

Das entsprechende Sperrprotokoll lautet wie folgt [Moss 1981]:

(MOS-1′) Eine Transaktion darf eine Operation $o(x), o \in \{r, w\}, x \in \mathcal{E}$ nur dann ausführen, wenn sie eine Sperre im Modus o für x hält.

(MOS-2′) Eine Transaktion t darf eine r-Sperre für eine Entität x nur dann setzen, wenn alle w-Sperren für x von Vorgängern von t bewahrt werden.

(MOS-3′) Eine Transaktion t darf eine w-Sperre für eine Entität x nur dann setzen, wenn alle Sperren für x von Vorgängern von t bewahrt werden.

(MOS-4′) Schließt eine Wurzeltransaktion ab, so werden alle Sperren, die die Transaktion hält oder bewahrt, freigegeben. Schließt eine andere Transaktion t ab, so bewahrt der Vorgänger von t alle Sperren, die t hält oder bewahrt. Hat der Vorgänger bereits eine Sperre für eine Entität bewahrt, so wird der stärkere Sperrmodus beibehalten.

(MOS-5′) Bricht eine Transaktion t ab (abort), so werden ihre Sperren freigegeben. Sperren, die von Vorgängern von t für die entsprechenden Entitäten gehalten oder bewahrt werden, bleiben bestehen.

Moss gibt auch ein Protokoll für eine transaktionsorientierte Fehlererholung an; es basiert auf dem Aufbewahren der alten Zustände geänderter Entitäten durch jede Transaktion. Diese Zustandsbeschreibungen werden, ähnlich wie die Sperren, gegebenenfalls an den Vorgänger einer Transaktion vererbt:

(REC-1) Wenn eine Transaktion eine Schreibsperre setzt, speichert sie eine Beschreibung des Zustands der gesperrten Entität.

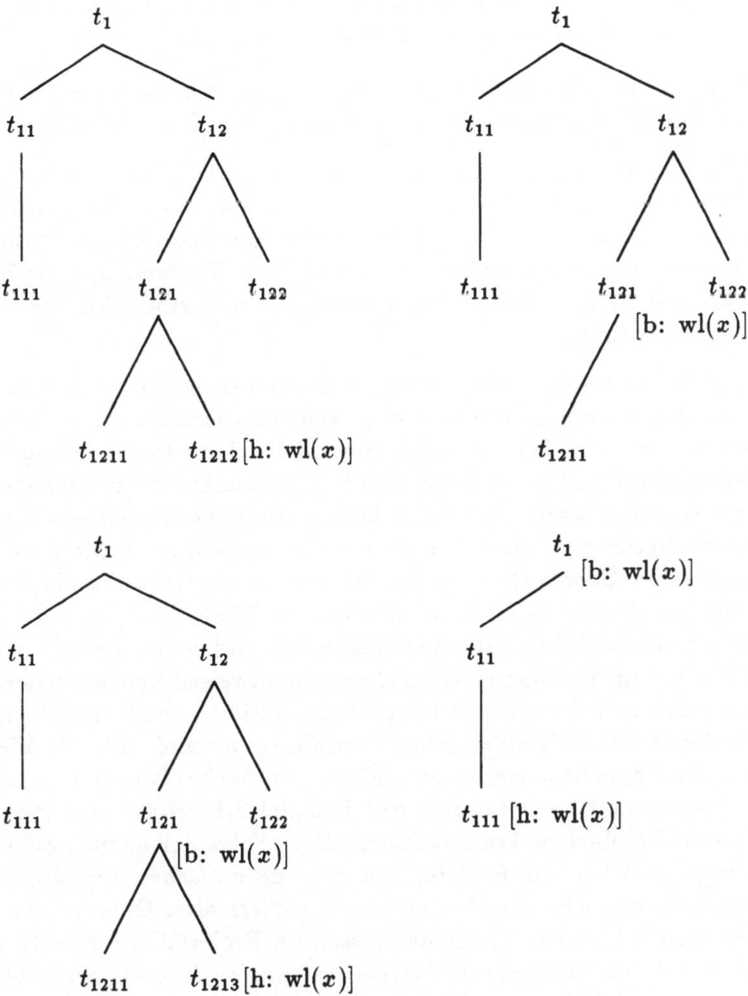

Abbildung 3.4: Beispiel für die Sperrvererbung bei *Moss*

(REC-2) Wenn eine Transaktion t abschließt, wird die Zustandsbeschreibung an den Vorgänger von t übergeben. Besitzt der Vorgänger noch keine Zustandsbeschreibung für die Entität, so wird die von t kommende Beschreibung übernommen, sonst wird sie aufgegeben.

(REC-3) Wenn eine Transaktion abbricht, werden deren Zustandsbeschreibungen zur Wiederherstellung der alten Entitätszustände verwendet und anschließend aufgegeben.

Wie im Falle flacher Transaktionen ist diese Art der Fehlererholung nur möglich, weil die einzelnen Transaktionen einem *strikten* 2PL-Protokoll folgen.

[Härder, Rothermel 1987b] ergänzen das Protokoll von *Moss* um eine kontrollierte Weitergabe von Sperren an Subtransaktionen und das multigranulare Sperren von [Gray et al. 1976]. [Walter 1984] führt zusätzliche Optionen ein, wie das Anlegen von sogenannten "Commit-" und "Backout-Sphären" und den Verzicht auf das Setzen bestimmter Sperren, die u.a. eine effizientere Abwicklung ermöglichen sollen.

[Weikum 1988] [Weikum 1987] [Weikum 1986] verwendet offen geschachtelte Transaktionen zur Implementierung einer schichtweisen Synchronisierung in einem Datenbanksystem. Dieses Verfahren wird durch die Beobachtung begründet, daß Datenbanksysteme in der Regel eine Schichtenarchitektur aufweisen. Jeder Schicht des Datenbanksystems ist eine Menge von schichtspezifischen, atomaren Operationen zugeordnet. Die Operationen einer gegebenen Schicht sind auf der nächstniedrigeren Ebene als Subtransaktionen implementiert, die jeweils aus einer Menge von Operationen dieser niedrigeren Ebene bestehen; die Schachtelungstiefe der Transaktionsbäume ist damit systembedingt fixiert. Abbildung 3.1 (S. 45) zeigt ein Beispiel einer solchen schichtweisen Synchronisierung. Die Abwickler jeder Schicht müssen lediglich garantieren, daß die Abwicklungen bezüglich der jeweils folgenden Ebene serialisierbar sind, d.h. es können die konventionellen Synchronisierungsverfahren für flache Transaktionen benutzt werden. Insgesamt ist – wie auch das Beispiel 3.1 zeigt – der Parallelitätsgrad höher als bei flachen Transaktionen. Eine Folge der offenen Schachtelung ist allerdings, daß bei der Fehlererholung keine einfachen Verfahren zur Zustandsrestaurierung, wie zum Beispiel das Speichern alter Datenzustände, mehr eingesetzt werden können. Vielmehr müssen im Fehlerfall die Effekte von Subtransaktionen durch Kompensationstransaktionen rückgängig gemacht werden. Diese Fehlererholung läßt sich wie die Synchronisierung schichtweise realisieren.

3.2 Entwurfstransaktionen

Konventionelle, flache Transaktionen haben sich im Rahmen von Entwurfsanwendungen vor allem bezüglich der langen Dauer und des kooperativen Charakters von Entwurfsvorgängen als problematisch erwiesen [Bancilhon, Kim, Korth 1985]. In der Regel sind an einem Entwurfsprojekt mehrere bis viele Mitarbeiter beteiligt, die – je nach ihrer Stellung im Projekt – in bestimmter Weise kooperieren und Zwischenergebnisse austauschen müssen. Versucht man nun die Aufgabenabwicklung jedes Mitarbeiters durch eine oder mehrere Transaktion(en) zu modellieren, ergeben sich sofort Schwierigkeiten. Solche Entwurfstransaktionen sind von beträchtlich längerer Dauer, als die klassischen "Kurztransaktionen" in konventionellen Datenbankanwendungen. Das bedeutet, daß Transaktionen, die in Konflikt miteinander stehen, zum Teil sehr lange verzögert werden. In einer kooperativen Arbeitsumgebung wäre dies ein sicherlich unerwünschter Effekt. Nachträglich auswirken würde sich auch die Verwendung der Transaktion als alleiniger Fehlererholungseinheit; das Zurücksetzen einer einzelnen Transaktion könnte leicht umfangreiche, über einen langen Zeitraum erstellte Datenmengen vernichten.

3.2.1 Kooperation über öffentliche/private Datenbanken

Die ersten Transaktionsmodelle für Entwurfsanwendungen waren speziell abgestimmt auf die lange Dauer der Transaktionen und die Unterscheidung von "stabilen", soz. vorläufig freigegebenen und instabilen, in Bearbeitung befindlichen Daten. Die Dateneinheiten, sogenannte "Objekte" werden auf eine öffentliche Datenbank – mit den stabilen Daten – und mehrere private Datenbanken verteilt. Unter *Objekten* sind dabei komplex strukturierte Daten zu verstehen [Lorie, Plouffe 1983]. Objektkopien können im Verlauf einer Entwurfstransaktion aus der öffentlichen Datenbank angefordert und in die private Datenbank geschrieben werden (*checkout*). Beim *checkout* werden langfristige Sperren in der öffentlichen Datenbank gesetzt. Bei der inversen Operation (*checkin*) werden die Objekte aus der privaten Datenbank in die öffentliche übertragen, gegebenenfalls alte Objektversionen ersetzt und die langfristigen Sperren wieder gelöst. Die Operationen *checkout* und *checkin* sind also letztlich eine Kombination von Sperr- und Lese- bzw. Schreiboperationen. Entwurfstransaktionen sind als eine Sequenz konventioneller, kurzer Transaktionen definiert, die auf die öffentliche und die private Datenbank zugreifen. Die Kurztransaktionen implementieren die Fehlererholungsfunktionen: Eine Entwurfstransaktion kann jeweils auf den Zustand vor dem Start der laufenden Kurztransaktion zurückgesetzt werden.

Diese Modelle unterstützen die Kommunikation und Kooperation zwischen Projektmitarbeitern nur ungenügend; die Weitergabe von unvollständigen Entwurfsobjekten beispielsweise kann nur über die öffentliche Datenbank erfolgen [Bancilhon, Kim, Korth 1985]. Es fehlt die Möglichkeit, die durch die Projektorganisation implizierten Informationsflüsse und auch deren Beschränkungen zu modellieren. Als Reaktion auf diesen Mangel wurde zunächst häufig auf die Serialisierbarkeit[9] von Abwicklungen verzichtet; wobei nur selten ein alternatives Korrektheitskriterium angegeben wurde, welches ähnlich präzise Aussagen über den Datenzustand zuließ. Ebenfalls gefordert wurde ein Verzicht auf die Transaktion als konsistenzerhaltende Einheit . Wie wir schon in Kapitel 2 gesehen hatten, ist die Konsistenzerhaltung ohnehin keine notwendige Voraussetzung für die theoretische Behandlung der Synchronisierung von Transaktionen.

[9] womit meistens die Serialisierbarkeit *flacher* Transaktionen gemeint war.

[Kim et al. 1984] setzen das *checkout/checkin*-Verfahren innerhalb einer Hierarchie von öffentlichen, halböffentlichen und privaten Datenbanken ein, um so differenziertere Weitergabemöglichkeiten zu schaffen. Jeder Entwurfstransaktion ist eine halböffentliche Datenbank zugeordnet, in die sie Objekte aus ihrer privaten Datenbank durch eine *downward commit*-Operation übertragen kann. Diese Objekte können von anderen Transaktionen durch eine *checkout*-Operation kopiert werden. Eine Transaktion t_j, die ein solches Objekt aus einer halböffentlichen Datenbank einer Transaktion t_i kopiert, wird zum *Nachfolger* von t_i; die Nachfolgerbeziehungen sind auf Baumstrukturen beschränkt. Die Entwurfstransaktionen bestehen wiederum aus einer Sequenz von Kurztransaktionen, die sowohl auf den privaten als auch auf den (halb-) öffentlichen Datenbanken arbeiten und die Einheiten der Fehlererholung bilden; die Entwurfstransaktionen dienen nur noch als Einheiten der Konsistenz. Durch das Kopieren aus halböffentlichen Datenbanken wird also auch eine Transaktionshierarchie konstruiert; im Gegensatz zur Transaktionsschachtelung wird diese Hierarchie jedoch durch den Auf- und Abbau von Nachfolgerbeziehungen zwischen *bereits aktiven* Transaktionen gebildet.

Die Wege, auf denen Objekte kopiert werden können, sind in Abbildung 3.5 skizziert; das Modell im einzelnen:

1. Eine Transaktion kann durch *checkout* Objekte aus ihrer Umgebung in ihre private Datenbank kopieren, wenn der *checkout*-Modus (s.u.) mit eventuellen Sperren der Objekte verträglich ist. Die *Umgebung* der Transaktion besteht aus

   - der öffentlichen Datenbank und den halböffentlichen Datenbanken aller anderen Transaktionen, wenn die Transaktion die Wurzel einer Transaktionshierarchie bildet;
   - der halböffentlichen Datenbank ihres Vorgängers und ihrer eigenen halböffentlichen Datenbank sonst.[10]

   Kopiert eine Transaktion t_i ein Objekt aus der halböffentlichen Datenbank einer Transaktion t_j, so ist t_i *Nachfolger* von t_j.

2. Eine Transaktion kann ein Objekt aus ihrer privaten Datenbank durch *downward commit* in ihre halböffentliche Datenbank übertragen.

3. Eine Transaktion kann ein Objekt aus ihrer privaten Datenbank durch *upward commit* (entspricht einem *checkin*) in die halböffentliche Datenbank ihres Vorgängers übertragen; ist die Transaktion die Wurzel einer Transaktionshierarchie, so wird das Objekt in die öffentliche Datenbank übertragen. Falls das Objekt bereits in der Datenbank vorhanden ist, wird es durch die neue Version ersetzt.

[10] In [Kim et al. 1984] werden die halböffentlichen Datenbanken *aller* Vorgänger zugelassen. Ein *checkout* von einer weiter entfernten halböffentlichen Datenbank wird aber wie eine Folge von *checkout*- und *downward commit*-Operationen (s.u.) durch die Vorgängertransaktionen behandelt

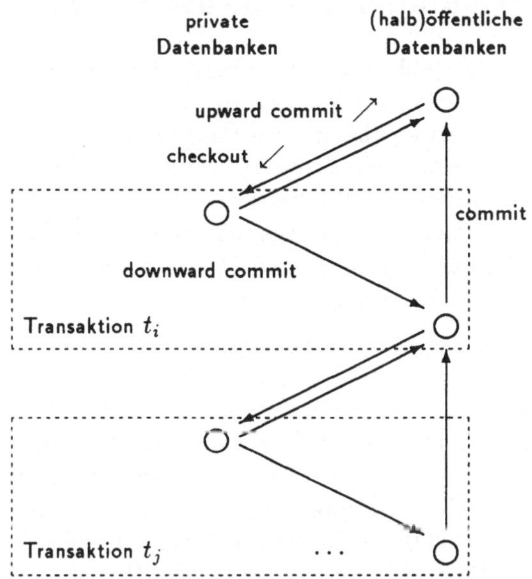

Abbildung 3.5: Kommunikationswege bei [Kim et al. 1984]

Wenn eine Transaktion durch *upward commit* alle mit *checkout* kopierten Objekte an ihren Vorgänger zurückgegeben hat, wird sie *unabhängig*.

4. Wenn eine Transaktion beendet wird, werden alle Objekte aus ihrer halböffentlichen Datenbank ihrem Vorgänger übertragen. Bei einem normalen Abschluß der Transaktion (*End_Transaction*) werden alle Objekte aus ihrer privaten Datenbank durch *upward commit* an ihren Vorgänger übergeben; bei einem Abbruch (*abort*) werden diese Objekte aufgegeben.

5. Wenn eine Transaktion t vor ihren Nachfolgern beendet wird, so werden die Nachfolger vom Vorgänger von t abhängig. Ist t die Wurzel einer Transaktionshierarchie, gilt die öffentliche Datenbank als (virtueller) Vorgänger.

Sperren können in drei Modi (*checkout modes*) angefordert werden: neben r und w gibt es den Modus rw, der mit keiner Sperre in Konflikt steht und ein Kopieren eines Objekts erlaubt, ohne eine Abhängigkeitsbeziehung aufzubauen.[11]

Das Modell von [Kim et al. 1984] erlaubt keine differenzierten Aussagen über die Eigenschaften der zulässigen Abwicklungen; aufgrund der verwendeten Sperrmodi und der beliebigen Reihenfolge von *checkout*- und *checkin*-Operationen sind auf *allen* Ebenen zumindest innerhalb einer Transaktionshierarchie nichtserialisierbare Abwicklungen möglich.

[11] [Lorie, Plouffe 1983] schlagen vier Modi vor.

3.2.2 Kooperation über geschachtelte Transaktionen

Ein zweiter, mittlerweile wohl auch weitgehend akzeptierter Ansatz, Aspekte der Kooperation in Entwurfstransaktionen zu modellieren, ist die Verwendung hierarchischer Transaktionsmodelle, die allerdings anfangs ebenfalls ohne Rückgriff auf entsprechende theoretische Modelle formuliert wurden. Hinter der Verwendung hierarchischer Modelle steht meist die Idee, die organisatorische Struktur eines Entwicklungsprojekts wenigstens teilweise auf die Struktur der Transaktionssysteme abzubilden. Hierarchische *checkout/checkin*-Verfahren sind in diesem Kontext zur Synchronisierung einsetzbar.

Eine Weiterentwicklung des Modells von [Kim et al. 1984], welche geschachtelte Transaktionen verwendet, findet sich in [Bancilhon, Kim, Korth 1985][12]. Eine Transaktion wird hier jeweils beschrieben durch ein Tripel $t = (A, <, C)$, wobei A eine Menge von (Sub-) Transaktionen und Operationen ist, $<$ eine partielle Ordnung über A und C die durch t gesicherte Konsistenzbedingung. Da $<$ lediglich eine partielle Ordnung sein muß, sind hier auch innerhalb einer Transaktion simultane Ausführungen von Subtransaktionen und Operationen zulässig.[13] Für die den Transaktionen zugeordneten Konsistenzbedingungen gilt die Einschränkung $\forall (t', <', c) \in t : C \Rightarrow c$, d.h. innere Transaktionen können die Konsistenzbedingungen nur abschwächen. Die Konsistenzbedingung C wird bei der Definition einer korrekten Transaktionsausführung verwendet. Mit Hilfe der Schachtelung von Transaktionen wird nun die Organisationsstruktur von Projekten modelliert. Von der Datenbank wird angenommen, daß sie in eine Anzahl disjunkter Bereiche mit Entwurfsdaten für jedes Projekt partitioniert ist[14]. Folgende Klassen von Transaktionen werden unterschieden (s.a. Abb. 3.6):

- Eine "Wurzeltransaktion", die direkter Vorgänger aller "Projekttransaktionen" ist.

- *Projekttransaktionen* – sie bilden die Wurzeln der den einzelnen Projekten zugeordneten Transaktionsbäume. Auf der Menge der Projekttransaktionen ist keine Ordnung definiert. Die den Projekttransaktionen jeweils zugeordnete Konsistenzbedingung C ist die für die gesamte Datenbank geltende Konsistenzbedingung.

- *Kooperierende Transaktionen* – Subtransaktionen von Projekttransaktionen, die jeweils aus Klient/Subkontraktor- und Kurztransaktionen bestehen. Auf der Menge der kooperierenden Transaktionen ist keine Ordnung definiert.

[12] Die Ausführungen von [Bancilhon, Kim, Korth 1985] sind an einigen Stellen – etwa bei der Definition einer Abwicklung, des Aufbaus der Transaktionsbäume und der Synchronisierungsarten – unpräzise, so daß hier zum Teil nur die *vermutlich* richtige Darstellung gegeben werden kann.

[13] Dahinter steht übrigens die Annahme, daß der Entwurf an Arbeitsplatzrechnern stattfindet, die die simultane Bearbeitung mehrerer Aufgaben, zum Beispiel mittels Fenstertechnik, unterstützen.

[14] Daneben gibt es noch bestimmte Daten (wie z.B. das Wörterbuch), die von allen Projekten gemeinsam benutzt werden.

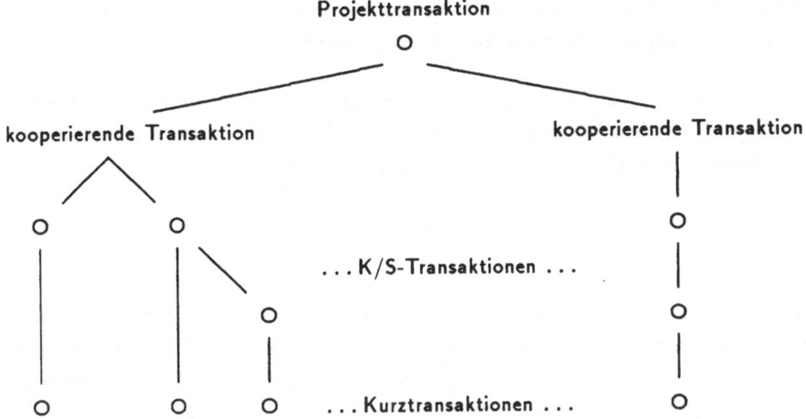

Abbildung 3.6: CAD-Transaktionen bei [Bancilhon, Kim, Korth 1985]

- *Klient/Subkontraktortransaktionen* (K/S-Transaktionen) bzw. *Entwurfstransaktionen* – sie bestehen aus einer Hierarchie von K/S- und Kurztransaktionen.
- *Kurztransaktionen* – jeweils eine Sequenz von Datenbankoperationen.

Die eigentliche Entwurfseinheit in diesem Modell ist die sogenannte Klient/-Subkontraktortransaktion. Sie kann einem einzelnen Mitarbeiter zugeordnet sein, sie kann aber auch Subtransaktionen enthalten, an die Teile der Entwurfsaufgaben delegiert werden. Diese Subtransaktionen spielen die Rolle von "Subkontraktoren"; dementsprechend werden die Vorgänger eines solchen Subkontraktors als "Klienten" bezeichnet.

Infolge der Verwendung einer gemeinsamen Wurzeltransaktion ist jedes System geschachtelter Transaktionen genau ein Baum. Die Blätter des Baums sind wiederum einfache Datenoperationen. Eine Abwicklung s eines Transaktionsbaums T ist bei [Bancilhon, Kim, Korth 1985] – unter Verwendung der Terminologie aus 3.1 – eine *Projektion* $s = (st_1, leaves(T), <|_{leaves(T)}, r|_{leaves(T)}, st_2)$ der hierarchischen Abwicklung auf das Datensystem, wobei $<$ eine totale Ordnung ist (s also seriell) und $<_T$ enthält. Da die einfachen Operationen als Abbildungen $St \longrightarrow St$ definiert sind und $<$ total ist, gelten die Bedingungen der Definition 3.2 (S. 42. Die Abwicklung s ist *korrekt*, wenn für alle $st_1 \in St_C$ gilt: $st_2 \in St_C$. Eine Entsprechung zum Begriff der *hierarchischen* Abwicklung gibt es nicht.

Zur Sicherung der Korrektheit einer Abwicklung wollen die Autoren bewährte Verfahren wie das 2PL-Protokoll, Zeitstempel oder Baumprotokolle einsetzen. Jeder der Transaktionsklassen wird eine spezifische "Synchronisierungsbedingung" zugeordnet:

- *Projekttransaktionen* müssen bezüglich der einfachen Operationen zueinander serialisierbar ausgeführt werden; das ist beispielsweise durch ein

2PL-Protokoll zu erreichen, wobei die Sperren aufgrund der langen Dauer von Projekttransaktionen langfristig gesetzt werden müssen.

- Die *Kurztransaktionen* innerhalb kooperierender Transaktionen müssen bezüglich der einfachen Operationen serialisierbar ausgeführt werden; das ist ebenfalls mittels Zweiphasensperren realisierbar.

- Jede *K/S-Transaktion* muß *aus der Sicht ihres Klienten* atomar ausgeführt werden.

Die ersten beiden Bedingungen würden bewirken, daß in der hierarchischen Abwicklung eines Transaktionsbaums T die Projekttransaktionen und die Kurztransaktionen separiert werden könnten[15], die kooperierenden Transaktionen und die K/S-Transaktionen innerhalb eines Projekts jedoch nicht. Diese Transaktionen könnten sich auf der Ebene der Kurztransaktionen beliebig überlappen, d.h. es können nichtserialisierbare Abwicklungen auftreten. Die dritte Bedingung soll offenbar lediglich den Erhalt der globalen Transaktionsordnung innerhalb eines Baums von K/S-Transaktionen sicherstellen.

Die Zulassung nichtserialisierbarer Transaktionen ist eine Reaktion auf das Problem der langen Dauer von Entwurfsvorgängen; jeder Mitarbeiter innerhalb eines Projekts muß nun mit der Verzögerung seiner Transaktion(en) höchstens für die Dauer einer Kurztransaktion rechnen – wenn er nicht gerade auf eine seiner Subkontraktortransaktionen warten muß. Die kooperierenden Transaktionen spielen in diesem Modell überhaupt keine Rolle bei der Synchronisierung; sie bilden nur Einheiten der Konsistenz und Fehlererholung. Für die K/S-Transaktionen gilt vermutlich dasselbe[16]. Wie unter diesen Bedingungen ein Abbruch einer kooperierenden Transaktion oder einer K/S-Transaktion behandelt werden soll, wird nicht näher erläutert. Die Nichtserialisierbarkeit hat auch zur Folge, daß projektinterne Transaktionen ihre Eigenschaften bezüglich der Konsistenzsicherung bei einer simultanen Ausführung nicht notwendigerweise bewahren müssen. Die Maßnahmen zur Konsistenzerhaltung werden daher zu einem wesentlichen Teil in der "intelligenten Kooperation" [Bancilhon, Kim, Korth 1985] der Mitarbeiter bestehen.

Ebenfalls eine Transaktionshierarchie mit halböffentlichen Datenbanken wird bei [Klahold et al. 1985] verwendet. Beschrieben wird ein 2-Schichten-Modell mit *Gruppentransaktionen* auf der oberen und *Benutzertransaktionen* auf der unteren Ebene.[17] Die Gruppentransaktion unterstützt lediglich die Kommunikation zwischen den Benutzern innerhalb einer Gruppe, indem sie eine halböffentliche Datenbank, den sog. *Gruppenpool*, für die Benutzertransaktionen zur

[15]Siehe dazu auch die Überlegungen zum Protokoll MOS in 3.1.

[16][Bancilhon, Kim, Korth 1985] skizzieren zwei Synchronisierungsverfahren, die Atomarität von K/S-Transaktionen relativ zum Klienten implementieren sollen: ein "virtuelles" Zeitstempelverfahren und ein Zweiphasen-*checkout*-Protokoll (2PC). Das Zeitstempelverfahren sichert tatsächlich nur die relative Atomarität; das 2PC-Protokoll hingegen – eine strengere (zweiphasige) Form des *checkout/checkin* bei [Kim et al. 1984] – realisiert offenbar eine *geschlossene* Schachtelung der K/S-Transaktionen.

[17]Die Einschränkung auf zwei Ebenen dient nur zur Demonstration und ist nicht prinzipieller Art.

Verfügung stellt. Nur die Gruppentransaktion kann Daten aus der öffentlichen Datenbank in den Gruppenpool und umgekehrt transferieren. Aus dem Gruppenpool können die Benutzertransaktionen Daten in ihre privaten Datenbanken übertragen. Wie bei [Kim et al. 1984] gibt es die Möglichkeit des sperrunabhängigen, also evtl. inkonsistenten Lesens.

Neu ist an diesem Modell die Verknüpfung der Transaktions- mit einer *Versionsverwaltung*. Die Versionen werden in einem Versionsgraphen geführt, einem gerichteten, azyklischen Graphen mit einem Wurzelknoten. Die *Objekte* sind in diesem Modell Versionen und Versionsgraphen, d.h. die Objekte sind mit einer etwas reicheren Semantik ausgestattet, als in den vorangehenden Modellen: Neben den Operationen *Lesen* und *Schreiben* wird eine dritte Operation *Ableiten* unterschieden und der Versionsgraph beschreibt Vorgänger/Nachfolger-Beziehungen zwischen Versionen. Die Operation *Ableiten* erzeugt zu einer gegebenen Version eine neue, die dann im Versionsgraphen einen Nachfolger der alten Version bildet. Die Berücksichtigung der besonderen Eigenschaften von Versionen ermöglicht ein differenzierteres Sperren beim *checkout*, und zwar hinsichtlich

- der *Granularität*: gesperrt werden können sowohl einzelne Versionen als auch Versionsteilgraphen,
- der *Sperrmodi*: fünf Sperrmodi, RD, R, DS, DX und X, werden unterschieden, die neben den üblichen Operationen *Lesen* und *Ändern* auch noch eine dritte, versionstypische Operation *Ableiten* berücksichtigen (Tab. 3.1). Abbildung 3.7 zeigt die Kompatibilitätsmatrix und den Verschärfungsgraphen für diese Modi. Eine Umwandlung von Sperren (*Change_Lock*) muß entlang den Kanten des Graphen erfolgen, da sonst das Zweiphasensperrprotokoll verletzt werden würde.

Modus	Eigentümer	andere Transaktionen
R	Lesen	Lesen
RD	Lesen	Lesen, Ableiten
DS	Lesen, Ableiten	Lesen, Ableiten
DX	Lesen, Ableiten	Lesen
X	Lesen, Ableiten, Ändern	–

Tabelle 3.1: Sperrmodi und zulässige Operationen bei [Klahold et al. 1985]

Sperren werden wie bei [Kim et al. 1984] beim *checkout* gesetzt, das Einbringen von Objekten in die (halb-) öffentlichen Datenbanken (*Create_Version, Update_Version*) und das Lösen von Sperren (*Release*) sind jedoch separate Operationen; dadurch kann die Sichtbarkeit von Objekten bereits vor der endgültigen Freigabe erreicht werden. Mit der Ausführung von *Create_Version, Update_Version* oder *Delete_Version* verzichtet eine Gruppen- oder Benutzertransaktion auf eine Rücksetzbarkeit ihrer Operationen auf dem Objekt. Die fehlende Möglichkeit des Zurücksetzens wird in gewisser Weise durch die Versionsverwaltung kompensiert, da die "älteren" Daten in der Form von (alten) Versionen weiterexistieren.

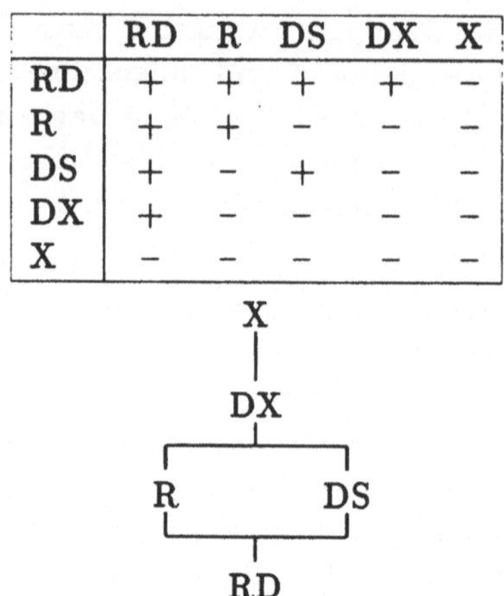

	RD	R	DS	DX	X
RD	+	+	+	+	−
R	+	+	−	−	−
DS	+	−	+	−	−
DX	+	−	−	−	−
X	−	−	−	−	−

Abbildung 3.7: Kompatibilitätsmatrix und Verschärfungsgraph

Gruppentransaktionen folgen einem Zweiphasenprotokoll; während der Anforderungsphase dürfen Sperren nur verschärft, während der Freigabephase nur gelockert werden. Das Protokoll ist nicht strikt, d.h. die Sperren werden nicht bis zum Transaktionsende gehalten; das damit verknüpfte Problem der Rücksetzbarkeit wird – wie erwähnt – durch die Versionsverwaltung kompensiert.

Benutzertransaktionen können ihre Sperren im Gruppenpool zu beliebigen Zeitpunkten lockern oder freigeben; systemseitig werden dann natürlich keine zeitlichen Konsistenzgarantien mehr gegeben. Nur wenn der Benutzer nicht eingreift, verlaufen seine Transaktionen zweiphasig.

Benutzertransaktionen können untereinander auch gezielt Versionen austauschen, entweder in der Form eines "Verleihs" oder in der Form einer Weitergabe. Beim Verleih (*Grant*) erteilt eine Transaktion t_1 einer Transaktion t_2 das Recht zur Bearbeitung, nicht aber das Recht zum Checkin. Bei der Weitergabe (*Pass*) überträgt t_1 alle Rechte und Sperren an t_2.

3.3 Ein Exkurs: Mehrebenenabwicklung

In der Theorie der Serialisierbarkeit hierarchischer Abwicklungen geht die Konsistenz der Daten genausowenig ein, wie in die entsprechende Theorie für flache Transaktionen. Hier wie dort bedeutet Serialisierbarkeit lediglich die Rekonstruierbarkeit einer Abwicklung als serielle Folge von Transaktionen.

Legt man jedoch als Korrektheitskriterium für Abwicklungen die Konsistenzerhaltung zugrunde, dann lassen sich auch Abwicklungen als korrekt definieren, die nicht serialisierbar sind. In welcher Form dies – in gewissen Grenzen – auch ohne Konsistenzprüfungen mit Hilfe hierarchischer Systeme möglich ist, läßt sich an den Modellen von [Garcia-Molina 1983] und [Lynch 1983a] ersehen. Beide sollen hier in einem kleinen Exkurs beschrieben werden.

In beiden Fällen führt der Lösungsweg über eine differenzierte Beschreibung der möglichen Überlappungen von Transaktionen. Voraussetzung für eine solche Beschreibung ist – informell ausgedrückt: –, daß die Semantik aller Transaktionen der jeweiligen Datenbankanwendung bekannt ist. Die Transaktion wird als alleinige Synchronisierungseinheit aufgegeben; sie dient jetzt in erster Linie als (programmier-) logische Einheit. [Garcia-Molina 1983] beispielsweise schlägt eine 2-Ebenen-Synchronisierung zur Unterstützung semantisch korrekter, aber nicht serialisierbarer Abwicklungen vor. [Lynch 1983a] verallgemeinert diesen Ansatz in einer theoretischen Beschreibung für n Ebenen.

3.3.1 Semantisch konsistente Abwicklungen

Bei *Garcia-Molina* wird die Transaktion als alleinige Einheit der Synchronisierung aufgegeben, um auch semantisch konsistente, aber nicht-serialisierbare Abwicklungen zulassen zu können. Eine Abwicklung s eines Transaktionssystems τ heißt *semantisch konsistent*, wenn für einen beliebigen Datenbankzustand $st_0 \in St_C$ gilt $s(st_0) \in St_C$ und wenn alle *sensitiven* Transaktionen eine konsistente Sicht der Datenbank haben. Eine Transaktion T gilt als sensitiv, wenn T eine Ausgabe erzeugt, die vom Benutzer gesehen wird oder die auf konsistenten Daten beruhen muß; diese Klassifizierung als sensitiv bzw. nicht-sensitiv muß vom Benutzer[18] vorgenommen werden. Das Konzept wurde für verteilte Datenbanksysteme entwickelt; der höhere Parallelitätsgrad soll helfen, die Verzögerungen bei der Transaktionsausführung im Netz zu kompensieren.

Auch bei diesem Modell ist keine Konsistenzprüfung durch das Datenbanksystem vorgesehen, sondern es wird vorausgesetzt, daß die Transaktionen bestimmte Eigenschaften besitzen, die die Realisierbarkeit semantisch konsistenter Abwicklungen garantieren. Eine dieser Voraussetzungen ist – wie gehabt – die Konsistenzerhaltung isoliert ausgeführter Transaktionen. Die weiteren Voraussetzungen lassen sich am einfachsten anhand des Modells erläutern:

Zugrunde liegt ein Aktionsmodell. Die Sequenz $a_{i1}, \ldots, a_{in_i}$ von Aktionen jeder Transaktion t_i wird in eine Sequenz $s_{i1}, s_{i2}, \ldots, s_{im_i}$ von *Segmenten*[19] untergliedert, so daß s_{i1} die ersten Aktionen $a_{i1}, \ldots, a_{ij}$ enthält, s_{i2} die folgenden Aktionen $a_{i(j+1)}, \ldots, a_{ik}$ usw. Transaktionssegmente bilden die kleinsten Synchronisierungseinheiten im Modell.

Definition 3.13 Eine Abwicklung $s = (A, <)$ von $\tau = \{t_1, \ldots, t_m\}$ heißt genau dann *segmentweise seriell*, wenn für jedes Segment $s_{ik} = a_{ij_1}, \ldots, a_{ij_2}$ einer Transaktion $t_i \in \tau$ gilt, daß es in s keine Aktion $a_{i'k'} \notin \{a_{ij_1}, \ldots, a_{ij_2}\}$ gibt mit $a_{ij_1} < a_{i'k'} < a_{ij_2}$. □

Jeder Transaktion $t_i \in \tau$ wird ein *semantischer Typ* $ty(t_i) \in TYPES$ zugeordnet. $TYPES$ ist die Menge aller semantischen Typen für ein gegebenes

[18]Darunter wird im folgenden der Transaktionsprogrammierer oder der Benutzer der Datenbank verstanden.

[19]"Schritte" bei [Garcia-Molina 1983]

Transaktionssystem τ. Jedem semantischen Typ $Y \in TYPES$ wird eine wohlgeformte *Kompatibilitätsmenge* (compatibility set) $cs(Y)$ zugeordnet. Elemente von $cs(Y)$ sind Verschränkungsdeskriptoren.

Definition 3.14 Ein *Verschränkungsdeskriptor* (interleaving descriptor) $h \in cs(Y)$ ist eine Menge $h \subseteq TYPES$ mit folgender Eigenschaft: jede Abwicklung s eines Transaktionssystems τ ist semantisch konsistent, wenn gilt

(a) $\exists t_1 \in \tau : ty(t_1) = Y$

(b) $\forall t_2 \in \tau, t_2 \neq t_1 : ty(t_2) \in h$

(c) s ist segmentweise seriell.

□

Definition 3.15 Eine Kompatibilitätsmenge $cs(Y), Y \in TYPES$ heißt *wohlgeformt*, wenn

(a) es kein Paar $g, h \in cs(Y)$ gibt, mit $g \subseteq h$ (Ausschluß von redundanten Deskriptoren)

(b) für $h \in cs(Y)$ und $Y' \in h$ gilt $h \in cs(Y')$ (wechselseitige Verträglichkeit von Deskriptoren)

□

Definition 3.16 Eine Transaktion $t_1 \in \tau$ heißt *kompatibel* mit einer Transaktion $t_2 \in \tau$, wenn es ein $h \in cs(ty(t_2))$ gibt, so daß $ty(t_1) \in h$. □

Zwei Transaktionen t_1 und t_2 können in diesem Modell segmentweise überlappend ausgeführt werden, wenn sie kompatibel sind. Nach Definition 3.14 ist die segmentweise serielle Abwicklung von $\tau = \{t_1, t_2\}$ semantisch konsistent. Sensitive Transaktionen dürfen nur aus einem Segment bestehen oder müssen zu einem semantischen Typ mit leerer Kompatibilitätsmenge gehören.

[Garcia-Molina 1983] skizziert ein Beweisverfahren für den Nachweis der semantischen Konsistenz einer Abwicklung. Zunächst ist zu zeigen, daß es für eine Abwicklung s von τ eine äquivalente, segmentweise serielle Abwicklung s' von τ gibt[20]. Für s' konstruiert man den Abhängigkeitsgraphen $\mathcal{DG}(s')$, der im allgemeinen Zyklen enthalten wird. Es läßt sich zeigen, daß alle Transaktionen in einem Zyklus $t_1 <_{DEP} \ldots <_{DEP} t_k <_{DEP} t_1$ paarweise kompatibel sein müssen. Die Transaktionen im Zyklus können zu einem Knoten zusammengefaßt werden, der einer "Supertransaktion" entspricht, die – gemäß der Definition der Kompatibilität – die semantische Konsistenz erhält. Der solcherweise reduzierte Abhängigkeitsgraph enthält keine Zyklen mehr.

Die oben erwähnten weiteren Voraussetzungen, für deren Erfüllung der Benutzer zu sorgen hat, lassen sich an den Definitionen ablesen; er muß definieren:

- die Untergliederung der Transaktionen in Segmente,
- die Menge $TYPES$ und
- die Kompatibilitätsmengen.

[20] Der verwendete Äquivalenzbegriff wird nicht näher erläutert.

Das Überlappen von Transaktionen hat natürlich Konsequenzen für die Fehlererholung. Da Transaktionen voneinander Zwischenergebnisse lesen können, führt ein normaler Transaktionsabbruch mit Zurücksetzen unter Umständen zu einer Kaskadierung von Abbrüchen. Bei [Garcia-Molina 1983] wird deshalb der Mechanismus zum Zurücksetzen von Transaktionen um Kompensationssegmente erweitert; jedem Transaktionssegment kann ein Kompensationssegment zugeordnet werden, das die Ergebnisse eines Segmentes semantisch rückgängig macht. Die Kompensationssegmente müssen vom Transaktionsprogrammierer entworfen werden. Für eine vereinfachte Version des Modells wird ein Sperrprotokoll zur Realisierung semantisch konsistenter Abwicklungen in einem verteilten Datenbanksystem angegeben. Das Sperrprotokoll ist ein striktes Zweiphasenprotokoll, das allerdings auf zwei Ebenen, auf der Ebene ganzer Transaktionen und auf der Ebene von Transaktionssegmenten eine Synchronisierung durchführt.

Der Vollständigkeit halber sei noch erwähnt, daß in [Garcia-Molina, Salem 1987] eine Variante dieses Ansatzes zur Realisierung *langer Transaktionen*, "Sagas" genannt, vorgeschlagen wird. Eine Synchronisierung findet dort nur noch auf der unteren Ebene statt; die einzelnen Segmente werden als konventionelle Transaktionen ausgeführt. Sagas sind Folgen von Transaktionen – d.h. sie können transaktionsweise überlappen –, wobei jeder Transaktion eine Kompensationstransaktion zugeordnet sein muß[21]. Die Ausführung einer Saga besteht entweder in der Ausführung aller ihrer Transaktionen (in der vorgeschriebenen Reihenfolge) oder in der Ausführung der ersten n Transaktionen und der zugeordneten n Kompensationstransaktionen. Neu hinzugekommen sind in diesem Modell *Sicherungspunkte* (checkpoints), die es erlauben, Sagas partiell zurückzusetzen.

3.3.2 Mehrebenenatomarität

[Lynch 1983a] stellt ein Modell für die formale Beschreibung korrekter Mehrebenenabwicklung mit mehr als zwei Ebenen vor. Die Transaktion bildet hier nur noch eine (programmier-) logische Einheit, die sehr lang sein kann. Einheiten der Synchronisierung und Fehlererholung sind hingegen wiederum *Segmente*, in die die Transaktionen aufgeteilt werden. Diese Aufteilung wird auf $p \geq 1$ Ebenen weiter verfeinert. Das Ergebnis ist – vergröbert ausgedrückt – eine "relative Synchronisierungsgranularität", die für jedes Paar von Transaktionen eine jeweils spezifische effektive Untergliederung in Segmente vorgibt. Die Anzahl p von Ebenen ist für jedes Transaktionssystem fix. Das Modell wurde für ein zentralisiertes Datenbanksystem entwickelt; als Anwendungsgebiet wird u.a. auch rechnergestützter Entwurf genannt.

Zugrunde liegt wiederum ein Aktionsmodell. Für jede Abwicklung s eines Transaktionssystems τ wird eine ***Abhängigkeitsordnung*** $<^d$ so definiert, daß für zwei Aktionen a_{ij} und a_{kl} gilt: $a_{ij} <^d a_{kl}$, wenn $a_{ij} < a_{kl}$ und entweder

[21]Die Kompensationstransaktion wird in diesem Modell dem Saga-Verwaltungssystem jeweils am Ende der Transaktion bekanntgegeben.

(a) a_{ij} und a_{kl} zur gleichen Transaktion gehören ($i = k$) oder

(b) a_{ij} und a_{kl} auf dieselbe Entität zugreifen.

Zwei Abwicklungen s und s' von τ werden als äquivalent bezeichnet, wenn $<_s^d$ und $<_{s'}^d$ identisch sind. Wenn Bedingung (a) die Transaktionsordnung beschreibt, dann ist dieser Äquivalenzbegriff identisch mit dem der Konfliktäquivalenz im Aktionsmodell (Def. 2.9). Sei C eine als korrekt definierte Klasse von Abwicklungen von τ; dann wird eine Abwicklung s von τ als *korrigierbar* bezeichnet, wenn es ein $s' \in C$ gibt, welches mit s äquivalent ist. Enthält C genau die seriellen Abwicklungen, dann ist Korrigierbarkeit offensichtlich gleichbedeutend mit Serialisierbarkeit.

Für die Beschreibung der verschiedenen Ebenen einer Abwicklung wird der Begriff einer p-Schachtelung benötigt:

Definition 3.17 Sei M eine Menge. Eine *p-Schachtelung* (p-nest) ν ist eine Folge $\nu(i), 1 \leq i \leq p$, von Äquivalenzrelationen über M, so daß

(a) $\nu(1)$ genau eine Äquivalenzklasse enthält,

(b) $\nu(p)$ nur aus einelementigen Äquivalenzklassen besteht und

(c) jedes $\nu(i)$ eine – nicht notwendigerweise echte – Verfeinerung von $\nu(i-1)$ darstellt.

Für zwei Elemente $x, x' \in M$ bezeichnet $level_\nu(x, x')$ das größte i mit $(x, x') \in \nu(i)$. □

Die Segmentierung von Transaktionen kann man als spezielle Äquivalenzrelation verstehen:

Definition 3.18 Sei $(M, <)$ eine total geordnete Menge. Eine Äquivalenzrelation $\equiv$ auf M heißt $<$-Segmentierung, falls für beliebige $x, y, z \in M$ gilt

$$(x \equiv z \wedge x < y < z) \Rightarrow x \equiv y$$

□

Jede Äquivalenzklasse einer Segmentierung enthält also nur bezüglich der Ordnung $<$ aufeinander folgende Elemente.

Die "Punkte" zwischen zwei Segmenten einer Transaktion heißen *Unterbrechungspunkte* (breakpoints); die Bezeichnung rührt daher, daß ein solcher Unterbrechungspunkt – wie auch bei [Garcia-Molina 1983] – einen zulässigen Zeitpunkt zum "Einschieben" von Segmenten anderer Transaktionen innerhalb einer Abwicklung markiert.

Definition 3.19 Seien A_i die Menge der Aktionen einer Transaktion t_i, $<_i$ die Transaktionsordnung. Eine *p-Ebenen-Segmentbeschreibung* für t_i ist ein Tripel $(A_i, <_i, S_i)$, wobei S_i eine p-Schachtelung für A_i ist, derart, daß jedes $S_i(q)$ für $q = 1, .., p$ eine $<_i$-Segmentierung ist.

Eine *p-Ebenen-Segmentspezifikation* für ein Transaktionssystem $\tau = \{t_1, \ldots, t_n\}$ ist eine Menge $\mathcal{I} = \{(A_i, <_i, S_i) | i = 1, \ldots, n\}$ □

Eine Segmentbeschreibung legt p verschiedene Segmentierungen fest, wobei nach Definition 3.17 $S_i(1)$ alle Aktionen in einem Segment zusammenfaßt, also der ganzen Transaktion entspricht, und $\mathcal{S}_i(p)$ jede Aktion als einzelnes Segment enthält. Für das Modell von [Garcia-Molina 1983] würde man eine 3-Ebenen-Segmentbeschreibung benötigen, wobei dann $\mathcal{S}_i(2)$ die dort vorgenommenen Segmentierungen beschreiben würde. Bei Verwendung einer 2-Ebenen-Segmentspezifikation erhält man die flachen Transaktionen aus Kapitel 2.

Die verschiedenen Segmentierungen spezifizieren genauso viele verschiedene Möglichkeiten einer segmentweisen Überlappung mit den Ausführungen anderer Transaktionen.

Welche Segmentierungsebene einer Segmentspezifikation $\mathcal{I}$ für je zwei Transaktionen wirksam ist (sein soll), wird mit Hilfe einer p-Schachtelung ν für τ bestimmt: seien $t_i, t_k \in \tau$ und $level_\nu(t_i, t_k) = q$, dann definieren die Segmentierungen $\mathcal{S}_i(q)$ und $\mathcal{S}_k(q)$ die Überlappungsmöglichkeiten. Präzise läßt sich dies durch die Bedingungen ausdrücken, die die Ordnung $<$ erfüllen muß.

Definition 3.20 Sei $R \subseteq A \times A$ eine Relation auf der Menge $A = \bigcup_{i=1}^{n} A_i$ aller Aktionen; ν und $\mathcal{I}$ seien wie oben definiert. R heißt *kohärent* für ν und $\mathcal{I}$, wenn gilt

(a) $\forall t_i \in \tau : <_i \subseteq R$,

(b) sei $level_\nu(t_i, t_k) = q$ und
seien $a_{ij}, a_{ij'} \in A_i$, $a_{ij} <_i a_{ij'}$ und $(a_{ij}, a_{ij'}) \in \mathcal{S}_i(q)$;
ferner sei $a_{kl} \in A_k$.
Dann gilt $(a_{ij}, a_{kl}) \in R \Rightarrow (a_{ij'}, a_{kl}) \in R$.

□

Bedingung (b) fordert, daß die Unterbrechungspunkte bei Überlappung eingehalten werden: folgt eine Aktion a_{kl} einer Transaktion t_k in R auf eine Aktion a_{ij} einer anderen Transaktion, dann folgt sie auch auf alle übrigen Aktionen des Segments, in dem a_{ij} auf der Ebene q liegt.

Analog zu den seriellen Abwicklungen in Systemen flacher Transaktionen werden nun sogenannte *mehrebenen-atomare* Abwicklungen als korrekt definiert[22]. Seien ν eine p-Schachtelung und $\mathcal{I}$ eine p-Ebenen-Segmentspezifikation für τ. Eine Abwicklung s von τ ist mehrebenen-atomar, wenn $<$ kohärent für ν und $\mathcal{I}$ ist. Für $p = 2$ entspricht dies einer seriellen Abwicklung der Transaktionen; für $p = 3$ erhält man die segmentweise serielle, semantisch konsistente Abwicklung aus [Garcia-Molina 1983]. Als *korrigierbar* werden alle Abwicklungen bezeichnet, für die es eine äquivalente mehrebenen-atomare Abwicklung gibt. [Lynch 1983a] gibt ein hinreichendes und notwendiges Kriterium für Korrigierbarkeit. Genauere Angaben zur Realisierung eines Abwicklers für die Klasse korrigierbarer Abwicklungen finden sich dort leider nicht.

Wie beim Modell von [Garcia-Molina 1983] wird auch hier vorausgesetzt, daß der Benutzer neben dem Transaktionsprogramm noch eine Reihe weiterer, nun schon sehr umfangreicher Spezifikationen vorgibt, die das Verhältnis der Transaktionen zum *gesamten* Transaktionssystem beschreiben – in diesem Fall die p-Schachtelung und die Segmentspezifikation für τ. Ein Abwickler, der diese

[22] Die folgende Darstellung der Mehrebenen-Atomarität wurde gegenüber [Lynch 1983a] etwas vereinfacht.

Informationen auswerten soll, muß die Spezifikationen des Transaktionssystems bereits vor dem Beginn einer Abwicklung übermittelt bekommen. Eine Datenbankanwendung erhält dadurch einen teilweise statischen Charakter, da eine Einführung neuer Transaktionen eine Änderung aller Spezifikationen erfordert.

3.4 Résumé

Geschachtelte Transaktionen haben in Modellen für Entwurfsanwendungen eine wichtige Rolle eingenommen, allerdings nicht in der gleichen Form wie die flachen Transaktionen in konventionellen Datenbankanwendungen. Die Schachtelung von Transaktionen dient in erster Linie der Modellierung von Kooperationstrukturen. Eine einzelne Transaktion realisiert in der Regel nicht mehr alle drei der im vorigen Kapitel genannten Transaktionsfunktionen, sondern jeweils nur einzelne davon. Eine Transaktion, die die Konsistenz der Datenbank sichert, wird aufgrund ihrer Länge nur selten als Synchronisierungseinheit dienen; dafür wird man bevorzugt kürzere Entwurfsschritte wählen, die jedoch noch keine Datenkonsistenz garantieren können. Man hat eine "heterogene" Schachtelung vorliegen.

Die Theorie geschachtelter Transaktionen beschreibt nur den Synchronisierungsaspekt, also das zeitliche Verhalten der Transaktionen in einer hierarchischen Abwicklung. Die Abwicklung von Transaktionen, die keine Synchronisierungsfunktionen erfüllen – wie zum Beispiel die kooperierenden Transaktionen bei [Bancilhon, Kim, Korth 1985] – sind unter dieser Betrachtung schlicht nichtserialisierbar. Trotzdem können immer noch gewisse Aussagen über das zeitliche Verhalten von Abwicklungen, die solche Transaktionen als interne Knoten enthalten, gemacht werden. Nur muß man dann diese nichtsynchronisierten Transaktionen aus der Behandlung ausschließen, d.h. man beschränkt die Betrachtung – entsprechend der Fragestellung – auf die Schachtelung der Synchronisierungseinheiten in den Transaktionsbäumen. Andererseits kann man aus der Nichtserialisierbarkeit bereits auf einige Voraussetzungen für die Fehlererholung und Konsistenzsicherung schließen. Da die betreffenden Transaktionen Zwischenzustände voneinander sehen können, wird man bei der Fehlererholung bevorzugt eine Technik wählen, die eine Kaskadierung beim Zurücksetzen vermeidet – also zum Beispiel kompensierende Transaktionen, wie sie [Garcia-Molina 1983] verwendet. Ebenso kann man eine konsistenzerhaltende Abwicklung nicht mehr dadurch garantieren, daß jede Transaktion für sich genommen konsistenzerhaltend ist. Hier bietet sich als Lösung an, die Konsistenz durch eine abschließende "Verifikationstransaktion" explizit zu prüfen – ein Vorgehen, welches in Entwurfsanwendungen ohnehin verbreitet ist.

Da der Schwerpunkt dieser Arbeit auf der Synchronisierung von Transaktionen liegt, werden wir im folgenden nur noch Transaktionen betrachten, die zugleich Synchronisierungseinheiten sind. Die in Kapitel 5 zu entwickelnden Sperrprotokolle werden zunächst für flache Transaktionen formuliert werden. Das in diesem Kapitel vorgestellte Verfahren von *Moss* liefert dann ein einfaches Schema zur Einbettung der Protokolle in geschachtelte Transaktionen.

4 Objekte

Mit den Ausführungen der vorangegangenen Kapitel steht eine Grundlage für die Behandlung von Transaktionsabwicklungen zur Verfügung. An dieser Stelle soll nun auf die Datenstrukturen eingegangen werden, die wir bei der Entwicklung des Sperrprotokolls in Kapitel 5 zugrunde legen. Vorweg geht ein kurzer Überblick über eine Auswahl von Datenmodellen, die in Zusammenhang mit der Repräsentation sogenannter *komplexer Objekte* entwickelt oder verwendet werden. Die Palette reicht von geringfügigen Erweiterungen des Relationenmodells über anwendungsspezifische Datenmodelle bis hin zu objektorientierten Datenmodellen.

4.1 Überblick

Seit seiner Einführung durch [Codd 1970] hat sich das Relationenmodell einer ständig steigenden Beliebtheit erfreut. Ein wesentlicher Grund dafür ist die Einfachheit des Modells, sowohl in mathematischer Hinsicht, als auch in Hinblick auf den Benutzer. Als eine der wichtigsten Eigenschaften des Relationenmodells gilt die "Abgeschlossenheit unter Anfragen" [Ullman 1987]. Das Ergebnis einer Anfrage in einer relationalen Datenbank ist eine Relation, die wiederum als Argument für eine weitere Anfrage verwendet werden kann usw., was eine bündige Formulierung sehr komplexer Anfragen erlaubt. Trotz, oder vielleicht eher wegen dieser Einfachheit sind bereits relativ früh Anstrengungen unternommen worden, das Relationenmodell zu erweitern oder durch ein neues Datenmodell zu ersetzen. Eines der Hauptprobleme ist die fehlende Möglichkeit, komplexe Strukturen, wie zum Beispiel hierarchisch strukturierte Daten oder verschiedenartige Beziehungen zwischen Entitäten, direkt in der Datenbank zu repräsentieren. Besonders deutlich wird dieser Mangel u.a. im Bereich der Entwurfsanwendungen. Verglichen mit den "Objekten", mit denen die Datenbank-Benutzer hier umgehen, sind die Entitäten, auf denen ein relationales Datenbanksystem operiert, nämlich Tupel und Relationen, von ausgesprochen einfacher Struktur. "Flache" Datenstrukturen, wie sie das Relationenmodell anbietet, sind eher Ausnahmefälle. Dagegen finden sich häufig sehr stark strukturierte, "zusammengesetzte" oder "komplexe Objekte" [Lorie, Plouffe 1983], die selber wieder aus anderen Objekten bestehen. Diese Objekte *können* Einheiten bezüglich der Speicherung, der Datenoperationen, der Integritätssicherung, der Synchronisierung oder der Fehlererholung bilden [Dayal et al. 1987]. Sie sind jedoch nicht notwendigerweise Entitäten im bisher verwendeten Sinn, denn Komponenten komplexer Objekte können ebenfalls als Einheiten der oben genannten Art fungieren und verschiedene Objekte können über gemeinsame Komponenten verfügen. Demnach sind auch implizite Änderungen von Objekten möglich. Wir verwenden den Begriff "Entität" - im Unterschied zu dem des "komplexen Objekts" - hier weiterhin im alten Sinn, nämlich zur Bezeichnung einer Menge von Daten, die bezüglich der einfachen Datenoperationen eine nicht weiter zerlegbare Einheit bildet.

Im Relationenmodell müssen solche komplexen Datenstrukturen durch eine Menge von Tupeln verschiedener Relationen modelliert werden. Die Beziehungen zwischen den Tupeln müssen dann, da das Relationenmodell ein "wertorientiertes" Modell ist, als Beziehungen zwischen Attributwerten formuliert werden [Codd 1979]. Das Datenbanksystem kann solche Strukturdaten nicht von Nutzdaten unterscheiden. Die Folge können u.a. komplizierte Anwendungsprogramme und ineffiziente Speicherung der Daten sein.

4.1.1 Beziehungen zwischen Objekten

Die explizite Modellierung von Beziehungen im Rahmen eines Datenmodells, welches ähnlich vorteilhafte Eigenschaften wie das Relationenmodell aufweist, ist ein entscheidender Schritt hin zur Modellierung komplexer Datenstrukturen. Allerdings findet man in entsprechenden Vorschlägen nur selten ein so allgemeines (und damit auch semantisch armes) Konzept der Beziehung, wie im Entity/Relationship-Ansatz [Chen 1976]. Vielmehr werden verschiedene Beziehungsarten nach semantischen Kriterien unterschieden; so gibt es zum Beispiel meistens spezielle Beziehungen, die sogenannten *Aggregations-* oder *Komponentenbeziehungen*, die zur Konstruktion zusammengesetzter Objekte dienen.

[Codd 1979] hat mit *RM/T* eine Erweiterung des Relationenmodells zur Modellierung von anwendungsorientierten Strukturen vorgeschlagen. Die Objekte werden in RM/T zwar noch durch eine Menge von Relationen repräsentiert, das Modell enthält aber neue Attributtypen und Operationen, die die Repräsentation von Beziehungen verschiedenen Typs zwischen Tupeln verschiedener Relationen erlauben. Durch Aggregationsfunktionen verschiedener Art, die auf diesen expliziten Beziehungen aufbauen, lassen sich so Strukturen aufbauen, die sich wiederum zu größeren identifizierbaren Einheiten zusammenfassen lassen. RM/T unterstützt drei Arten von Strukturen: cartesische Aggregation, Generalisierung und Mengenbildung (cover aggregation). Die cartesische Aggregation, von [Smith, Smith 1977a] schlicht als "Aggregation" bezeichnet, entspricht der Bildung des cartesischen Produkts. Die Mengenbildung führt Objekte ein, deren Ausprägungen Mengen von Objekten darstellen. Beide Aggregationen dienen der Konstruktion zusammengesetzter Objekte. Die Beziehung zwischen einem zusammengesetzten Objekt und seinen konstituierenden Komponenten wird im folgenden als Komponentenbeziehung bezeichnet. Die Generalisierung dient, wie bei [Smith, Smith 1977a], der Modellierung von Gattungsbeziehungen. Objekte und Beziehungen zwischen ihnen, sowohl einfache als auch zusammengesetzte, werden in RM/T auf eine Menge spezieller Relationen abgebildet. Damit die durch diese Abbildung implizierten Beziehungen zwischen den Relationen auch für das Datenbanksystem sichtbar sind, war die Einführung eines neuen Attributtyps auf der Relationenebene notwendig, dessen Funktion darin besteht Objekte zu identifizieren. Diese speziellen Attributwerte werden als *Surrogate* bezeichnet; es sind vom System erzeugte Werte, die vom Benutzer nicht mehr manipulierbar sind. Sie identifizieren Objekte innerhalb der gesamten Datenbank eineindeutig, d.h. zwei Surrogate sind dann und nur dann gleich, wenn sie dasselbe Objekt identifizieren. Die Surrogate übernehmen somit die Identifikationsfunktion, die sonst die benutzerdefinierten Relationenschlüssel hatten. Nunmehr können sämtliche Eigenschaften eines Objekts in der Datenbank geändert werden, ohne daß dadurch sein Identifikator ungültig würde.

Erweiterungen des System R in ähnlicher Richtung wurden von [Haskin, Lorie 1982] und [Lorie, Plouffe 1983] für CAD-Anwendungen vorgeschlagen. Sie führen ebenfalls Surrogate zur Identifizierung von Objekten ein. Eine Menge gleichartiger komplexer Objekte wird auf eine Menge von Relationen abgebildet, wobei jeweils eine Relation die sogenannten *Wurzeltupel* enthält, die die Objekte als Ganzes identifizieren. Drei neue Attributtypen werden eingeführt: IDENTIFIER, COMPONENT-OF und REFERENCE. Die Werte von Attributen dieser Art sind Surrogate. Attribute vom Typ IDENTIFIER sind die Primärschlüssel der Relationen, in denen sie enthalten sind. Die Werte der Attribute vom Typ COMPONENT-OF und REFERENCE sind Fremdschlüssel. Die durch COMPONENT-OF-Attribute hergestellten Beziehungen zwischen Objekten sind Komponentenbeziehungen, sie beschreiben die Objektstruktur; Zyklen sind in dieser Struktur ausgeschlossen. REFERENCE-Attribute dienen zur Modellierung beliebiger anderer Assoziationen zwischen Tupeln, die zu jeweils einem komplexen Objekt gehören oder zwischen Tupeln eines Objekts und dem Wurzeltupel eines anderen. Die Relationen, zu denen die Fremdschlüssel gehören, werden bereits bei der Deklaration der COMPONENT-OF- und REFERENCE-Attribute bestimmt. Das Relationenschema definiert also bereits ein Strukturschema für die Objekte.

Als Beispiel sei die Beschreibung eines UND-Gatters mit vier Eingängen, das aus drei UND-Gattern mit je zwei Eingängen besteht, betrachtet (Abb. 4.1 [Batory, Buchmann 1984]; ein ähnliches Beispiel führen [Haskin, Lorie 1982] an).

Die Tabellen 4.1 und 4.2 zeigen das zugehörige Relationenschema nach [Haskin, Lorie 1982] und die Relationsausprägungen, die die Schaltung aus Abbildung 4.1 beschreiben. Wie man sieht, wird das Gatter G4 wird bei dieser Darstellung anders behandelt, als die Gatter G1, G2 und G3, die seine Komponenten bilden. Die Ursache dafür ist der Ausschluß von Zyklen in der Komponentenbeziehung und die Deklaration der Relationen für die COMPONENT-OF-Attribute.

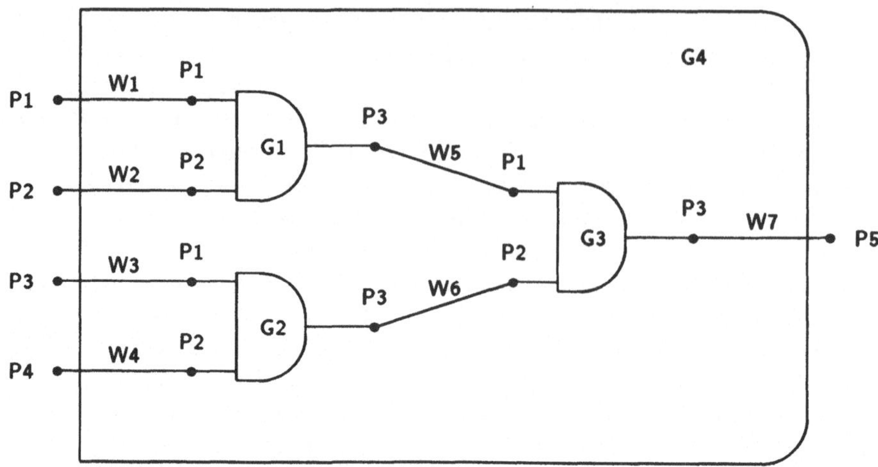

Abbildung 4.1: Beispiel für ein komplexes Objekt (Schaltung)

Das Gatter G4 gehört einer anderen "Abstraktionsebene" an, als die Gatter G1, G2 und G3. Zur Weiterverwendung dieses Gatters innerhalb eines größeren Schaltungsentwurfs ist lediglich die Beschreibung von G4 mit seinen Anschlüssen P1, P2, P3, P4 und P5 erforderlich, nicht aber die Beschreibung seiner internen Komponenten. Als Modellierungskonzept für solche Abstraktionsebenen innerhalb der Komponentenbeziehungen werden in [Batory, Buchmann 1984] [Buchmann, Celis 1985] [Batory, Kim 1985] sogenannte *molekulare Objekte* vorgeschlagen. Molekulare Objekte haben die Eigenschaft, daß sie ein komplexes Objekt auf jeweils zwei verschiedenen Abstraktionsebenen beschreiben. Auf der höheren Ebene wird das Objekt als ein *einzelnes*, zusammengesetztes Objekt dargestellt, auf der niedrigeren Ebene hingegen als eine Menge von heterogenen Objekten, die ebenfalls wiederum molekulare Objekte sein können. Die Möglichkeit der Schachtelung molekularer Objekte läßt so auch die Beschreibung eines komplexen Objekts auf einer Hierarchie von Abstraktionsebenen zu. Die Darstellung als einzelnes Objekt auf der höheren Abstraktionsebene wird als *Schnittstelle* (interface), die auf der niedrigeren Ebene als *Implementation* des molekularen Objekts bezeichnet; die Implementationen zweier molekularer Objekte dürfen sich überlappen. Die Modellierung erfolgt auf der Grundlage erweiterter ER-Diagramme. [Batory, Buchmann 1984] führen als Beispiel für die Verwendung molekularer Objekte die Beschreibung der Schaltung aus Abbildung 4.1 an. Abbildung 4.2 (S. 75) zeigt die entsprechende Repräsentation der Schaltung als ER-Diagramm. Die Schnittstelle des Objekts (Teil *a* in der Abbildung) beschreibt die Funktionen der Schaltung und ihre Ein- und Ausgänge; die Implementation (der eingerahmte Teil *b*) beschreibt die Realisierung der Schaltung durch einfachere Schaltungskomponenten, die Verbindungen zwischen ihnen und die Verbindungen zu den in der Schnittstelle beschriebenen Anschlüssen. Die gestrichelten Linien kennzeichnen Teilmengen-

GATES	(GID: IDENTIFIER, G_NAME: STRING)
FUNCTIONS	(FID: IDENTIFIER, GID: COMP-OF (GATES), F_NAME: STRING)
CONNECTIONS	(CID: IDENTIFIER, GID: COMP-OF (GATES), C_NAME: STRING)
TERMINALS	(T_NAME: STRING, I/O: CHAR, FID: COMP-OF (FUNCTIONS), CID: REF (CONNECTIONS))

Tabelle 4.1: Relationenschema für das Schaltungsbeispiel

GATES

(GID	G_NAME)
(G4	...)

TERMINALS

T_NAME	I/O	FID	CID
P1	I	G1	W1
P2	I	G1	W2
P3	O	G1	W5
P1	I	G2	W3
P2	I	G2	W4
P3	O	G2	W6
P1	I	G3	W5
P2	I	G3	W6
P3	O	G3	W7

CONNECTIONS

CID	GID	C_NAME
W1	G4	P1
W2	G4	P2
W3	G4	P3
W4	G4	P4
W5	G4	...
W6	G4	...
W7	G4	P5

FUNCTIONS

FID	GID	F_NAME
G1	G4	2-AND
G2	G4	2-AND
G3	G4	2-AND

Tabelle 4.2: Relationen für das Schaltungsbeispiel

korrespondenzen; sie repräsentieren Konsistenzbedingungen für die durch das Schema definierte Klasse von Objekten. Die Beziehung zwischen "GATE" in (a) und der Implementation (b) drückt zum Beispiel aus, daß zu jeder Implementation eine Schnittstelle existieren muß. Abhängige Entitäten (weak entities) sind doppelt gerahmt. Jede Schaltungskomponente in der Implementation kann wiederum als molekulares Objekt dargestellt sein. Auf diese Weise ergibt sich eine hierarchische Beschreibung der Schaltung, deren Details im Entwurfsprozeß schrittweise verfeinert und überarbeitet werden können. Die molekulare Aggregation schirmt die Details einer Implementation jeweils gegenüber den höheren Abstraktionsebenen ab. Die Einführung verschiedener Abstraktionsebenen unterstützt also direkt das Vorgehen im Entwurfsprozeß.

In [Batory, Kim 1985] wird dieses Modell speziell für die Anwendung auf den

Schaltungsentwurf noch um zwei weitere Arten von Beziehungen, die *Versionsgeneralisierung* und die *Instantiierung*, erweitert. Die Versionsgeneralisierung, die auch parametrisierte Objekte ermöglicht, ist letztlich eine spezielle Form der Typisierung: die gemeinsamen Eigenschaften der Schnittstellen verschiedener "Versionen" eines molekularen Objekts werden auf ein spezielles Typobjekt abgebildet.

Verschiedene Abstraktionsebenen lassen sich auch im Softwareentwurf identifizieren: ein Programm stellt eine Konfiguration aus mehreren Moduln dar, deren interne Strukturen für die Programmbeschreibung unwesentlich sind; diese internen Strukturen können unter Umständen wiederum als Komposition von Moduln beschrieben werden usw. Diese Strukturierung reflektiert wiederum Abläufe des Entwurfs, nämlich die Zerlegung des Programms in Einheiten, Moduln, deren interne Eigenschaften zunächst außer acht gelassen werden können. Mit einer der Versionsgeneralisierung entsprechenden Einführung von Typobjekten ließen sich in diesem Zusammenhang auch Aspekte der Kompatibilität von Softwaremoduln beschreiben [Eckhardt 1987].

Die molekulare Aggregation ist neben der Generalisierung eine zweite Form der Abstraktion. Während durch die Generalisierung von den individuellen Verschiedenheiten einer Klasse von *gleichartigen* Objekten abstrahiert wird, kann mittels der molekularen Aggregation von der Binnenstruktur eines zusammengesetzten Objekts abgesehen werden. Diese Art der Abstraktion wird von den einfachen Formen der Aggregation, dem cartesischen Produkt und der Mengenbildung, nicht geleistet. Hier gibt es jeweils nur eine Sicht auf die Eigenschaften eines Objekts[1].

Die Einführung von speziellen Beziehungen zwischen Objekten neben der Komponentenbeziehung fordern auch [Katz, Chang, Bhateja 1986]. Mit dem Schwerpunkt auf der Modellierung von zeitlichen Aspekten und verschiedenen Repräsentationen desselben Objekts sehen sie zusätzlich Versionsgeneralisierung, Versionsableitung und explizite Äquivalenzbeziehungen vor. Die Beziehungen werden unabhängig von Komponentenbeziehungen zwischen Objekten behandelt.

Im *IFO-Datenmodell* [Abiteboul, Hull 1984] können wie in RM/T zusammengesetzte Objekte aus gegebenen Objekten durch zwei verschiedene Aggregationsformen konstruiert werden: durch Mengenbildung und Bildung des cartesischen Produkts. Die beiden Aggregationsarten entsprechen zwei Arten von Komponentenbeziehungen. Darüber hinaus werden zwei Formen der IS-A-Beziehung, nämlich Spezialisierung und Generalisierung, unterschieden[2]. Schließlich können mit Hilfe sogenannter *Fragmente* beliebige funktionale Beziehungen zwischen Mengenobjekten definiert werdn.

Beim Entwurf des *PROBE Data Model* (PDM) [Manola, Dayal 1986] [Dayal et al. 1987] wurde auf die Festlegung der Beziehungsarten fast ganz verzichtet. PDM baut auf dem funktionalen Datenmodell *DAPLEX* [Shipman 1981] auf.

[1]Man könnte zwar die Behandlung eines cartesischen Produkts oder eines Mengenobjekts als Einheit als eine zweite Sicht verstehen, als eine solche Einheit hat das Objekt aber keine unterscheidbaren Eigenschaften mehr.

[2]Beide haben verschiedene Vererbungsregeln.

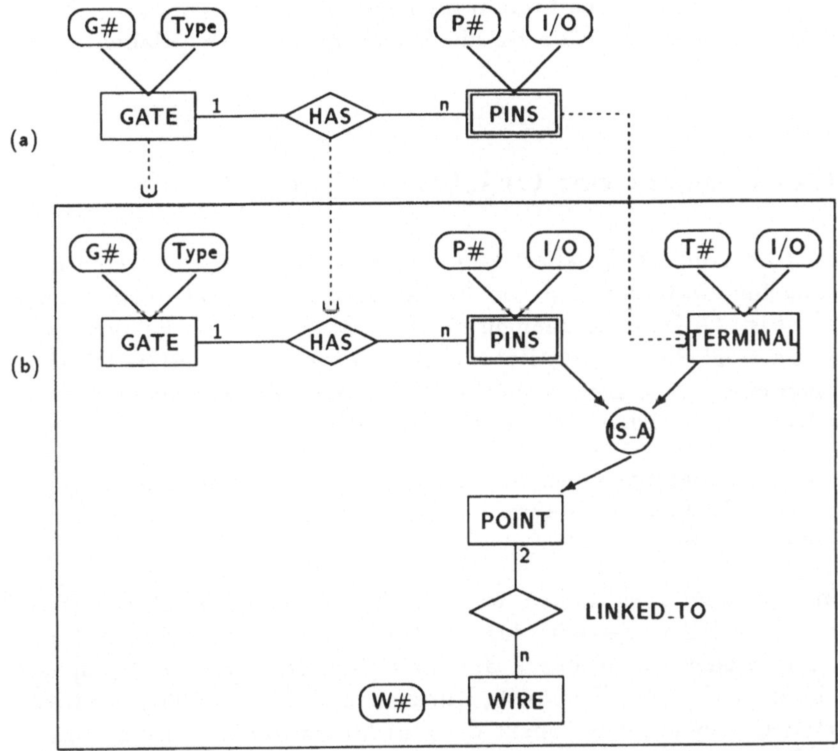

Abbildung 4.2: Schaltungsbeispiel als molekulares Objekt

Von der Standardbeziehung IS-A abgesehen, werden alle anderen Beziehungen zwischen Objekten als Funktionen modelliert. Allerdings definiert man in der Datenmanipulationssprache für die verschiedenen Objekttypen und Funktionen zugehörige Operationen. Eine Interpretation der Beziehungen erfolgt hier also durch die Spezifikation von Operationen an der Datenbankschnittstelle.

PDM stellt bereits ein objektorientiertes Datenmodell dar. Gespeichert werden in der Datenbank nicht nur die Daten, sondern auch die Operationen auf ihnen. Entwicklungen in der gleichen Richtung, jedoch stärker an *Smalltalk* [Goldberg, Robson 1983] orientiert, finden sich bei [Schlageter et al. 1987] und in den Datenbanksystemen *GemStone* [Copeland, Maier 1984] [Maier et al. 1986] [Penney, Stein 1987] und ORION [Kim et al. 1987] [Kim et al. 1988] [Garza, Kim 1988].

Soweit in den genannten Datenmodellen die Strukturen zusammengesetzter Objekte modelliert werden, findet man meistens das cartesische Produkt und die Mengenbildung als Objektkonstruktoren vor; das entspricht den in höheren

Programmiersprachen verfügbaren zusammengesetzten Datenstrukturen[3]. Weitere Beziehungen zwischen Objekten, wie Versionsgeneralisierung, Versionsableitung, Äquivalenz etc. sind von den Komponentenbeziehungen unabhängig, d.h. sie können ohne Berücksichtigung der Objektstrukuren behandelt werden. Sie lassen sich teilweise auch als Einführung neuer Klassen zusammengesetzter Objekte verstehen, wie beispielsweise die Versiongraphen bei [Klahold et al. 1985] (s. 3.2).

4.1.2 Das Konzept der Objektidentität

[Khoshafian, Copeland 1986] haben darauf hingewiesen, daß eine wesentliche Voraussetzung für die Integration von Beziehungen in das Datenbankschema die Möglichkeit ist, Objekte unabhängig von ihren Attributwerten zu identifizieren, und zwar sowohl einfache (Entitäten) als auch zusammengesetzte Objekte. Sie bezeichnen eine solche Eigenschaft als *Objektidentität.* Surrogate sind ein Mittel, das Konzept der Objektidentität zu realisieren.

Zu den älteren Datenbanksystemen, die eine Objektidentität unterstützen, gehören das hierarchische und das Netzwerkmodell. Beide sind jedoch nicht abgeschlossen unter Anfragen.

[Khoshafian, Copeland 1986] haben unter der Bezeichnung *Objektsysteme* ein einfaches Datenmodell vorgestellt, das das Konzept der Objektidentität verwirklicht. Das Modell wurde durch *Smalltalk* [Goldberg, Robson 1983] und *FAD* [Bancilhon et al. 1987] [Danforth, Khoshafian, Valduriez 1987] inspiriert, konzentriert sich aber auf den Aspekt der Objektidentität und dessen Implementierung. Ein sehr ähnlicher Ansatz wurde bereits von [Kuper, Vardi 1984] verfolgt, wobei allerdings der Schwerpunkt nicht auf der Objektidentität lag, sondern auf der Formulierung eines Kalküls und einer Algebra für das Datenmodell. Ihr Modell wurde als Verallgemeinerung des Relationen-, hierarchischen und Netzwerkmodells vorgestellt. Entitäten der Datenbank können durch Tupel- und Mengenbildung zu größeren Strukturen zusammengesetzt werden, die die komplexen Objekte repräsentieren. Die Beziehungen zwischen Entitäten stellen also jeweils Komponentenbeziehungen dar. Diese beiden Aggregationsformen finden sich auch in den Objektsystemen von [Khoshafian, Copeland 1986] wieder. Zur Modellierung der Strukturen dient eine spezielle Klasse von Werten, sogenannte *l-Werte*, die die Funktion von Objektidentifikatoren haben[4] und eine Vorform von Surrogaten sind. Ein Vorschlag für einen an der logischen Programmierung orientierten Kalkül für ein Datenmodell dieser Art ist auch bei [Bancilhon, Khoshafian 1986] zu finden. Die Anfragesprachen für diese Datenmodelle weisen alle die eingangs erwähnte Eigenschaft der Abgeschlossenheit unter Anfragen auf.

---

[3]Eine Ausnahme bilden die molekularen Objekte, da sie auf ER-Diagrammen basieren. Komponentenbeziehungen kommen hier nur als Beziehung zwischen der Schnittstelle und der Implementation eines molekularen Objekts vor.

[4][Kuper, Vardi 1984] bezeichnen die l-Werte noch als "Adressen".

4.2 Objektsysteme

Objektsysteme kann man als eine Grundlage für kompliziertere Datenmodelle für Entwurfsobjekte verstehen. Sie realisieren die für solche Modelle erforderliche Objektidentität und sind hinsichtlich der Einfachheit der verwendeten Konzepte mit dem Relationenmodell vergleichbar. Sie stellen aber auch die Grundkonstrukte zur Bildung zusammengesetzter Objekte zur Verfügung. Wir verwenden Objektsysteme deshalb als Ausgangspunkt für die Entwicklung einer an Objektstrukturen orientierten Synchronisierung. Allerdings sollen diese Objektsysteme um eine ähnliche Möglichkeit zur *Abstraktion* von Objektkomponenten, wie sie durch die oben erwähnten molekularen Objekte gegeben ist, erweitert werden. Die explizite Aufnahme solcher Abstraktionsebenen wird es später erlauben, auch bei der Synchronisierung von bestimmten Objektzuständen zu abstrahieren.

Bei der Konstruktion von *Objekten* werden folgende, paarweise disjunkte Mengen benötigt:

(a) Eine Menge A von *atomaren Typen*, die durch die jeweilige Anwendung definiert sind. Beispiele für Typen, die in A enthalten sein können, sind **integer**, **real**, **string** etc.

(b) Eine Menge N von *Attributnamen*. Elemente aus N werden im folgenden durch griechische Buchstaben gekennzeichnet.

(c) Eine Menge I von *Identifikatoren* für Objekte. Identifikatoren haben Surrogateigenschaften, d.h. sie identifizieren Objekte eindeutig und können vom Benutzer nicht manipuliert werden.

Wir stellen zunächst Objektsysteme in der Form vor, wie sie von [Khoshafian, Copeland 1986] definiert wurden; solche Objektsysteme werden im folgenden als *einfache* Objektsysteme bezeichnet.

4.2.1 Einfache Objektsysteme

Objekte in einem einfachen Objektsystem sind entweder atomare Objekte oder zusammengesetzte Objekte mit Mengen- oder Tupelstruktur. Auf jedes Objekt kann mit Hilfe seines Identifikators auch *direkt* zugegriffen werden. Außerdem – und das ist der Grund für die Bezeichnung *einfache* (im Gegensatz zu *modularen*) Objektsysteme – kann ein zusammengesetztes Objekt potentiell jedes andere Objekt als Komponente enthalten.

Definition 4.1 Ein *Objekt* ist ein Tripel $o = (identifier, type, value)$, wobei

(a) $identifier \in I$ der Identifikator des Objekts,

(b) $type \in A \cup \{null\_type, set, tuple\}$ der Typ des Objekts und

(c) *value* abhängig vom Typ ist und wie folgt dargestellt wird:

null_type: es gibt genau ein spezielles *Nullobjekt* ohne Wert mit dem symbolischen Identifikator **null**.

$type \in A$: durch die Anwendung definiert.

set: $\{i_1, i_2, \ldots, i_n\}$, wobei $i_j \in I$ paarweise verschiedene Identifikatoren sind; **null** ist in jedem Mengenobjekt enthalten.

tuple: $[\alpha_1 : i_1, \alpha_2 : i_2, \ldots, \alpha_n : i_n]$, wobei $i_j \in I$ und die Attributnamen $\alpha_j \in N$ paarweise verschieden sind. Der Wert der durch einen Attributnamen α_j selektierten Komponente eines Objekts o wird durch $o.\alpha_j$ bezeichnet und ist der Identifikator i_j. Ein leeres Tupelobjekt wird durch [] notiert.

Ein Komponentenwert ist für *jeden* Attributnamen aus N definiert; dargestellt werden nur die von **null** verschiedenen Komponenten.

Ein *Objektsystem* ist eine Menge $O = \{o_1, o_2, \ldots, o_m\}$ von Objekten. □

Ein Objekt vom Typ *set* bzw. *tuple* heißt im folgenden *Mengen-* bzw. *Tupelobjekt.* Als *Komponenten* eines Mengen- oder Tupelobjekts werden die in ihm enthaltenen Identifikatoren bzw. die diesen zugeordneten Objekte bezeichnet. Zur Bezeichnung des Identifikators eines Objekts o verwenden wir auch die Schreibweise *identifier(o)* oder nur i_o und zur Bezeichnung des Typs bzw. Werts *type(o)* bzw. *value(o)*; *object(i)* bezeichne das durch i identifizierte Objekt.

Wie für andere Datenmodelle auch, gibt es für Objektsysteme *strukturelle Konsistenzbedingungen*, die unabhängig von jeder Anwendungssemantik erfüllt sein müssen:

Definition 4.2 Ein einfaches Objektsystem heißt *konsistent*, wenn

(a) keine zwei Objekte den gleichen Identifikator haben und

(b) zu jedem im Objektsystem vorkommenden Identifikator i auch ein Objekt existiert, das durch i identifiziert wird.

□

Ein Objektsystem kann auch als Graph dargestellt werden, der für jedes Objekt einen Knoten enthält. Dieser *Objektgraph* wird im nächsten Kapitel für die Formulierung der Synchronisierungsprotokolle benötigt; wir berücksichtigen das bereits in der folgenden Definition durch die Verwendung markierter Kanten. Der Einfachheit halber wird zwischen den Objekten eines Objektsystems und den die Objekte repräsentierenden Knoten des zugehörigen Objektgraphen nicht unterschieden.

Definition 4.3 Sei O ein Objektsystem, O^+ bezeichne O ohne das Nullobjekt. Der *Objektgraph* zu O ist ein gerichteter Graph $OG = (O^+, E_O)$ mit O^+ als Knotenmenge und einer Menge $E_O \subseteq O^+ \times L \times O^+$, $L = N \cup I$, markierter Kanten. E_O enthält folgende Kanten:

(a) sei o ein Mengenobjekt und o' ein Objekt, dessen Identifikator $i' \neq$ **null** in *value(o)* enthalten ist, dann ist $\langle o, i', o' \rangle \in E_O$;

(b) sei o ein Tupelobjekt und $o.\alpha \neq$ **null** der Identifikator eines Objekts o', dann ist $\langle o, \alpha, o' \rangle \in E_O$.

□

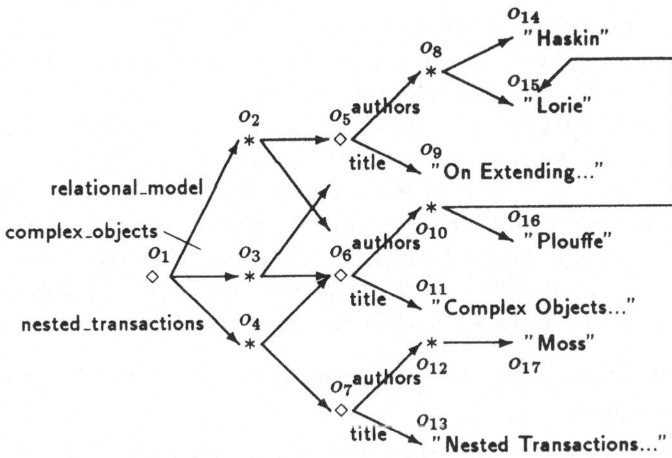

Abbildung 4.3: Objektgraph eines einfachen Objektsystems

Die Markierung einer Kante $\langle x, \lambda, y\rangle$ ist jeweils so gewählt, daß die Kante durch den Anfangsknoten x und die Markierung λ eindeutig identifiziert wird.

In zeichnerischen Darstellungen kennzeichnen wir Mengenobjekte durch "$*$" und Tupelobjekte durch "$\diamond$"; atomare Objekte werden durch ihren Wert oder "$\bullet$" dargestellt. Kanten werden meist nur markiert, wenn sie von Tupelobjekten ausgehen.

Beispiel 4.1 Abbildung 4.3 zeigt den Objektgraphen für ein Objektsystem $O = \{o_1, o_2, \ldots, o_{17}\}$. O beschreibt einen "Mini-Schlagwortkatalog". Die Schlagworte *relational_model*, *complex_objects* und *nested_transaction* werden als Attribute des Tupelobjekts o_1 repräsentiert. Die den Attributen zugeordneten Objekte (o_2, o_3, o_4) stellen Mengen von Veröffentlichungen dar. Das Objekt o_6 ist zwei Schlagworten als gemeinsames Objekt zugeordnet.

Ein Objektsystem wird als *azyklisch* bezeichnet, wenn der zugehörige Objektgraph azyklisch ist. In einem azyklischen Objektsystem läßt sich zu jedem Objekt eine sogenannte *lineare Repräsentation* angeben, in der die Werte aller am Objekt beteiligten atomaren Objekte notiert werden [Bancilhon et al. 1987]. Die lineare Repräsentation *unfold(i)* eines Objekts o mit dem Identifikator i ist für

$type(o) = null\_type$	keine Repräsentation
$type(o) \in A$	$value(o)$
$type(o) = set$	$\{unfold(i_1), \ldots, unfold(i_n)\}$
$type(o) = tuple$	$[\alpha_1 : unfold(i_1), \ldots, \alpha_n : unfold(i_n)]$

Das Objekt o_2 aus Abbildung 4.3 hat beispielsweise die lineare Repräsentation

{[authors:{Haskin, Lorie}, title: "On Extending ..."],
[authors:{Lorie, Plouffe}, title: "Complex Objects ..."]}

Aufgrund der Repräsentation von Objekten in Objektsystemen lassen sich zwei Wertbegriffe unterscheiden. Die in Definition 4.1 eingeführte Tripelkomponente *value* stellt den *Objektwert* dar; er beschreibt Merkmale eines einzelnen Objekts und besteht im Falle von strukturierten Objekten aus einer Menge von Identifikatoren bzw. Attributname-Identifikator-Paaren. Die auf dem Objektwert basierende Gleichheitsrelation wird als Oberflächengleichheit *shallow equality* bezeichnet [Khoshafian, Copeland 1986]; zwei Objekte o_i und o_k sind oberflächengleich, wenn $value(o_i)$ und $value(o_k)$ identisch sind. Die Objekte o_2 und o_3 in Abbildung 4.3 sind oberflächengleich. Als zweite Gleichheitsrelation führen [Khoshafian, Copeland 1986] die *Tiefengleichheit* (deep equality) ein, die sich auf die Gleichheit der linearen Repräsentation bezieht:

(a) zwei atomare Objekte sind tiefengleich, wenn ihre Werte (*value*) identisch sind;

(b) zwei Mengenobjekte sind tiefengleich, wenn sie die gleiche Kardinalität haben und ihre Elementobjekte paarweise tiefengleich sind;

(c) zwei Tupelobjekte sind tiefengleich, wenn jeder Attributname $\alpha \in N$ in beiden Tupelobjekten jeweils tiefengleiche Objekte identifiziert.

Ein Test auf Tiefengleichheit ist nach dieser Definition nur in einem azyklischen Objektsystem sinnvoll.

Die lineare Repräsentation eines Objekts könnte man aus dieser Sicht auch als "Tiefenwert" bezeichnen; sie bestimmt die Darstellung eines Objekts an der Benutzerschnittstelle. Ein Benutzer etwa, der im obigen Beispiel (Abb. 4.3) in einer Anfrage nach Artikeln über "komplexe Objekte" sucht, wird die lineare Repräsentation des durch o_1.*complex_objects* identifizierten Objekts o_3 sehen wollen und nicht den Objektwert von o_3. Ergebnisse von Anfragen in einem Objektsystem sind generell Objekte, die aus tiefengleichen Kopien von Objekten des Objektsystems konstruiert werden [Kuper, Vardi 1984]. Bei der Abarbeitung von Anfragen werden also die Tiefenwerte der Objekte gelesen.

Für Änderungen eines Objektsystems stehen neben dem Einfügen und Löschen von Objekten folgende Grundoperationen zur Verfügung [Khoshafian, Copeland 1986] [Bancilhon et al. 1987]:

- Zuweisung eines neuen Typs und Objektwerts an ein existierendes Objekt.

- Zuweisung eines Objekts an ein Attribut eines Tupelobjekts. Mit Hilfe dieser Operation wird auch das "Einfügen" und "Löschen" von Attributen dargestellt. Die Zuweisung eines Objekts an ein Attribut, welches auf das Nullobjekt verweist, entspricht dem Einfügen eines neuen Attributs; die Zuweisung des Nullobjekts an ein Attribut entspricht dem Löschen dieses Attributs.

- Einfügen von Elementobjekten in ein Mengenobjekt und Löschen von Elementobjekten aus einem Mengenobjekt.

Für das Nullobjekt gibt es keine Operationen.

Aus der Sicht des Objektgraphen gesehen, beziehen sich die beiden letzteren Arten von Operationen auf die Kanten des Graphen. Zuweisungen an Tupelattribute oder das Einfügen und Löschen von Elementobjekten entsprechen dem Einfügen und Entfernen von Kanten im Objektgraphen.

4.2.2 Modularisierung von Objektsystemen

Mengen- und Tupelbildung sind einfache Formen der Aggregation. Abstraktionsebenen innerhalb eines komplexen Objekts, wie sie etwa durch die am Beginn dieses Kapitels vorgestellte molekulare Aggregation eingeführt werden, sind in Objektsystemen nicht verfügbar. Wie am Beispiel des Schaltungs- und Softwareentwurfs deutlich wird, gibt es Entwurfsanwendungen, in denen solche Abstraktionsebenen ein geläufiges Strukturierungsinstrument darstellen. Wir wollen im folgenden eine entsprechende Abstraktionsform als *separate* Objektstruktur in Objektsysteme aufnehmen. Der neue Objekttyp, der dies leisten soll, sei in Anlehnung an die Terminologie der Programmiersprachen als *Modulobjekt* bezeichnet. Mit der Einführung von Modulobjekten wird zweierlei bewirkt:

1. es gibt Objekte, denen zwei Sichtweisen zugeordnet sind, wobei die eine das Objekt als *einzelnes*, zusammengesetztes Objekt darstellt, die andere als eine *Menge* von Objekten;

2. auf der Menge aller Objekte eines Objektsystems wird mit Hilfe dieser zwei Sichten eine Hierarchie von *Sichtbarkeits-* oder *Gültigkeitsbereichen* definiert. Diese Bereiche sind das formale Mittel zur Repräsentation einer Hierarchie von Abstraktionsebenen.

Die beiden mit einem Modulobjekt assoziierten Abstraktionsebenen werden folgendermaßen realisiert: Die logisch "höhere" oder abstraktere Sichtweise ist durch den Objektwert des Modulobjekts definiert; dieser wird wie ein Tupelobjekt repräsentiert, d.h. ein Anwendungsprogramm, das den Objektwert oder die lineare Repräsentation eines Modulobjekts liest, "sieht" eine Tupelstruktur. Jedem Modulobjekt ist ferner eine Menge von Objekten, die sogenannte *Implementation* des Modulobjekts, zugeordnet. In der logisch "niedrigeren" Sicht wird das Modulobjekt durch seinen Objektwert *und* die Implementation definiert. Objekte der Implementation sind *abhängige* Objekte, d.h. sie können nicht unabhängig vom Modulobjekt existieren. Zwischen den Objekten innerhalb und außerhalb einer Implementation besteht eine einseitig eingeschränkte Sichtbarkeitsbeziehung. Objekte einer Modulimplementation können nicht als Komponenten von Objekten der "Umgebung" des Modulobjekts auftreten. Eine Referenzierung in umgekehrter Richtung hingegen ist zulässig – Objekte in der Umgebung eines Modulobjekts dürfen als Komponenten von Objekten in der Modulimplementation auftreten. Jede Implementation definiert somit eine Art Gültigkeitsbereich für Objekte, vergleichbar den Gültigkeitsbereichen in höheren Programmiersprachen. Da eine Implementation wiederum Modulobjekte enthalten kann, können die Gültigkeitsbereiche geschachtelt werden[5]

Jedem Objekt eines Objektsystems wird genau ein Gültigkeitsbereich zugeordnet. Die Definition eines Objekts lautet nun (vgl. Def. 4.1):

Definition 4.4 Ein *Objekt* ist ein Tupel $o = (identifier, scope, type, value)$, wobei

(a) *identifier* $\in I$ der Identifikator des Objekts,

(b) $scope \in \{\bot\} \cup \{i \in I | type(object(i)) = module\}$ mit $scope \neq identifier$ der Gültigkeitsbereich des Objekts,

(c) $type \in A \cup \{null\_type, set, tuple, module\}$ der Typ des Objekts und

(d) *value* abhängig vom Typ ist und wie folgt dargestellt wird:

null_type: es gibt genau ein spezielles *Nullobjekt* ohne Wert mit dem symbolischen Identifikator **null**.

$type \in A$: durch die Anwendung definiert.

set: $\{i_1, i_2, \ldots, i_n\}$, wobei $i_j \in I$ paarweise verschiedene Identifikatoren sind; **null** ist in jedem Mengenobjekt enthalten.

tuple: $[\alpha_1 : i_1, \alpha_2 : i_2, \ldots, \alpha_n : i_n]$ und

module: $[\![\alpha_1 : i_1, \ldots, \alpha_n : i_n]\!]$, wobei $i_j \in I$ und die Attributnamen $\alpha_j \in N$ paarweise verschieden sind. Der Wert der durch einen Attributnamen α_j selektierten Komponente eines Objekts o wird durch $o.\alpha_j$ bezeichnet und ist der Identifikator i_j. Ein leeres Tupel- bzw. Modulobjekt wird durch [] bzw. $[\![\,]\!]$ notiert.

Ein Komponentenwert ist für *jeden* Attributnamen aus N definiert; dargestellt werden nur die von **null** verschiedenen Komponenten.

Sei m ein Modulobjekt und *scope(o)* der Gültigkeitsbereich eines Objektes o, dann wird die Menge

$$\mathbf{imp}(m) = \{o | scope(o) = identifier(m)\}$$

als *Implementation* von m bezeichnet.[6] □

Die wechselseitige Sichtbarkeit von Objekten läßt sich mit Hilfe einer Sichtbarkeitsrelation über den Gültigkeitsbereichen definieren:

Definition 4.5 Sei $S = \{scope(o) | o \in O\}$ die Menge aller Gültigkeitsbereiche eines Objektsystems O, dann ist $\leq_{vis} \subseteq S \times S$ genau die wie folgt definierte Relation:

(a) $\forall s \in S : s \leq_{vis} s$

(b) $\forall s \in S \setminus \{\bot\} : scope(object(s)) \leq_{vis} s$

[5] Eine Entsprechung zu den nicht-disjunkten Molekülen bei [Batory, Buchmann 1984] gibt es somit nicht.

[6] Man beachte, daß die Implementation eines leeren (Objektwert) Modulobjekts nicht notwendigerweise leer sein muß.

(c) $\leq_{vis}$ ist transitiv.

□

Die Sichtbarkeitsrelation $\leq_{vis}$ dient zur Formulierung der strukturellen Konsistenzbedingungen für modulare Objektsysteme:

Definition 4.6 Ein modulares Objektsystem heißt *konsistent*, wenn

(a) keine zwei Objekte den gleichen Identifikator haben,

(b) zu jedem im Objektsystem vorkommenden Identifikator i auch ein Objekt existiert, das durch i identifiziert wird,

(c) $\leq_{vis}$ eine partielle Ordnung bildet und für jedes Objekt o, dessen Identifikator im Objektwert eines Mengen-, Tupel- oder Modulobjekts o' vorkommt, gilt: $scope(o) \leq_{vis} scope(o')$.

□

Die ersten beiden Bedingungen sind die Konsistenzbedingungen für einfache Objektsysteme; (b) bestimmt jedoch in diesem Kontext außerdem die Objekte der Implementation als abhängige Objekte, da zu jedem Gültigkeitsbereich $s \neq \perp$ ein Modulobjekt mit dem Identifikator s existieren muß. Dementsprechend dürfen nach dem Löschen eines Modulobjekts keine Objekte seiner Implementation mehr existieren.

Die Bedingung (c) ist neu hinzugekommen; sie bestimmt die wechselseitige Sichtbarkeit von Objekten. Der zweite Teil der Bedingung schränkt diese Sichtbarkeit ein: ein Objekt o darf nur dann als Komponente eines Objekts o' auftreten, wenn entweder

(a) $scope(o) = scope(o')$ gilt, d.h. beide Objekte im gleichen Gültigkeitsbereich liegen oder

(b) $scope(o) <_{vis} scope(o')$ gilt, d.h. o' zur Implementation eines Modulobjekts gehört, das direkt oder indirekt im Gültigkeitsbereich von o enthalten ist.

Der erste Teil der Bedingung (c) beschränkt - zusammen mit Definition 4.4 - die Anordnung der Gültigkeitsbereiche auf Baumstrukturen ein, wobei $\perp$ das kleinste Element, d.h. den äußersten Bereich bildet[7].

Die Menge aller Objekte o, die als Komponente von o' auftreten können, sei im folgenden als *Umgebung* von o' bezeichnet.

Die Definition des Objektgraphen wird auf modulare Objektsysteme ausgedehnt, indem wir Modulobjekte wie Tupelobjekte behandeln (s. Def. 4.3). Der so definierte Objektgraph gibt zwar die Abhängigkeit zwischen Modulobjekten und den Objekten in ihrer Implementation nicht wieder, er bildet aber

[7]Die Struktur, die durch die Sichtbarkeitsrelation (und damit durch die Modulobjekte) auf einem Objektsystem induziert wird, läßt sich auch als eine Hierarchie von Teilmengen darstellen: sei für alle Gültigkeitsbereiche s: $VIS(s) = \{o \in O | scope(o) \leq_{vis} s\}$. Für die so definierten Teilmengen von O gilt $VIS(s) \subseteq VIS(s') \Leftrightarrow s \leq_{vis} s'$, wobei $VIS(\perp)$ die kleinste Teilmenge bildet. Anschaulich ausgedrückt: je weiter man in der Schachtelung der Bereiche hinabsteigt (je tiefer die Abstraktionsebene), um so detaillierter ist die Sicht auf das Objektsystem.

eine ausreichende Grundlage für die Formulierung der Synchronisierungsprotokolle in Kapitel 5. In zeichnerischen Darstellungen werden Modulobjekte durch das Symbol "■" repräsentiert; zusätzlich kennzeichnen wir die Implementation von Modulobjekten, indem wir sie einrahmen und durch eine gestrichelte Linie mit dem das Modulobjekt darstellenden Knoten verbinden (siehe folgendes Beispiel).

Beispiel 4.2 Die Abbildungen 4.4 und 4.5 zeigen den Objektgraphen und einen Teil der Tupelrepräsentation eines modularen Objektsystems. Beschrieben wird die Konfiguration eines Softwaresystems, in diesem Fall eines Speicherungssystems für nichtnormalisierte Relationen; die Abbildung zeigt einen Ausschnitt aus der Gesamtarchitektur eines Speicherungssystems für modulare Objektsysteme (Kap. 6). Die im Objektsystem enthaltenen Modulobjekte repräsentieren zwei verschiedenartige Gegebenheiten: einerseits rein organisatorische Einheiten (o_1 beschreibt eine Konfiguration), für die es keine Entsprechung in den Programmtexten gibt, andererseits aber auch reale Programmeinheiten, in diesem Fall Softwaremoduln. Aus Platzgründungen wurde der Graph stark vereinfacht.

Das System mit Namen "CRDS" stellt an seiner Schnittstelle eine Typdefinition der verwendeten Programmiersprache ("Relation") sowie zwei Prozeduren ("CreateRel" und "DeleteRel") zur Verfügung. Diese für die Benutzer des Systems relevante Beschreibung wird durch ein einziges Modulobjekt (o_1) repräsentiert; die Systemschnittstelle wird durch $o_1.export$ spezifiziert. Die Implementation von o_1 beschreibt die Realisierung (die Implementation) des Softwaresystems; sie besteht wiederum aus fünf Modulobjekten ($o_6 \dots o_{10}$), die in diesem Fall realen Softwaremoduln entsprechen. Den fünf Modulobjekten könnten wiederum Implementationen mit Programmbeschreibungen zugeordnet sein. Hier wurde auf deren Modellierung verzichtet.

Die Objekte o_{11} und o_{12} enthalten Komponenten, die außerhalb der Implementation von o_1 liegen: die Kanten von o_{11} und o_{12} nach o_3, o_4 und o_5 geben an, welche der Schnittstellenbestandteile von CRDS von welchen Implementationskomponenten zur Verfügung gestellt ("exportiert") werden. So stellt beispielsweise das Softwaremodul "Types" (o_6) die Definition des Typs "Relation" zur Verfügung, das Softwaremodul "ITMS" die Deklaration der Prozedur "CreateRel". Diese Komponentbeziehung ist zulässig, da o_3, o_4 und o_5 zur Umgebung von o_{11} und o_{12} gehören. Eine umgekehrte Komponentenbeziehung hingegen, etwa o_{11} als Komponente von o_3, würde die Konsistenzbedingungen (Def. 4.6 (c)) verletzen.

Die Eigenschaften der Modularisierung seien anhand dieses Beispiels noch ein wenig veranschaulicht. Ein Benutzer, der die lineare Repräsentation des Modulobjekts o_1 lesen würde, bekäme den Ausdruck

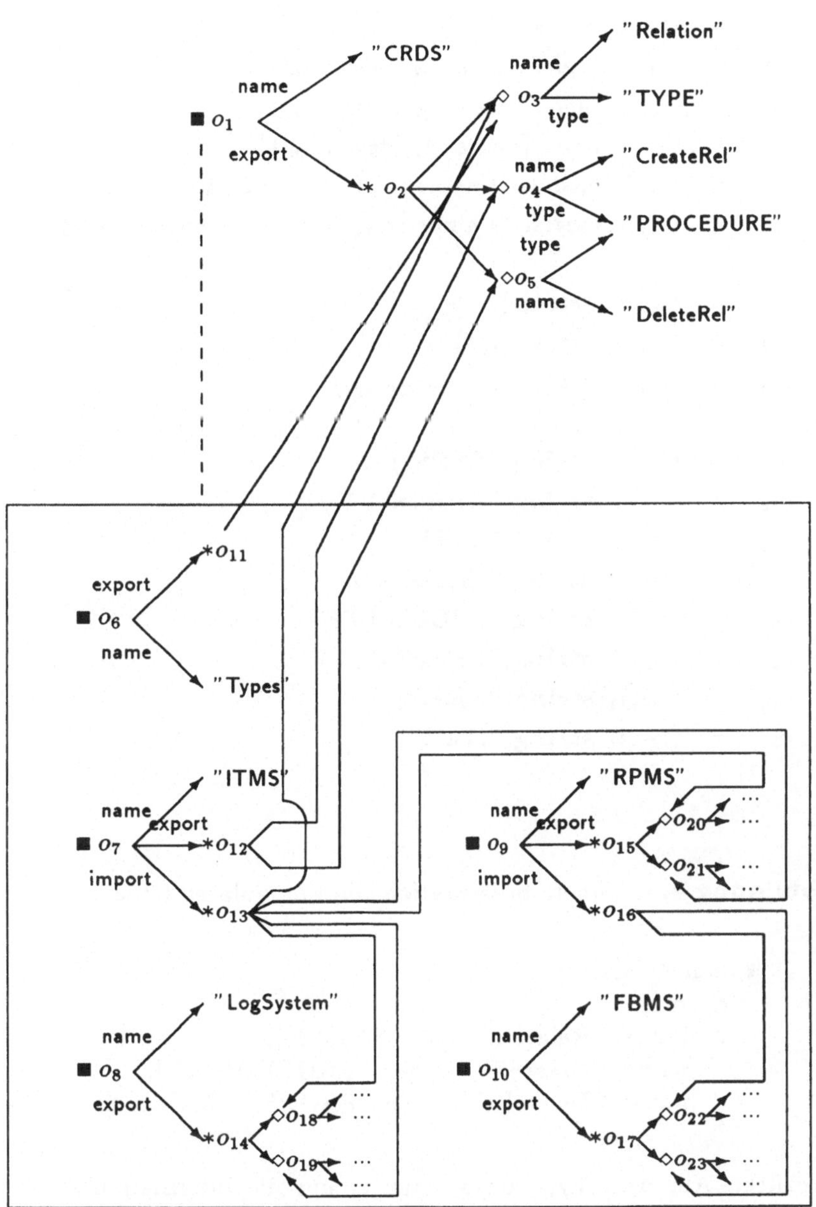

Abbildung 4.4: Objektgraph eines modularen Objektsystems

$$
\begin{array}{lcl}
o_i & = & (identifier, scope, type, value) \\
\hline
o_1 & = & (i_1, \bot, module, \llbracket\, name : i_{24}, export : i_2 \,\rrbracket) \\
o_2 & = & (i_2, \bot, set, \{i_3, i_4, i_5\}) \\
o_3 & = & (i_3, \bot, tuple, [name : i_{25}, type : i_{26}]) \\
o_4 & = & (i_4, \bot, tuple, [name : i_{27}, type : i_{28}]) \\
o_5 & = & (i_5, \bot, tuple, [name : i_{29}, type : i_{28}]) \\
o_6 & = & (i_6, i_1, module, \llbracket\, name : i_{30}, export : i_{11} \,\rrbracket) \\
o_7 & = & (i_7, i_1, module, \llbracket\, name : i_{31}, export : i_{12}, import : i_{13} \,\rrbracket) \\
 & \ldots & \\
o_{11} & = & (i_{11}, i_1, set, \{i_3\}) \\
o_{12} & = & (i_{12}, i_1, set, \{i_4, i_5\}) \\
o_{13} & = & (i_{13}, i_1, set, \{i_3, i_{18}, i_{19}, i_{20}, i_{21}\}) \\
 & \ldots & \\
o_{24} & = & (i_{24}, \bot, \mathbf{string}, \text{"CRDS"}) \\
o_{25} & = & (i_{25}, \bot, \mathbf{string}, \text{"Relation"}) \\
o_{26} & = & (i_{26}, \bot, \mathbf{string}, \text{"TYPE"}) \\
o_{27} & = & (i_{27}, \bot, \mathbf{string}, \text{"CreateRel"}) \\
o_{28} & = & (i_{28}, \bot, \mathbf{string}, \text{"PROCEDURE"}) \\
o_{29} & = & (i_{29}, \bot, \mathbf{string}, \text{"DeleteRel"}) \\
o_{30} & = & (i_{30}, i_1, \mathbf{string}, \text{"Types"}) \\
o_{31} & = & (i_{31}, i_1, \mathbf{string}, \text{"ITMS"})
\end{array}
$$

Abbildung 4.5: Tupelrepräsentation eines modularen Objektsystems

⟦ name: “CRDS”,
export:
{ [name: “Relation”, type: “TYPE”],
[name: “CreateRel”, type: “PROCEDURE”],
[name: “DeleteRel”, type: “PROCEDURE”] } ⟧

zurück. Aus dem Typ von o_1 kann er nur die Information ableiten, daß noch eine Implementation zu o_1 existiert; der Zustand der Implementation ist für ihn aus dem Ergebnis der Anfrage nicht ersichtlich. Die strukturellen Konsistenzbedingungen schließen auch aus, daß der Zustand der Implementation jemals bei einer solchen Anfrage sichtbar werden könnte, da kein Objekt der Umgebung von o_1 einen Identifikator eines Objekts aus der Implementation von o_1 enthalten darf (Def. 4.6(c)).

Würde der Benutzer die lineare Repräsentation von o_7 lesen, so erhielte er einen Ausdruck der Form

[| name: "ITMS",
export:
{ [name: "CreateRel", type: "PROCEDURE"],
[name: "DeleteRel", type: "PROCEDURE"] },
import:
{ [name: "Relation", type: "TYPE"],
[...], [...], [...], [...] } |]

Objekte der Umgebung von o_1 und der Implementation von o_1 sind in diesem Ergebnis gleichermaßen sichtbar, da $o_1 \leq_{vis} o_7$ gilt.

Entsprechende Einschränkungen gelten hinsichtlich der Zulässigkeit von Änderungsoperationen. So wäre es beispielsweise zulässig, in das Mengenobjekt o_{11} eine Referenz auf das Objekt o_4 einzufügen, da $o_4 \leq_{vis} o_{11}$ gilt. Unzulässig wäre jedoch ein Einfügen von o_{18} in das Mengenobjekt o_2, da o_{18} für o_2 nicht "sichtbar" ist.

Wollte man die Softwarekonfiguration aus diesem Beispiel mit Hilfe eines einfachen Objektsystems modellieren, so würde man die Implementation von o_1 als Komponente eines *Tupelobjekts* o_1 darstellen[8]. Der Zustand der Implementation wäre dann bei jedem Zugriff auf o_1 sichtbar; darüber hinaus müßte die Existenzabhängigkeit der Objekte in der Implementation durch das Anwendungsprogramm gesichert werden.

Ein Beispiel für die Repräsentation der Schaltung aus Abbildung 4.1 mit Hilfe eines modularen Objektsystems findet sich bei [Weinmann 1988].

4.3 Résumé

Modulare Objektsysteme werden bei der im nächsten Kapitel folgenden Betrachtung eines Synchronisierungsprotokolls für zusammengesetzte Objekte als ein Prototyp eines Datenmodells für solche Objekte behandelt. Mit ihnen steht ein Datenmodell zur Verfügung, das sowohl die für die Konstruktion zusammengesetzter Objekte wichtigen Aggregationsarten (cartesisches Produkt und Mengenbildung) umfaßt, als auch ein Mittel zur Abstraktion von bestimmten Objektzuständen. Die Bildung solcher Abstraktionsebenen muß nicht unbedingt immer eine gegebene Eigenschaft der Entwurfsobjekte reflektieren, wie es etwa bei der Beschreibung geschachtelter Softwaremoduln der Fall wäre. Sie kann auch zur Repräsentation organisatorischer Strukturen (Projekt-, Teameinteilung) eingesetzt werden, soweit sich diese auf der Datenebene ausdrücken lassen. Mit Hilfe von Modulobjekten ließe sich dann die Sichtbarkeit von Entwurfsdaten, die diesen Organisationseinheiten zugeordnet sind, kontrollieren.

[8] Siehe auch Beispiel 5.3 auf S. 107.

Insofern kann man die Modularisierung der Daten auch als ein Gegenstück zur Modellierung von Projektstrukturen durch geschachtelte Transaktionen (Abschnitt 3.2) verstehen.

Die Modularisierung der Daten könnte auch noch in anderen Zusammenhängen – die allerdings nicht mehr Gegenstand dieser Arbeit sind – von Interesse sein: Bei der Bildung von *Versionen* von Entwurfsobjekten muß eine geeignete Versionseinheit gewählt werden. Modulobjekte würden sich zumindest als *eine* Einheit anbieten. Als bedenkenswert könnte sich auch die Verwendung von Modulobjekten als Einheit der Clusterbildung auf der Speicherungsebene erweisen. An dieser Stelle sollen Modulobjekte jedoch nur noch hinsichtlich ihres Nutzens für die Synchronisierung betrachtet werden.

5 Synchronisierungsprotokolle für Objektsysteme

In diesem Kapitel sollen nun – ausgehend vom MGL-Protokoll (Kap. 2) – verschiedene Sperrverfahrensvarianten für einfache und modulare Objektsysteme erörtert werden. Die Wahl dieses Protokolls als Ausgangspunkt ist durch die Möglichkeit des impliziten Sperrens größerer Mengen von Entitäten begründet. Eine große Anzahl von Entitäten bzw. Objekten ist in der Regel bei einer Anfrageauswertung involviert (Kap. 4).

Die unterschiedlichen Verfahrensvarianten kommen durch folgende, unabhängig voneinander durchführbare Maßnahmen zustande:

- *Wahl der Sperreinheiten:* Knoten und Kanten des Sperrgraphen stellen zwei unterschiedliche Sperrgranularitäten dar. Das MGL-Protokoll basiert allein auf dem Sperren von Knoten. Im folgenden liegt der Schwerpunkt auf Protokollen, die Knoten *und* Kanten als Sperreinheiten heranziehen.

- *Konstruktion des Sperrgraphen:* Durch eine entsprechende Struktur des Sperrgraphen können bestimmte Zugriffsarten begünstigt oder benachteiligt werden.

Die Überlegungen, die zu diesen Varianten führen, sollen zunächst anhand einer Diskussion des Sperrens in Objektsystemen illustriert werden. Abschnitt 5.2 stellt sodann ein Protokoll für flache Transaktionen und einfache Objektsysteme vor, das anschließend für die Anwendung auf modulare Objektsysteme erweitert wird. Die Erweiterung geschieht mit dem Ziel, die strukturellen Konsistenzbedingungen, die durch Modulobjekte eingebracht werden, für die Synchronisierung auszunutzen. In einfachen Objektsystemen können sich die Objekteigenschaften nachteilig auf die Verträglichkeit sperrender Transaktionen und die Zahl der benötigten Sperren auswirken. Durch die Berücksichtigung der Moduleigenschaften im Protokoll lassen sich diese negativen Auswirkungen einschränken.

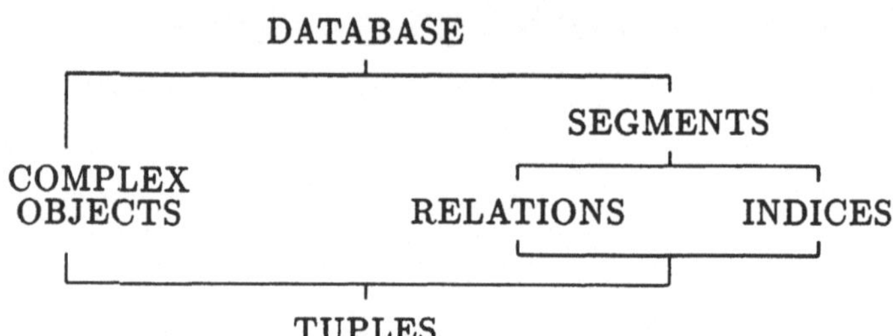

Abbildung 5.1: Sperrgraphschema bei [Haskin, Lorie 1982]

Eine Methode zur Integration eines zweiphasigen Sperrverfahrens in geschachtelte Transaktionen wurde bereits in Kapitel 3 mit dem Protokoll von *Moss* vorgestellt. In Abschnitt 5.3 wird deswegen nur noch kurz auf ein entsprechendes Protokoll und auf Modifikationen der Sperrverwaltung zur Anpassung an Anforderungen der Entwurfsumgebung eingegangen. Das Kapitel schließt mit einer Diskussion der Verfahrensvarianten und vergleichbarer Protokolle.

5.1 Sperren komplexer Objekte

[Haskin, Lorie 1982] schlagen in Zusammenhang mit ihrem Modell für komplexe Objekte (s. Kap. 4) die Anwendung des MGL-Protokolls vor, um so die Möglichkeit zu haben, Objekte als Einheiten zu sperren. Werden in den Sperrgraphen des Protokolls komplexe Objekte als Knoten aufgenommen (Abb. 5.1), so lassen sich mit diesem Verfahren gezielt diejenigen Tupel verschiedener Relationen sperren, die ein Objekt konstituieren. [Haskin, Lorie 1982] definieren komplexe Objekte noch durch ihre Repräsentation mittels Relationen, im Grunde also durch ihre Speicherungsstruktur oder physische Repräsentation. Dementsprechend bezieht sich ihr Sperrverfahren auch auf diese Repräsentationsebene. Neben dem durch das Wurzeltupel identifizierten Objekt gibt es als weitere Sperreinheiten nur die Granulate einer relationalen Datenbank. Die Binnenstruktur von Objekten wird nicht berücksichtigt; es ist beispielsweise nicht möglich, zusammengesetzte Teilobjekte eines komplexen Objekts als Einheiten zu sperren[1].

[Dürr, Kemper 1988] wenden ebenfalls das MGL-Protokoll auf komplexe Objekte an. Sie identifizieren ein Objekt mit jeweils *einem* Tupel einer NF^2-Relation [Schek, Scholl 1986]. Als Sperrgraph dient eine Beschreibung der Schachtelungsstruktur der Relationen. Hier fallen Struktur des Objekts und Struktur der physischen Repräsentation zusammen; es ist möglich Teilobjekte

[1] Lediglich der Sperrmodus w erlaubt aufgrund seiner Sperrbedingung noch eine gewisse Differenzierung: es können implizit alle zu einer Relation gehörigen Tupel eines Objekts gesperrt werden.

als Einheiten zu sperren. Allerdings bleibt dieses Verfahren beschränkt auf Objekte, die Baumstrukturen aufweisen. Das MGL-Protokoll nimmt für solche Strukturen eine sehr einfache Form an, da für Lese- und Schreibsperren die gleichen Sperrbedingungen gelten.

[Herrmann 1990] legt ebenfalls NF^2-Relationen zur Repräsentation von Objekten zugrunde, läßt jedoch gemeinsame Teilobjekte zu; sie werden mittels Surrogattechnik modelliert. Die Relationenschemata sind so angelegt, daß gemeinsame Objekte stets in separaten Relationen gespeichert werden. Objektstruktur und Repräsentationstruktur fallen hier wieder auseinander, und das Sperrprotokoll ist auf der Ebene der physischen Repräsentation angesiedelt.

Ein repräsentationsunabhängiges Sperrprotokoll ist in dem objektorientierten Datenbanksystem ORION zu finden [Kim et al. 1987] [Garza, Kim 1988]. Die Sperreinheiten entsprechen den Einheiten des Datenmodells. Durch das Protokoll sollen Zugriffe auf drei verschiedene Substrukturen miteinander koordiniert werden, nämlich (1) auf die Instanzen von Klassen, (2) auf die Hierarchien von Klassen und (3) auf die Hierarchien zusammengesetzter Objekte. Zusammen mit den Warnsperren gibt es insgesamt 10 Sperrmodi für die Synchronisierung des Lesens und Schreibens auf diesen Substrukturen[2]. Das Sperrprotokoll ist aus dem MGL-Protokoll entwickelt worden. Aufgrund des Nebeneinanders der verschiedenartigen Strukturen wird die Möglichkeit des impliziten Sperrens stark eingeschränkt und teilweise durch den Zwang zum expliziten Sperren ersetzt.

5.1.1 Die Anwendung des MGL-Protokolls auf Objektsysteme

Ein von der physischen Repräsentation unabhängiges Sperrverfahren muß sich an den durch das Datenmodell vorgegebenen Strukturen orientieren. Naheliegend scheint es deshalb bei Objektsystemen, den Objektgraphen als Sperrgraphen zu verwenden. Zunächst sei also betrachtet, wie sich das Sperrprotokoll unter diesen Bedingungen verhält. Da azyklische Objektsysteme vorausgesetzt werden, ist der Sperrgraph wie gefordert ein gerichteter azyklischer Graph. Entfallen müßte die Einschränkung, daß eine Datenoperation nur mit einem Blatt des Sperrgraphen assoziiert sein darf; dies betrifft die erste Protokollregel. Das modifizierte MGL-Protokoll *MGL'* für Objektsysteme würde folgendermaßen lauten:

(MGL-1′) Eine Operation $o(x), o \in \{r, w\}, x \in \mathcal{E}$, darf nur ausgeführt werden, wenn x durch die Transaktion im Modus o gesperrt ist.

(MGL-2′) Vor dem Setzen einer *ir*- oder *r*-Sperre für einen Knoten x muß die anfordernde Transaktion für mindestens einen direkten Vorgänger von x eine *ir*-Sperre halten, wenn ein solcher Vorgänger existiert.

[2] Dabei wurden die kombinierten Modi wie *riw* mitgezählt. Für eine separate Behandlung aller drei Substrukturen werden 5 zusätzliche Sperrmodi vorgeschlagen, insgesamt also 15.

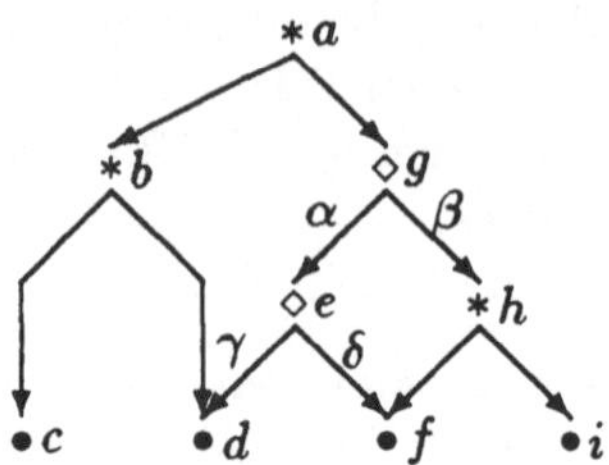

Abbildung 5.2: Einfacher Objektgraph

(MGL-3′) Vor dem Setzen einer *iw*-, *riw*- oder *w*-Sperre für einen Knoten x muß die anfordernde Transaktion *iw*-Sperren für alle direkten Vorgänger von x halten.

(MGL-4′) Sperren werden bei den Blättern beginnend in Richtung Wurzel gelöst oder am Ende der Transaktion in beliebiger Reihenfolge.

(MGL-5′) Nach dem ersten Lösen einer Sperre darf keine neue Sperre mehr gesetzt werden.

Eine Lese- oder Schreiboperation auf einem internen Knoten ist jetzt ebenfalls zulässig.

Anhand eines kleinen Beispiels (Abb. 5.2) lassen sich einige Eigenarten veranschaulichen, die eine Anwendung des Protokolls aufweist.

Zunächst einmal fällt auf, daß die Verwendung des Objektgraphen als Sperrgraph die Möglichkeit des direkten Zugriffs nicht reflektiert. Auch eine Transaktion, die lesend direkt auf ein Objekt zugreifen soll, welches nicht eine Wurzel des Objektgraphen bildet, muß einen Weg in diesem Graphen sperren. Das kann zu unnötigen Verzögerungen führen. Da es infolge der Existenz gemeinsamer Komponentenobjekte außerdem mehrere mögliche Wege geben kann, erhält die Auswahl des zu sperrenden Weges einen willkürlichen Charakter. Eine Transaktion t_1 beispielsweise, die Objekt d lesen soll, hätte zwei Möglichkeiten, die Sperren zu setzen, und zwar durch

(a) $irl(a)$ $irl(b)$ $rl(d)$ oder

(b) $irl(a)$ $irl(g)$ $irl(e)$ $rl(d)$

Die Transaktion t_1 steht mit jeder Transaktion in Konflikt, die ein Objekt aus $\{a, b\}$ bzw. $\{a, g, e\}$ ändern soll, obwohl t_1 keine dieser Änderungen beim Lesen von d mitlesen würde. Die tatsächlichen Konfliktverhältnisse wären durch die Sperrbelegung ausgedrückt, wenn t_1 d ohne Umwege zum Lesen sperren könnte.

An dem Beispiel wird weiterhin deutlich, daß die Wahl zwischen alternativen Sperrbelegungen nicht nur eine Frage des kürzesten Weges, sondern auch der Identifizierbarkeit von Objekten ist. Es ist durchaus denkbar, daß t_1 das Objekt d nur – oder wenigstens leichter – als Nachfolger von g, nämlich durch $g.\alpha.\gamma$ identifizieren kann. Eine zweite Transaktion t_2, die e löschen soll, müßte die Sperroperationen $iwl(a)$ $iwl(g)$ $wl(e)$ ausführen. t_2 würde mit t_1 nur dann in Konflikt stehen, wenn t_1 die zweite der oben genannten Sperrmöglichkeiten gewählt hätte. Das weist darauf hin, daß Warnsperren in diesem Zusammenhang anders interpretiert werden sollten; man kann nämlich sagen, daß t_1 in den beiden Fällen jeweils zwei verschiedene Sichten der Datenbank voraussetzt, die sich in unterschiedlichen Sperrbelegungen ausdrücken. t_2 würde die zweite Sicht durch Löschen von e zerstören; t_1 könnte nach t_2 nicht mehr ausgeführt werden. Eine Transaktion, die ein Objekt ändern will, muß dementsprechend *alle* Sichten des Objekts sperren. Warnsperren lassen sich hier also mit Datenoperationen assoziieren, und zwar mit Leseoperationen, die aber nur dazu dienen, Wege im Graphen (Zugriffspfade) zu lesen. Die Warnsperren sind hier sozusagen Lesesperren ohne implizite Sperrwirkung, die zugleich signalisieren, daß sich der Sperrmodus auf einem der Nachfolgerknoten ändert.

An Abbildung 5.2 läßt sich noch eine weitere Schwäche des Protokolls demonstrieren. Angenommen, eine Transaktion t_3 wollte das Tupelobjekt e ändern durch Zuweisung eines anderen Objekts an das *Attribut* δ. Nach den bisherigen Überlegungen würde das durch eine Schreiboperation $w(e)$ geschehen und t_3 müßte laut Protokoll e im Modus w sperren. Eine Transaktion t_4, die – angenommen – nur den Wert der Komponente γ lesen (oder auch schreiben) will, wird also verzögert[3]. Wie man sich auch anschaulich leicht klarmachen kann, können sich t_3 und t_4 aber im allgemeinen nicht stören, solange garantiert ist, daß die Zuweisungen an $e.\gamma$ und $e.\delta$ jeweils atomare Operationen sind[4].

Diese Schwäche resultiert aus der zugrunde gelegten Annahme, daß alle Klassen von Sperreinheiten durch die Knoten des Sperrgraphen beschrieben werden. In einem solchen Kontext ist nur das Sperren von *ganzen* Knoten sinnvoll. Tatsächlich kommt hier durch die Einführung zusammengesetzter Objekte noch eine weitere Granularitätsebene ins Spiel, die in diesem Graphen durch Sperren auf Knoten nicht erfaßt werden kann[5]. Wollte man in der oben geschilderten Situation t_3 und t_4 konfliktfrei ausführen, dann müßte man den Knoten e "partiell" sperren können. Die beiden Zuweisungen betreffen nämlich nur Beziehungen zwischen Objekten bzw. Komponenten von Objektwerten.

Schließlich ist festzuhalten, daß sich bei einer Veränderung des Objektgraphen durch eine Datenoperation auch der Sperrgraph ändern würde. Als Folge könnte eine Transaktion im Verlauf ihrer Ausführung implizite Sperren verlieren bzw. hinzugewinnen. Dadurch kann die Zweiphasigkeit verletzt werden. So müßte etwa eine Transaktion, die das Attribut α des Tupelobjekts g löschen soll, g im Modus w sperren. Implizit wären damit für alle Nachfolger r-Sperren gesetzt, d.h. die Transaktion könnte beispielsweise Objekt d lesen. Nach dem Löschen

[3]Die Änderung des Tupelobjekts e ließe sich auch nicht durch Sperren des Objekts f im Modus w und Zuweisung eines neuen Wertes an f bewerkstelligen, da f auch eine Komponente des Objekts h bildet.

[4]Die Feststellung, daß beide Transaktionen sich nicht stören können, gilt natürlich nur hinsichtlich der Rekonstruierbarkeit der Ergebnisse durch eine serielle Abwicklung der Transaktionen. Wenn es also Konsistenzbedingungen gibt, die irgendwelche Abhängigkeiten zwischen den Entitäten festlegen, so muß bereits eine übergeordnete Instanz für die Einhaltung der Konsistenzbedingungen sorgen (Kap. 2).

[5]Sie kann, nebenbei bemerkt, auch nicht durch Einführung neuer Sperrmodi erfaßt werden, da die verfügbaren Sperreinheiten von der Ausprägung der Objekte abhängen.

von α entfiele die implizite r-Sperre für d. Laut Protokoll dürfte die Transaktion aber weitere, neue Sperren auf dem Weg von a über b nach d setzen. Damit wäre d für eine Weile nicht gesperrt und könnte von einer anderen Transaktion verändert werden.

5.1.2 Die Anwendung anderer Protokolle auf Objektsysteme

Von den in Kapitel 2 aufgeführten datenorientierten Synchronisierungsprotokollen käme noch das EGL-Protokoll für die Anwendung auf Objektsysteme in Betracht[6]. Wenn man einmal von den durch die vorzeitige Sperrfreigabe entstehenden Probleme für die Fehlererholung und von der Notwendigkeit des Sperrens nicht benötigter Knoten absieht, so läßt sich zu einer Anwendung des Protokolls folgendes feststellen:

Für die Einhaltung des Sperrprotokolls ist die Festlegung der Funktion *guard* erforderlich. Ein *Speichern* der Funktionswerte für jeden Knoten des Sperrgraphen erscheint angesichts der Veränderung des Sperrgraphen durch Datenoperationen nicht als günstige Lösung. Für eine *Berechnung* des Funktionswertes könnte man eine Standardfunktion festlegen. Eine Möglichkeit wäre:

> Die Knoten des Sperrgraphen seien entsprechend der Protokolldefinition durchnumeriert; e_k sei ein Knoten des Graphen. $G_1, \ldots, G_{n_k}$ seien die Blöcke des Graphen, in denen e_k liegt. Dann sei
>
> $$guard(e_k) = \left\{(A_1^k, B_1^k), \ldots, (A_{n_k}^k, B_{n_k}^k)\right\}$$
>
> wobei A_i^k die Menge aller direkten Vorgänger von e_k in G_i ist und B_i^k genau ein Element aus A_i^k enthält.

Wie man sieht, ist – da die Blöcke des Graphen bekannt sein müssen – zur Bestimmung der "Sperrbedingung" auch in diesem einfachen Fall mehr Information erforderlich, als beim MGL-Protokoll.

Eine Anwendung des Protokolls auf den Objektgraphen als Sperrgraphen wäre ohne Modifikationen nicht sinnvoll. Der Objektgraph muß nicht zusammenhängend sein; laut Protokoll kann aber nur die erste Sperre einer Transaktion auf einen beliebigen Knoten gesetzt werden, während spätere Sperren stets für Nachbarn bereits gesperrter Knoten zu setzen sind. Eine einfache Lösung wäre die Einführung zusätzlicher Kanten, die zu einem zusammenhängenden Graphen führen.

Alle Sperren müssen bei diesem Protokoll explizit gesetzt werden, und Lese- und Schreibsperren werden in den Sperrbedingungen gleich behandelt. Das zieht insbesondere beim Lesen umfangreicher Tiefenwerte eine große Anzahl von Sperren nach sich. Gerade in einem solchen Fall würde aber auch der eigentliche Vorteil des Protokolls, nämlich das nicht-zweiphasige Sperren, verlorengehen, da die Lesesperren eine Fallgrube bilden.

---

[6]Das DAG-Protokoll verfügt über keine Sperrmodi und wird deswegen hier nicht weiter diskutiert.

5.2 Protokolle für flache Transaktionen

Das MGL'-Protokoll aus dem vorigen Abschnitt ist ein Protokoll für das Sperren von ganzen Objekten (den Knoten des Sperrgraphen). Im folgenden werden zwei Protokolle für einfache und modulare Objektsysteme vorgestellt, die auch das Sperren von Objektkomponenten gestatten.

Zuerst wird das Protokoll für einfache Objektsysteme entwickelt. Es läßt einen höheren Parallelitätsgrad zu, als das MGL'-Protokoll, verursacht aber unter Umständen einen deutlich größeren Sperraufwand.

Das Protokoll wird sodann auf modulare Objektsysteme erweitert. Diese Erweiterung wird es erlauben, die Modularisierung von Objektsystemen zur Erhöhung des Parallelitätsgrades und zur Reduktion der Anzahl benötigter Sperren auszunutzen. Der Gewinn wird hier im Vergleich zu einer "semantisch ärmeren" Repräsentation der gleichen Daten erzielt; die Abstraktion durch Modularisierung wird zur Abstraktion von Datenzuständen bei der Synchronisierung herangezogen.

Die zu Beginn des Kapitels erwähnten Konstruktionsvarianten für den Sperrgraphen werden im Rahmen dieser beiden Protokolle erläutert. Gleichwohl sind diese Sperrgraphen auch dem MGL'-Protokoll zugrunde zu legen; letzteres kann lediglich für bestimmte Sperreinheiten keine dedizierten Sperren setzen. Ebenso unterscheidet sich die Erweiterung des MGL'-Protokolls auf modulare Objektsysteme von dem hier beschriebenen Protokoll wesentlich nur durch die verfügbaren Sperren. Deshalb wird auf diese Erweiterung nicht mehr im einzelnen eingegangen; sie läßt sich bei Bedarf aus dem vorgestellten Protokoll ableiten.

5.2.1 Einfache Objektsysteme

Wie in Abschnitt 4.2 ausgeführt, lassen sich in azyklischen Objektsystemen zwei Arten von Werten unterscheiden; der Objektwert und der Tiefenwert eines Objekts. Für atomare Objekte fallen beide Wertbegriffe zusammen, und der Wert kann durch Lesen eines einzigen Objekts ermittelt werden. Für nichtatomare Objekte ist der Objektwert ebenfalls durch Lesen eines einzigen Objekts erhaltbar; er liefert aber nur die Information zurück, welche Objekte als Komponenten beteiligt sind und welche Struktur (*type*) das Objekt hat. Der Tiefenwert hingegen, der für die Darstellung der linearen Repräsentation bzw. die Auswertung von Anfragen benötigt wird ist in der Regel nur durch das Lesen vieler Objekte (nämlich aller Nachfolger des betreffenden Knotens im Objektgraphen) erhältlich. Das Lesen eines Objektwertes entspricht im Objektgraphen dem Lesen eines Knotens; daneben gibt es die Möglichkeit, selektiv die Werte einzelner Objektkomponenten zu lesen. Bei Tupelobjekten geschieht diese Selektion mit Hilfe des Attributnamens. Bei Mengenobjekten wäre eine solche Selektion zum Beispiel denkbar, wenn Elementobjekte durch Schlüsselwerte eindeutig identifiziert werden können[7] (zumindest liefert nur in einem solchen Fall das Lesen neue Informationen). Bezüglich des Objektgraphen entsprechen diese selektiven Zugriffe dem Lesen von Kanten des Graphen. Der Zugriff auf ein Objekt über einen Pfad im Graphen ist eine Situation, in der das Lesen von Kanten Verwendung findet.

Die Grundoperationen für Änderungen arbeiten nur auf Objektwerten. Auch hier ist wiederum eine Unterscheidung möglich von Operationen, die mit Knoten und solchen, die mit Kanten des Objektgraphen assoziiert werden. Das Einfügen und Löschen von Elementobjekten eines Mengenobjekts und die Zuweisung an Attribute eines Tupelobjekts sind Operationen, die Kanten im Graphen einfügen oder löschen. Das Erzeugen und Löschen von Objekten entspricht natürlich dem Einfügen und Löschen von Knoten im Graphen.

Will man simultane Operationen auf verschiedenen Komponenten eines Objekts zulassen, so benötigt man andere Sperrgranulate als sie das MGL'-Protokoll verwendet. Nach den obigen Ausführungen entspricht ein Zugriff auf eine Objektkomponente einem Zugriff auf eine Kante des Objektgraphen. Infolgedessen betrachten wir sowohl die Knoten des Objektgraphen (die Objekte – O), als auch dessen Kanten (die Beziehungen zwischen den Objekten – E_O) als Entitäten der Datenbank. Wenn $OG = (O, E_O)$ der Objektgraph eines Objektsystems ist, dann ist die Menge der Entitäten also definiert als $\mathcal{E} = O \cup E_O$. An einfachen Datenbankoperationen werden, wie gehabt, unterschieden[8]:

r (read): Lesen einer Entität (d.h. eines Knotens oder einer Kante des Objektgraphen).

w (write): Schreiben einer Entität.

Definition 5.1 Zwei Aktionen a und b verschiedener Transaktionen auf Entitäten e_1 und e_2 heißen genau dann unverträglich, wenn eine der folgenden Bedingungen gilt:

$$\text{(a)} \quad \begin{array}{l} a = r(e_1), b = w(e_2) \text{ und} \\ \quad e_1 = e_2 \text{ oder} \\ \quad e_1, e_2 \in O \text{ und } \langle e_1, \lambda, e_2 \rangle \in E_O \text{ oder} \\ \quad e_1 \in O \text{ und } e_2 = \langle e_1, \lambda, y \rangle \in E_O \text{ oder} \\ \quad e_1 \in E_O \text{ und } e_2 \in O \text{ kommt in } e_1 \text{ vor.} \end{array}$$

[7] In FAD sind Schlüssel für Mengenobjekte vorgesehen [Danforth, Khoshafian, Valduriez 1987]

[8] Man könnte an dieser Stelle auch noch jeweils zwei Operationen rn, re (read node/edge) und wn, we (write node/edge) einführen. Der kürzeren Formulierung wegen werden aber die Bezeichner r und w beibehalten, und die Unterscheidung wird nur anhand der Parameterart getroffen.

(b)
$a = w(e_1), b = w(e_2)$ und
$e_1 = e_2$ oder
$e_1 \in E_O$ und $e_2 \in O$ kommt in e_1 vor oder
$e_2 \in E_O$ und $e_1 \in O$ kommt in e_2 vor.

□

Das Lesen des Tiefenwertes eines Objekts beinhaltet das Lesen einer Menge von Objektwerten in einer bestimmten Reihenfolge; man könnte diese Folge von Leseoperationen als eine "zusammengesetzte" Datenbankoperation betrachten:

r^* (read): Eine Folge von Leseoperationen (r), die dem Lesen einer linearen Repräsentation dient[9]. Die Menge von Knoten, die durch eine Operation $r^*(e)$ berührt wird, bezeichnen wir als e^*. Falls e ein Knoten ist, so ist $e^* = \{o \in O | e \rightarrow o\}$; falls e eine Kante $\langle x, \lambda, y \rangle$ ist, so ist $e^* = \{x\} \cup y^*$ ("$\rightarrow$" ist die Erreichbarkeitsbeziehung auf der Menge der Knoten).

Die Verträglichkeit einer solchen zusammengesetzten Leseoperation mit einer Schreiboperation wird durch die Verträglichkeit ihrer Teiloperationen mit der Schreiboperation bestimmt.

Nach der oben definierten Entitätsmenge $\mathcal{E}$ müssen Sperren sowohl mit Knoten als auch Kanten des Objektgraphen assoziiert werden. Damit die Anzahl der benötigten expliziten Sperren dadurch nicht so stark steigt, ordnen wir jedoch *nur den Kanten* des Objektgraphen explizit setzbare Sperren zu, während wir die Sperren für Knoten *implizit* durch das Sperren von Kanten setzen. Die unter einem Sperrmodus erlaubten Operationen unterscheiden sich ein wenig von denen des MGL'-Protokolls. Lesende Zugriffe werden durch verschiedene Sperrmodi erlaubt. Das Lesen einer einzelnen Kante ist bereits nach Setzen einer Warnsperre zulässig[10]. Für das Lesen eines Tiefenwertes werden implizite Lesesperren verwendet; der Sperrmodus wird durch r^* bezeichnet. Dieser Sperrmodus erlaubt natürlich auch das Lesen eines einzelnen Objektwertes (d.h. eines einzelnen Knotens im Objektgraphen). Auf die Regeln für das implizite Sperren von Knoten wird weiter unten noch eingegangen. Schreibsperren können aufgrund der Sperrbedingung und der Struktur des Sperrgraphen (s.u.) in der Regel auch auf einzelne oder wenige Kanten bzw. Knoten begrenzt werden.

Die Sperroperationen werden mit irl, r^*l, iwl, r^*iwl, wl (Setzen von Sperren) und iru, r^*u, iwu, r^*iwu, wu (Lösen der Sperren) notiert. Die Wirkung der fünf Modi ist in Tabelle 5.1 zusammengefaßt. Die Kompatibilitätsmatrix für die fünf Sperrmodi ist in Tabelle 5.2 angegeben. Sie entspricht der des MGL- bzw. MGL'-Protokolls (Tabelle 2.3), jedoch liegt den Sperrmodi jetzt eine andere Interpretation zugrunde. Das zugehörige Sperrprotokoll wird im folgenden als *HEL-Protokoll* (Hierarchical Edge Locking) bezeichnet.

[9] Genau genommen ist für diese Operation nur ein Knoten als Parameter sinnvoll; für das Sperrprotokoll ist es aber unerheblich, ob die Operation auf einem Knoten oder einer Kante ausgeführt wird.

[10] Der Grund dafür wurde schon im ersten Abschnitt dieses Kapitels genannt.

Modus	implizite Sperrwirkung	erlaubte Operationen für Eigentümer einer Sperre
ir	*kein* implizites Sperren	Lesen einer Kante im Objektgraphen, *ir*- und r^*-Sperren auf adjazenten Kanten
iw		Lesen einer Kante im Objektgraphen, *ir*-, *iw*-, r^*- und *w*-Sperren auf adjazenten Kanten
r^*	implizites Sperren aller nachfolgenden Kanten mit r^*	Lesen aller nachfolgenden Kanten und Knoten
r^*iw		Lesen aller nachfolgenden Kanten und Knoten und *ir*-, *iw*-, r^*- oder r^*iw-Sperren auf adjazenten Kanten.
w	implizites Sperren aller nachfolgenden Kanten mit r^* und implizite *w*-Sperren für einige der nachfolgenden Kanten (siehe Sperrbedingung)	Lesen wie bei r^* und Schreiben der explizit oder implizit mit *w* gesperrten nachfolgenden Kanten und Knoten (siehe Sperrbedingung)

Tabelle 5.1: Sperrmodi im HEL-Protokoll

	ir	*iw*	r^*	r^*iw	*w*
ir	+	+	+	+	–
iw	+	+	–	–	–
r^*	+	–	+	–	–
r^*iw	+	–	–	–	–
w	–	–	–	–	–

Tabelle 5.2: Kompatibilitätsmatrix für das Sperrprotokoll

Konstruktion des Sperrgraphen

Der Sperrgraph beschreibt genau genommen Beziehungen zwischen Sperren, nicht zwischen Entitäten. Bei der ursprünglichen Anwendung des Protokolls MGL wird angenommen, daß der Sperrgraph zugleich die Struktur beschreibt, in der die Entitäten organisiert sind. In Abschnitt 5.1 wird mit der Verwendung des Objektgraphen als Sperrgraphen die gleiche Annahme gemacht. Dort hat sich auch schon gezeigt, daß die Identität von Objekt- und Sperrgraph zu Problemen führen kann, weil

- die Veränderung des Graphen durch Datenoperationen zum Verlust oder Neuerwerb impliziter Sperren führen kann und
- die Möglichkeit des direkten Zugriffs auf Objekte nicht vom Sperrverfahren unterstützt wird.

Darüber hinaus

- stellt ein solcher Sperrgraph auch kein Mittel zur Verfügung, das Einfügen neuer Komponentenobjekte in ein Mengen- oder Tupelobjekt zu kontrollieren.

Alle drei Probleme lassen sich durch eine Trennung von Objekt- und Sperrgraph behandeln. Direkte Zugriffe auf ein Objekt und das Einfügen neuer Komponentenobjekte können durch einen als Erweiterung des Objektgraphen konstruierten Sperrgraphen kontrolliert werden. Für die Kontrolle des direkten Zugriffs handelt man sich später allerdings eine hohe Anzahl von Sperren bei Schreibzugriffen ein. Im folgenden werden deshalb jeweils zwei Versionen des Sperrgraphen angegeben, von denen nur eine den direkten Zugriff beim Sperren unterstützt. Verlust und Neuerwerb impliziter Sperren lassen sich vermeiden, indem man gesperrte Teile des Sperrgraphen bis zum Lösen der Sperren konstant hält[11].

Die Zuordnung von Entitäten zu Sperren ist bei diesem Vorgehen wie folgt: Die Knoten und Kanten des *Objektgraphen* repräsentieren Entitäten. Diese Entitäten sind nach Kapitel 4 eindeutig identifizierbar; Knoten werden durch Objektidentifikatoren identifiziert, Kanten durch Paare (Objektidentifikator, Kantenmarkierung). Die Knoten und Kanten des *Sperrgraphen* repräsentieren Sperren, wobei Sperroperationen nur für "Kantensperren" zur Verfügung stehen; "Knotensperren" können nur implizit gesetzt werden. Die Elemente des Sperrgraphen werden auf die gleiche Weise identifiziert, wie die Elemente des Objektgraphen. Jeder Entität ist nun als Sperre das Element des Sperrgraphen zugeordnet, das die gleiche Identifikation hat:

Entität im Objektgraphen:	*zugeordnete Sperre im Sperrgraphen:*
Knoten mit Identifikator i	Knoten mit Identifikator i
Kante $\langle x, \lambda, y \rangle$	die durch (x, λ) identifizierte Kante

Die Sperrbedingungen werden bezüglich des Sperrgraphen formuliert, wobei wir hier die sonst für Entitätssperren übliche Ausdrucksweise weiterverwenden, d.h. die Aussage *"der Knoten/die Kante a (des Sperrgraphen) ist gesperrt"* ist gleichbedeutend mit *"die durch a repräsentierte Sperre ist gesetzt"*.

Zunächst sei ein Graph G_O konstruiert, der den Sperrgraphen eines Objektsystem O im "Ruhezustand", d.h. ohne eine aktive Transaktion, darstellt. Dieser Graph dient dann als Ausgangspunkt für die Konstruktion des Sperrgraphen zu einem beliebigen späteren Zeitpunkt.

Für das Sperren des direkten Zugriffs bzw. das Sperren von Wurzelknoten des Objektgraphen wird in G_O eine neue Wurzel eingeführt. Sperren für noch nicht im Objektsystem existierende Komponentenbeziehungen werden mit Hilfe zusätzlicher Kanten zum Nullobjekt ermöglicht[12].

[11] Hierfür gäbe es auch noch eine zweite Lösung, nämlich die Einführung einer Protokollregel, die verlangt, daß alle durch eine Datenoperation betroffenen impliziten Sperren vor der Operation explizit gesetzt werden müssen.

[12] Die Wahl des Nullobjekts an dieser Stelle ist willkürlich; ebenso hätte zu diesem Zweck ein neuer Knoten eingeführt werden können.

Definition 5.2 Sei O ein einfaches Objektsystem, $OG = (O^+, E_O)$ dessen Objektgraph; ferner sei E_X genau die Menge der wie folgt definierten Kanten:

(a) Sei $o = (i_0, set, \{i_1, \ldots, i_n\}) \in O$ ein Mengenobjekt, dann ist $\langle o, i, \mathbf{null} \rangle \in E_X$ für alle $i = identifier(o')$ mit $o' \in O$ und $i \neq \mathbf{null}, i_0, i_1, \ldots, i_n$.

(b) Sei $o = (i_0, tuple, [\alpha_1 : i_1, \ldots, \alpha_n : i_n])$ ein Tupelobjekt, dann ist $\langle o, \alpha, \mathbf{null} \rangle \in E_X$ für alle $\alpha \in N$ mit $\alpha \neq \alpha_1, \ldots, \alpha_n$.

$G_O = (O_L, E_L)$ ist ein gerichteter Graph mit

$$\begin{aligned} O_L &= O \cup \{r_L\}, r_L \notin O \\ E_L &= E_O \cup E_X \cup E_R \end{aligned}$$

wobei E_R eine der beiden Mengen

$$\begin{aligned} E_{\text{direkt}} &= \{\langle r_L, "i_o", o \rangle | o \in O\} \\ E_{\text{indirekt}} &= \{\langle r_L, "i_o", o \rangle | o \text{ ist eine Wurzel des Objektgraphen}\} \end{aligned}$$

ist. □

Die Menge E_X enthält also für jede von einem Tupel- oder Mengenobjekt ausgehende Kante, die im Objektgraphen *möglich* wäre, aber nicht existiert, eine zum Nullobjekt führende Kante. Die Markierung dieser Kanten entspricht der im Objektgraphen verwendeten Konvention. E_R ist in zwei Versionen E_{direkt} und E_{indirekt} angegeben. E_{direkt} enthält für jedes Objekt in O eine Kante von r_L zu diesem Objekt; E_{indirekt} enthält nur die Kanten aus E_{direkt}, die zu einer Wurzel des Objektgraphen führen. Die beiden Mengen bilden die Grundlage für zwei verschiedene Versionen des Sperrgraphen; bei Verwendung von E_{direkt} lassen sich alle Objekte für den direkten Lesezugriff sperren, bei Verwendung von E_{indirekt} hingegen muß vor dem direkten Zugriff ein Weg über eine der Wurzeln des Objektgraphen gesperrt werden. Alle neu eingeführten Kanten haben keine Entsprechung in $\mathcal{E}$ und können deshalb nur indirekt Gegenstand von Datenbankoperationen sein. Da der Objektgraph nur um von r_L wegführende und zu **null** hinführende Kanten erweitert wird, ist auch G_O azyklisch, wenn der Objektgraph azyklisch ist.

> **Beispiel 5.1** Abbildung 5.3 zeigt einen einfachen Objektgraphen (links). Daneben sind die zugehörigen Graphen G_O für $E_R = E_{\text{indirekt}}$ (Mitte) und $E_R = E_{\text{direkt}}$ (rechts) dargestellt, wobei jeweils eine Menge $N = \{\alpha, \beta, \gamma\}$ von Attributnamen angenommen wurde.

In Zeichnungen von größeren Graphen wird im folgenden aus naheliegenden Gründen auf die Darstellung der zum Nullobjekt führenden Kanten verzichtet; auch die übrigen von r_L ausgehenden Kanten werden nur angedeutet.

Für die Definition des Sperrgraphen zu einem bestimmten Zeitpunkt werden noch die Sperrbedingungen benötigt. Wie beim MGL-Protokoll ließen sich auch hier jeweils modusabhängige und -unabhängige Sperrbedingungen formulieren; verwendet wird im folgenden nur die modusabhängige Version. Zusätzlich zu den Bedingungen für implizite Sperren auf Kanten müssen auch Bedingungen

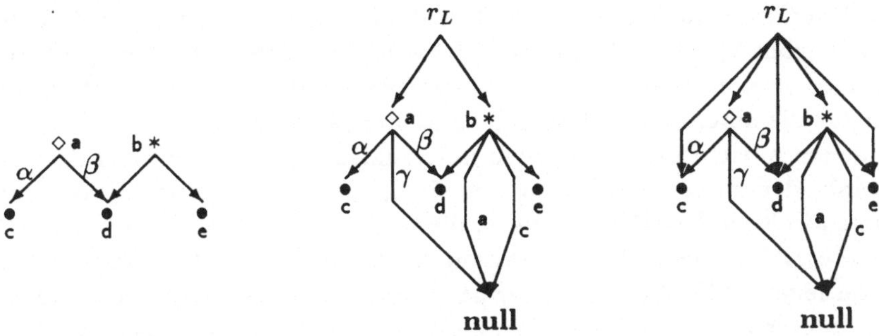

Abbildung 5.3: Objektgraph und Sperrgraph im Ruhezustand

für implizite Knotensperren angegeben werden. Die Bedingungen sind für einen gegebenen Sperrgraphen formuliert (vgl. auch Tab. 5.1):

(a) Eine *Kante* $a = \langle x, \lambda, y \rangle$ ist *durch eine Transaktion t im Modus r^* gesperrt*, wenn t für die Kante eine explizite Sperre im Modus r^* hält, oder wenn es eine Kante $a' = \langle z, \lambda', x \rangle$ gibt, die durch t im Modus r^* gesperrt ist.

Die *Kante a ist durch t im Modus w gesperrt*, wenn t für die Kante eine explizite Sperre im Modus w hält, oder wenn alle Kanten $\langle z_i, \lambda_j, x \rangle$ durch t im Modus w gesperrt sind.

(b) Ein *Knoten* x ist durch t im Modus r^* gesperrt, wenn es eine Kante $\langle y, \lambda, x \rangle$ gibt, die im Modus r^* gesperrt ist.

Der Knoten x ist im Modus w gesperrt, wenn alle Kanten $\langle z_i, \lambda_j, x \rangle$ durch t im Modus w gesperrt sind.

Der Sperrgraph soll nun im Verlauf einer Abwicklung seine Struktur jeweils erst nach dem Lösen von Sperren ändern:

Definition 5.3 Sei $s = a_0 a_1 \ldots a_n$ eine Abwicklung eines Systems sperrender Transaktionen, die Operationen auf einem Objektsystem O ausführen. Der *Sperrgraph LG_O für O zu einem Zeitpunkt i*, $0 \leq i \leq n$ ist der Sperrgraph zu Beginn der Ausführung der Aktion a_i und ist wie folgt konstruiert: $LG_O = (O_L^i, E_L^i)$ mit

$$O_L^0 = O_L, E_L^0 = E_L$$

$$O_L^i = \left\{ x \;\middle|\; \begin{array}{ll} x \in O_L^{i-1} & \text{falls } x \text{ im Modus } w \text{ gesperrt} \\ x \in O_L & \text{sonst} \end{array} \right\}$$

$$E_L^i = \left\{ e \;\middle|\; \begin{array}{ll} e \in E_L^{i-1} & \text{falls } e \text{ im Modus } w \text{ gesperrt} \\ e \in E_L & \text{sonst} \end{array} \right\}$$

O_L und E_L sind die durch Definition 5.2 bestimmten Mengen für das Objektsystem zum Zeitpunkt 0. □

Entsprechend den beiden alternativen Konstruktionsmöglichkeiten des Graphen G_O gibt es vom Sperrgraphen ebenfalls zwei Versionen. Die Sperrprotokolle können aber versionsunabhängig formuliert werden; von Bedeutung ist die Version nur für die unter einem Protokoll entstehenden Sperrbelegungen. An Stellen, an denen zwischen den Versionen unterschieden werden muß, sei derjenige Sperrgraph, der unter Verwendung von E_{direkt} (Def. 5.2) entsteht, als *Sperrgraph mit direktem Zugriff* bezeichnet, die andere Version als *Sperrgraph ohne direkten Zugriff*. Diese Sperrgraphvarianten sind auch dem MGL′-Protokoll zugrunde zu legen. Allerdings repräsentieren dann nur die Knoten des Graphen Sperren, und es gelten die Sperrbedingungen des MGL-Protokolls (Kap. 2).

Das Protokoll HEL

Das Sperrprotokoll für eine Transaktion t zu einem gegebenen Zeitpunkt einer Abwicklung lautet:

(HEL-1) t darf eine Kante a des Objektgraphen nur dann lesen, wenn a im Modus ir oder r^* gesperrt und nur dann schreiben, wenn a im Modus w gesperrt ist. t darf einen Knoten x nur dann lesen, wenn x im Modus r^* gesperrt und nur dann schreiben, wenn x im Modus w gesperrt ist.

(HEL-2) t darf für eine Kante a in LG_O nur dann eine Sperre im Modus ir oder r^* setzen, wenn es keinen direkten Vorgänger von a gibt oder t für mindestens einen direkten Vorgänger von a eine Sperre im Modus ir hält.

(HEL-3) t darf für eine Kante a in LG_O nur dann eine Sperre im Modus iw oder w setzen, wenn t für alle direkten Vorgänger von a eine Sperre im Modus iw hält.

(HEL-4) Vor dem Lösen einer Sperre für eine Kante a in LG_O müssen alle Sperren auf den Nachfolgern von a gelöst sein.

(HEL-5) Nach dem Lösen einer Sperre dürfen keine neuen Sperren mehr gesetzt werden.

Wie beim 2PL-Protokoll wird dieses Protokoll als *strikt* bezeichnet, wenn alle Sperren bis zum Transaktionsende gehalten werden.

Die Sperrbedingung (b) für das Lesen eines Knotens ist restriktiver als die Definition 5.1 der Verträglichkeit von Aktionen erfordert; um einen Objektwert (einen Knoten) gemäß dieser Bedingung zum Lesen zu sperren, muß man alle Nachfolger (auch die indirekten) implizit mitsperren. Das implizite Sperren ließe sich ohne Vermehrung der Sperrmodi vermeiden, wenn man das Lesen eines Objektwerts als Lesen *aller* Kanten, die vom entsprechenden Knoten ausgehen, auffaßt; die dafür erforderlichen ir-Sperren haben keine implizite Sperrwirkung. Da der Sperrgraph auch die von einem Knoten wegführenden, noch

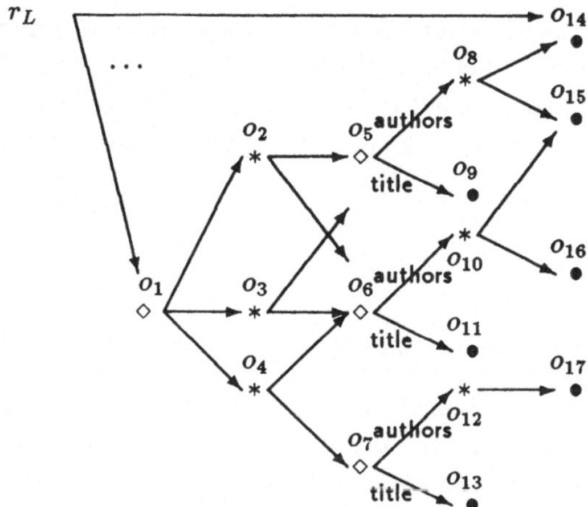

Abbildung 5.4: Sperrgraph für ein einfaches Objektsystem

nicht existierenden Kanten beschreibt, kann solcherart auch eine Veränderung des Objektwerts verhindert werden[13].

Beispiel 5.2 (Fortsetzung von Beispiel 4.1) Abbildung 5.4 zeigt den Sperrgraphen mit direktem Zugriff zum Objektsystem aus Abbildung 4.3. Atomare Werte und einige Attributnamen wurden der Einfachheit halber weggelassen, die Kanten von r_L zu den einzelnen Objekten nur angedeutet. Die im folgenden angegebenen Sperroperationen führen als Parameter jeweils eine Kantenidentifikation, also ein Paar (Objektidentifikator, Kantenmarkierung). Der besseren Übersicht halber sind die durch die Operationen gesperrten Kanten ebenfalls angeführt.

1. Eine Transaktion t_1 soll im Schlagwortkatalog aus Beispiel 4.1 alle Einträge unter der Rubrik *"complex_objects"* lesen, also 10 Objekte. t_1 muß zuvor folgende Sperroperationen ausführen:

Sperroperation	*gesperrteKante*
$irl((r_L, "i_1"))$	$\langle r_L, "i_1", o_1\rangle$
$r^*l((o_1, complex\_objects))$	$\langle o_1, complex\_objects, o_3\rangle$

   Die zweite Operation sperrt den durch o_3^* aufgespannten Graphen im Modus r^*.

   Zum Vergleich: Bei Verwendung des EGL-Protokolls mit der in 2.2.2 angeführten Standardfunktion für *guard* wären außer o_1 noch 11 weitere Objekte zum Lesen zu sperren und t_1 müßte außerdem zweiphasig sperren.

[13] Diesen Weg wird man natürlich nur wählen wollen, wenn bei einer Implementierung des Verfahrens das explizite Sperren *aller* Kanten vermeiden kann, da die Zahl dieser Kanten in der Regel sehr groß sein dürfte.

2. Eine Transaktion t_2 soll alle Einträge unter der Rubrik *"nested transactions"* durch eine Menge o_{18} anderer Einträge ersetzen und das Mengenobjekt o_4 löschen; die alten Elementobjekte (o_6, o_7) sollen jedoch nicht aus der Datenbank entfernt werden. Dazu muß t_2 folgende Sperroperationen ausführen:

Sperroperation	*gesperrteKante*
$rl((r_L, "i_{18}"))$	$\langle r_L, "i_{18}", o_{18}\rangle$
$iwl((r_L, "i_1"))$	$\langle r_L, "i_1", o_1\rangle$
$wl((r_L, "i_4"))$	$\langle r_L, "i_4", o_4\rangle$
$wl((o_1, nested\_transactions))$	$\langle o_1, nested\_transactions, o_4\rangle$

Die beiden letzten Operationen sperren implizit noch die Kanten $\langle o_4, "i_6", o_6\rangle$, $\langle o_4, "i_7", o_7\rangle$ und das Objekt o_4 zum Schreiben. t_2 kann danach o_4 in der gesperrten Kante $\langle o_1, nested\_transactions, o_4\rangle$ durch ein anderes Objekt ersetzen und o_4 löschen.

3. Eine Transaktion t_3 soll eine neue Rubrik *query languages* in den Schlagwortkatalog eintragen und ihr ein Mengenobjekt o_{19} zuweisen. Die erforderlichen Sperroperationen sind

Sperroperation	*gesperrteKante*
$rl((r_L, "i_{19}"))$	$\langle r_L, "i_{19}", o_{19}\rangle$
$iwl((r_L, "i_1"))$	$\langle r_L, "i_1", o_1\rangle$
$wl((o_1, query\_languages))$	$\langle o_1, query\_languages, \mathbf{null}\rangle$

Obwohl sowohl t_2 als auch t_3 eine Änderung des Objektwertes von o_1 bewirken, stehen alle drei Transaktionen nicht im Konflikt miteinander. (Im modifizierten MGL-Protokoll hingegen müßte auch o_1 zum Schreiben gesperrt werden und die beiden Transaktionen könnten nicht simultan ausgeführt werden.)

Der Beweis der Sicherheit des Protokolls erfolgt analog zum Beweis für das MGL-Protokoll. Der Vollständigkeit halber soll vorher noch gezeigt werden, daß unverträgliche Aktionen auch unverträgliche Sperren bewirken:

Lemma 5.1 Zwei Transaktionen t_1 und t_2, die zwei unverträgliche Aktionen ausführen, sperren nach dem Protokoll stets mindestens eine Kante des Sperrgraphen explizit oder implizit in unverträglichen Modi.

Beweis: Die beiden unverträglichen Aktionen seien $a_{1k}(e_1)$ (t_1) und $a_{2l}(e_2)$ (t_2); nach Definition 5.1 muß mindestens eine der beiden Aktionen eine Schreiboperation sein. Angenommen, dies sei $a_{2l}(e_2) = w(e_2)$, dann muß t_2 nach Regel HEL-1 und Sperrbedingung (a) bzw. (b) (S. 101) u.a. folgende Sperren explizit oder implizit gesetzt haben:

e_2	zu sperrende Kanten in LG_O zu diesem Zeitpunkt	Sperrmodi
ist eine Kante $\langle x, \lambda, y\rangle$	die durch (x, λ) identifizierte Kante	w
	L_1 = alle Kanten $\langle z_i, \lambda_j, x\rangle$	iw oder w
ist ein Knoten	L_2 = alle Kanten $\langle z_i, \lambda_j, e_2\rangle$	w

Für t_1 sind nun folgende Fälle unterscheidbar:

e_2 ist eine Kante $\langle x, \lambda, y\rangle$ und

(a) *e_1 ist eine Kante.*
Nach Def. 5.1 gilt $e_1 = e_2$. Laut HEL-1 muß t_1 die Kante e_1 in einem der Modi ir, r^* (Lesen) oder w (Schreiben) gesperrt haben.

(b) *e_1 ist ein Knoten.*
Nach Def. 5.1 gilt dann entweder:
$e_1 = x$ und $a_{1k} \in \{r, w\}$; t_1 muß dann laut HEL-1 mindestens eine Kante in L_1 (s.o.) im Modus r^* oder stärker gesperrt haben, oder:
$e_1 = y$ und $a_{1k} = r$. t_1 muß dann mindestens e_2 im Modus r^* gesperrt haben.

e_2 ist ein Knoten und

(c) *e_1 ist eine Kante.*
Nach Def. 5.1 gilt dann entweder:
$e_1 = \langle u, \lambda, e_2\rangle$ und $a_{1k} \in \{r, w\}$; dann muß t_1 die in L_2 (s.o.) liegende Kante e_1 in einem der Modi ir, r^* oder w gesperrt haben, oder:
$e_1 = \langle e_2, \lambda, u\rangle$ und $a_{1k} \in \{r, w\}$; dann muß t_1 mindestens eine Kante in L_2 mindestens im Modus ir gesperrt haben.

(d) *e_1 ist ein Knoten.*
Nach Def. 5.1 gilt dann entweder:
$e_1 = e_2$ und dann muß t_1 mindestens eine der Kanten in L_2 in einem der Modi r^* oder w gesperrt haben, oder:
$\langle e_1, \lambda, e_2\rangle \in E_O$ und $a_{1k} = r$; laut HEL-1 muß dann t_1 diese in L_2 liegende Kante im Modus r^* gesperrt haben.

In allen Fällen sind die Sperren unverträglich. □

Satz 5.2 Jede zulässige Abwicklung nach dem HEL-Protokoll ist serialisierbar.

Beweis: Wie bei Satz 2.5 wird zunächst gezeigt, daß bei einem gegebenen Sperrgraphen keine zwei Transaktionen t_i und t_k in einer Abwicklung s gleichzeitig miteinander unverträgliche Sperren halten können.

Das Gegenteil sei angenommen; $e = \langle x, \lambda, y\rangle$ sei eine Kante des Sperrgraphen, die durch t_i und t_k in zwei unverträglichen Modi gesperrt sei. Dann muß entweder eine der Transaktionen eine w-Sperre halten oder eine Transaktion eine r^*-Sperre und die andere eine iw-Sperre (Tabelle 5.2).

1. t_i halte eine r^*-Sperre, t_k eine iw-Sperre; da iw-Sperren nur explizit gesetzt werden können, muß t_k auch die Kante e explizit gesperrt haben. t_i kann somit keine explizite Sperre für e halten. Dann muß es nach Sperrbedingung (a) eine von t_i explizit im Modus r^* gesperrte Kante $e' = \langle x', \lambda', y'\rangle$ geben, so daß ein gerichteter Weg von x' nach x führt. Nach HEL-3 muß t_k aber die Kanten *aller* Wege von den Wurzeln des Sperrgraphen nach x im Modus iw gesperrt haben, also auch e'. Dann würden t_i und t_k zwei

unverträgliche explizite Sperren halten, im Widerspruch zur Annahme der Zulässigkeit von s.

2. t_i halte eine w-Sperre für e. Nach Sperrbedingung (a) muß es in dem gegebenen Sperrgraphen eine Menge E_i von Kanten geben, so daß t_i alle Kanten in E_i explizit im Modus w gesperrt hat und entweder $E_i = \{e\}$ ist oder jeder Weg von einer Wurzel des Sperrgraphen nach x über eine Kante in E_i führt. Ferner müssen nach HEL-3 alle Wege, die von einer Wurzel zu einer Kante in E_i führen, von t_i im Modus iw gesperrt worden sein.

   Wenn t_k e im Modus ir bzw. iw gesperrt hat, muß es nach HEL-2 bzw. HEL-3 mindestens einen Weg von einer Wurzel nach y geben, auf dem t_k alle Kanten gesperrt hat. Eine dieser Kanten muß dann in E_i liegen und t_i und t_k würden unverträgliche explizite Sperren halten.

   Bleibt der Fall, daß t_k e im Modus r^* oder w gesperrt hat. Da w stärker ist als r^*, sei oBdA angenommen, daß t_k eine r^*-Sperre hält. Wegen Sperrbedingung (a) muß es dann eine explizit von t_k im Modus r^* gesperrte Kante $e' = \langle x', \lambda', y' \rangle$ geben, so daß $e = e'$ ist oder ein gerichteter Weg von x' nach x führt. Ferner muß es nach HEL-2 einen Weg von einer Wurzel nach x' geben, auf dem t_k alle Kanten im Modus ir gesperrt hat.

   Folgende Fälle sind unterscheidbar:

   (a) $e' \in E_i$,
   (b) eine Kante aus E_i liegt auf dem von t_k mit ir gesperrten Weg,
   (c) e' liegt auf einem der von t_i mit iw gesperrten Wege.

   In allen drei Fällen halten t_i und t_k unverträgliche explizite Sperren, im Widerspruch zur Annahme.

Aus s läßt sich nun wieder eine zulässige Abwicklung s' mit $\rho(s) = \rho(s')$ konstruieren, die nur explizite Sperren verwendet, indem man jede Sperr- und Freigabeaktion in s durch eine Menge von Aktionen zum Setzen bzw. Lösen der jeweils explizit *und* implizit gesetzten Sperren ersetzt. Da alle unverträglichen Aktionen von s bzw. s' in unverträglichen Sperrintervallen liegen (Lemma 5.1) und die Transaktionen in s' dem 2PL-Protokoll folgen (HEL-5) ist s' und somit auch s serialisierbar. □

Wie man schon anhand des Beispiels 5.2 sehen kann, erlaubt das HEL-Protokoll den gleichzeitigen Zugriff auf *verschiedene* Komponenten desselben Objekts. Im Gegensatz zu einer Anwendung des MGL'-Protokolls auf das gleiche Objektsystem, bei der die Änderung einer Objektkomponente wie eine Änderung des ganzen Objekts behandelt wird. Voraussetzung für diesen gleichzeitigen Zugriff ist die Atomarität der beiden Datenbankoperationen. Wie in Kapitel 3 dargelegt wurde, muß dies nicht in jedem Fall bedeuten, daß die beiden Operationen tatsächlich zeitlich hintereinander ausgeführt werden. Im Datenbanksystem können die Operationen auch als Subtransaktionen implementiert sein, womit sichergestellt ist, daß es eine äquivalente serielle Ausführung der Datenbankoperationen gibt; von den zeitlichen Eigenschaften der tatsächlichen Ausführung kann dann abgesehen werden.

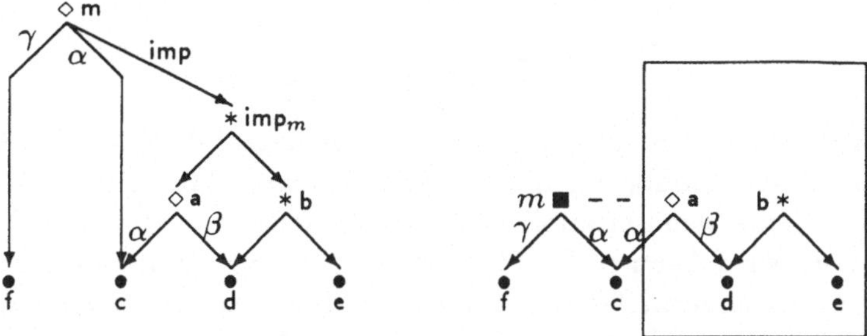

Abbildung 5.5: Einfaches und modulares Objektsystem im Vergleich

5.2.2 Modulare Objektsysteme

In einem umfangreichen einfachen Objektsystem, mit zahlreichen Beziehungen zwischen den Objekten, können implizite Lesesperren schnell eine große Menge von Entitäten erfassen. Dies wird dann hinderlich, wenn man von den Werten bestimmter Entitäten absehen könnte, weil sie eigentlich einer anderen Abstraktionsebene angehören. Die Existenz solcher Ebenen war der Grund für die Einführung der Modularisierung in Objektsysteme gewesen. Ebenfalls sehr schnell zunehmen kann – infolge der asymmetrischen Behandlung der Sperrmodi $r*$ und w – die Zahl der Warnsperren für den Schreibzugriff. Hier sollte man anehmen, daß man auch *beim Sperren* in höheren Abstraktionsebenen von Änderungen in niedrigeren Abstraktionsebenen absehen kann.

Beispiel 5.3 Ein kleines Beispiel soll verdeutlichen, in welcher Beziehung die modulare Abstraktion zur Synchronisierung nach dem HEL-Protokoll steht; analoge Überlegungen gelten auch für das MGL'-Protokoll. Abbildung 5.5 zeigt zwei Repräsentationen der gleichen Fakten, einmal als einfaches Objektsystem (links) und einmal als modulares Objektsystem (rechts). Im modularen Objektsystem sind die gegebenen Daten als Modulobjekt dargestellt; m hat die Attribute α und γ und die Implementation von m besteht aus den Objekten a, b, d und e. Wollte man die Zuordnung der Implementation zu m in einem einfachen Objektsystem modellieren, müßte man eine Repräsentation wie die links gezeigte wählen: m wird durch ein Tupelobjekt dargestellt mit den Attributen α und γ sowie einem neuen Attribut imp, welches sich auf die Menge imp_m bezieht. Letztere repräsentiert die "Implementation" von m. Bei dieser Transformation geht, wie schon in Kapitel 4 erwähnt wurde, die Information verloren, daß die Objekte in den Implementationen existenzabhängig von m sind. Man sieht leicht, was in beiden Fällen passiert, wenn die lineare Repräsentation von m gelesen werden soll. Beim einfachen Objektsystem ist das Ergebnis

$$[\alpha : \ldots, \gamma : \ldots, imp : \{[\alpha : \ldots, \beta : \ldots], \{\ldots, \ldots\}\}],$$

beim modularen Objektsystem nur

$$[\![\alpha : \ldots, \gamma : \ldots]\!].$$

Im einfachen Objektsystem kann der Benutzer die spezielle Bedeutung des Attributs *imp* nicht aus der Datenstruktur ableiten. Spätestens dann, wenn m implizit als Komponente eines anderen Objekts gelesen wird, kann er das Mitlesen der Implementationsobjekte auch nicht verhindern. Wird m zum Lesen gesperrt, so müssen auch die Kante *imp* und die von dort erreichbaren Kanten implizit zum Lesen gesperrt werden. Eine gleichzeitige Änderung in der "Implementation" durch eine andere Transaktion ist nicht möglich.

Im modularen Objektsystem ist aufgrund der strukturellen Konsistenzbedingungen (Def. 4.6) sichergestellt, daß keine Operation auf einem der Objekte in der Umgebung von m ein Objekt aus der Implementation von m involviert. Man sollte also dementsprechend Sperren in der Implementation prinzipiell unabhängig von Sperren in der Modulumgebung setzen dürfen – soweit keine gemeinsam referenzierten Objekte in der Modulumgebung betroffen sind. Das Synchronisierungsverfahren muß außerdem die Existenzabhängigkeit der Implementationsobjekte beachten, d.h. es muß das Löschen eines Modulobjekts verhindern, solange eine andere Transaktion auf Objekte der Implementation zugreift.

Umgekehrt würde eine Änderung in der Implementation von m, z.B. eine Änderung des Attributs β von a im einfachen Objektsystem unter Umständen eine sehr große Zahl von iw-Sperren erfordern, es müßten nämlich alle Wege von der Wurzel des Sperrgraphen nach m mit diesen Warnsperren belegt werden. Da aber a bei keiner Leseoperation auf einem Objekt außerhalb der Implementation von m erfaßt werden kann, sind die iw-Sperren außerhalb dieser Implementation unnötig. Verhindert werden muß wie gesagt nur das Löschen des Modulobjekts.

Das HEL-Protokoll läßt sich folgendermaßen an modulare Objektsysteme anpassen (gleiches gilt für das MGL'-Protokoll): Die unabhängige Manipulierbarkeit der Implementation eines Modulobjekts kann durch eine entsprechende Konstruktion des Sperrgraphen erreicht werden, indem man für jede Implementation eine separate Wurzel im Sperrgraphen einführt. Die Existenzabhängigkeit der Implementationsobjekte wiederum läßt sich durch eine Regel des Sperrprotokolls sichern, die festlegt, wann eine Transaktion mit dem Sperren an einer der Wurzeln beginnen darf.

Konstruktion des Sperrgraphen

Der Graph $G_O = (O_L, E_L)$ wird aus dem Objektgraphen des modularen Objektsystems (s. 4.2.2) auf ähnliche Weise wie im Falle einfacher Objektsysteme konstruiert, allerdings kommen noch zusätzliche Knoten und Kanten hinzu:

Definition 5.4 Sei O ein modulares Objektsystem, $OG = (O^+, E_O)$ dessen Objektgraph; ferner sei E_X genau die Menge der wie folgt definierten Kanten:

(a) Sei $o = (i_0, set, \{i_1, \ldots, i_n\}) \in O$ ein Mengenobjekt, dann ist $\langle o, i, \mathbf{null} \rangle \in E_X$ für alle $i = identifier(o')$ mit $o' \leq_{vis} o$ und $i \neq \mathbf{null}, i_0, i_1, \ldots, i_n$.

(b) Sei $o = (i_0, tuple, [\alpha_1 : i_1, \ldots, \alpha_n : i_n])$ bzw. $o = (i_0, module, [\![\alpha_1 : i_1, \ldots, \alpha_n : i_n]\!])$ ein Tupel- bzw. Modulobjekt, dann ist $\langle o, \alpha, \mathbf{null} \rangle \in E_X$ für alle $\alpha \in N$ mit $\alpha \neq \alpha_1, \ldots, \alpha_n$.

$G_O = (O_L, E_L)$ ist ein gerichteter Graph mit

$$\begin{aligned} O_L = O &\cup \{r_L\} \cup \{r_m, imp_m | m \in O \wedge type(m) = module\}, r_L, r_m, imp_m \notin O \\ E_L = E_O &\cup E_X \cup E_R \\ &\cup \{\langle m, "i_m", imp_m \rangle | m \in O \wedge type(m) = module\} \end{aligned}$$

wobei E_R eine der beiden Mengen

$$\begin{aligned} E_{\text{direkt}} &= \{\langle r_L, "i_o", o \rangle | o \in O \wedge scope(o) = \mathbf{null}\} \\ &\cup \{\langle r_m, "i_o", o \rangle | o \in O \wedge scope(o) = identifier(m)\} \\ E_{\text{indirekt}} &= \{\langle r_L, "i_o", o \rangle | o \text{ ist Wurzel in } OG \text{ mit } scope(o) = \mathbf{null}\} \\ &\cup \{\langle r_m, "i_o", o \rangle | o \text{ ist Wurzel in } OG \text{ mit } scope(o) = identifier(m)\} \end{aligned}$$

ist. □

Die Knoten r_L und r_m bilden nun Wurzeln für jeden einzelnen Gültigkeitsbereich. E_R enthält die Kanten von diesen Wurzeln zu Objekten des Gültigkeitsbereichs und ist wiederum in zwei Versionen E_{direkt} und E_{indirekt} angegeben. Die Kanten $\langle m, "i_m", imp_m \rangle$, die von jedem Modulobjekt ausgehen, sollen als Sperrvariable für die Modulimplementationen dienen und auf solche Weise die Sicherung der Existenzabhängigkeit der Implementationsobjekte unterstützen. Zu einem Knoten imp_m führt jeweils genau eine Kante – $\langle m, "i_m", imp_m \rangle$ –, d.h. imp_m ist von keiner Wurzel eines Gültigkeitsbereich direkt erreichbar. Ebenso wie bei einfachen Objektsystemen ist der Sperrgraph azyklisch, wenn der Objektgraph azyklisch ist.

Beispiel 5.4 Abbildung 5.6 zeigt den Objektgraphen für ein einfaches modulares Objektsystem (oben). Darunter sind die zugehörigen Graphen G_O für $E_R = E_{\text{indirekt}}$ (links) und $E_R = E_{\text{direkt}}$ (rechts) dargestellt, wobei jeweils eine Menge $N = \{\alpha, \beta, \gamma\}$ von Attributnamen angenommen wurde. Die von b zum Nullobjekt führenden Kanten sind mit a, c, f und m markiert.

Der Sperrgraph LG_O zu einem Zeitpunkt einer Abwicklung s wird wie in Definition 5.3 konstruiert. Die Sperrgraphvarianten sind auch einem für modulare Objektsysteme erweiterten MGL'-Protokoll zugrunde zu legen, wobei wiederum nur die Knoten des Graphen Sperren repräsentieren.

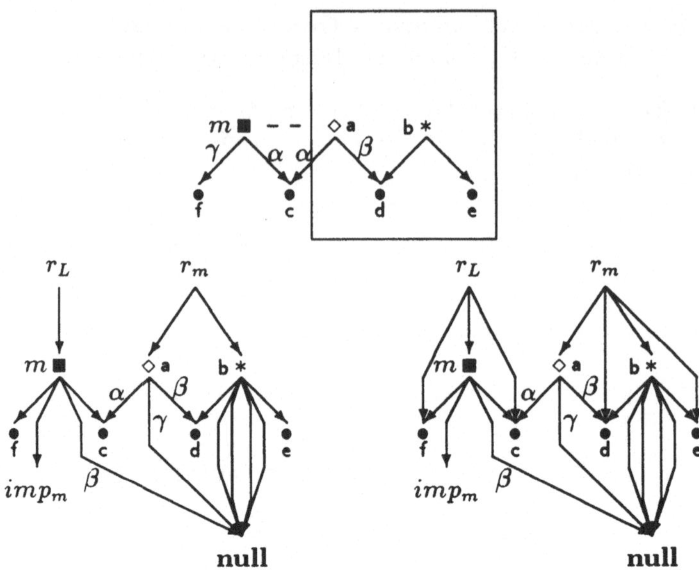

Abbildung 5.6: Objektgraph und zugehörige Sperrgraphen im Ruhezustand

Das Protokoll HEL$_m$

Das modifizierte Sperrprotokoll für eine Transaktion t auf modularen Objektsystemen lautet für einen gegebenen Zeitpunkt wie folgt:

(HEL$_m$-1) t darf eine Kante a des Objektgraphen nur dann lesen, wenn a im Modus ir oder r^* gesperrt und nur dann schreiben, wenn a im Modus w gesperrt ist. t darf einen Knoten x nur dann lesen, wenn x im Modus r^* gesperrt und nur dann schreiben, wenn x im Modus w gesperrt ist.

(HEL$_m$-2) t darf für eine Kante $\langle r_m, "i_x", x\rangle \in LG_O$ nur dann eine Sperre setzen, wenn t die Kante $\langle m, "i_m", imp_m\rangle$ mindestens mit ir gesperrt hat.

(HEL$_m$-3) t darf für eine Kante a in LG_O nur dann eine Sperre im Modus ir oder r^* setzen, wenn es keinen direkten Vorgänger von a gibt oder t für mindestens einen direkten Vorgänger von a eine Sperre im Modus ir oder iw hält.

(HEL$_m$-4) t darf für eine Kante a in LG nur dann eine Sperre im Modus iw oder w setzen, wenn t für alle direkten Vorgänger von a eine Sperre im Modus iw hält.

(HEL$_m$-5) Vor dem Lösen einer Sperre für eine Kante a in LG_O müssen alle Sperren auf den Nachfolgern von a gelöst sein.

(HEL$_m$-6) Nach dem Lösen einer Sperre dürfen keine neuen Sperren mehr gesetzt werden.

Das Protokoll heißt wiederum *strikt*, wenn alle Sperren bis zum Transaktionsende gehalten werden.

Regel HEL_m-2 sichert die Existenzabhängigkeit; sobald nämlich eine Transaktion t_1 Kanten in der Implementation eines Modulobjekts m sperrt, muß sie einen Pfad von der Wurzel des Gültigkeitsbereichs, in dem m liegt, bis imp_m mindestens mit ir gesperrt haben. Eine andere Transaktion t_2, die m löschen soll, müßte eine Kante dieses Pfades mit w sperren und würde wegen der Unverträglichkeit der Sperren verzögert werden. Soll das Sperren von $\langle m, "i_m", imp_m \rangle$ nur das Löschen des Modulobjekts m verhindern, dann genügt bereits der schwächste Sperrmodus ir. Die Transaktion t_1 kann in der Implementation von m mit der Abwicklung des Sperrprotokolls erneut beginnen, also auch jeden Sperrmodus stärker als ir verwenden.

Beispiel 5.5 (Fortsetzung von Beispiel 4.2) Abbildung 5.7 zeigt den Sperrgraphen mit direktem Zugriff zum Objektsystem aus Abbildung 4.4. Die Darstellung wurde der Übersichtlichkeit wegen wieder etwas vereinfacht.

1. Eine Transaktion t_1 soll die Beschreibung der Systemschnittstelle der Softwarekomponente CRDS lesen, beispielsweise um sie auf einem Terminal anzuzeigen. Gelesen werden soll also die lineare Repräsentation

   [❚ name: "CRDS",
   export:
   { [name: "Relation", type: "TYPE"],
   [name: "CreateRel", type: "PROCEDURE"],
   [name: "DeleteRel", type: "PROCEDURE"] } ❚]

   des Modulobjekts o_1, d.h. außer o_1 insgesamt 11 Objekte. Es genügt, wenn t_1 die Sperroperation

   $$r^*l((r_L, "i_1"))$$

   ausführt, um den Tiefenwert von o_1 zu sperren.

2. Eine Transaktion t_2 soll eine Änderung der Konfiguration des Systems CRDS in die Datenbank eintragen, also die Implementation von o_1 ändern, und zwar soll das Softwaremodul Types entfernt und die Definition des Typs Relation vom Softwaremodul ITMS zur Verfügung gestellt werden. Die benötigten Sperren können durch die Operationen

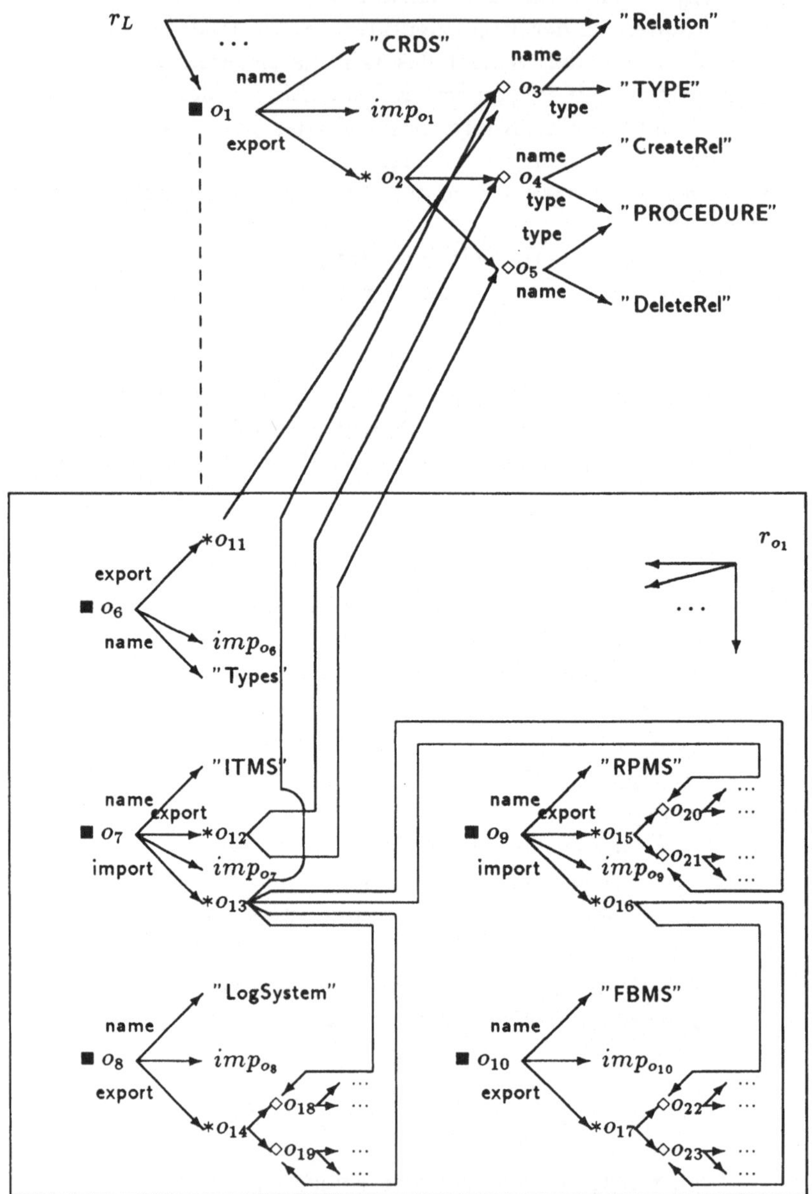

Abbildung 5.7: Sperrgraph für ein modulares Objektsystem

Sperroperation	*gesperrteKante*
$irl((r_L, "i_1"))$	$\langle r_L, "i_1", o_1\rangle$
$irl((o_1, "i_1"))$	$\langle o_1, "i_1", imp_{o_1}\rangle$
$wl((r_{o_1}, "i_6"))$	$\langle r_{o_1}, "i_6", o_6\rangle$
$wl((r_{o_1}, "i_{11}"))$	$\langle r_{o_1}, "i_{11}", o_{11}\rangle$
$wl((r_{o_1}, "i_{30}"))$	$\langle r_{o_1}, "i_{30}", o_{30}\rangle$
$wl((o_6, export))$	$\langle o_6, export, o_{11}\rangle$
$wl((o_6, name))$	$\langle o_6, name, o_{30}\rangle$
$iwl((r_{o_1}, "i_7"))$	$\langle r_{o_1}, "i_7", o_7\rangle$
$iwl((o_7, export))$	$\langle o_7, export, o_{12}\rangle$
$iwl((r_{o_1}, "i_{12}"))$	$\langle r_{o_1}, "i_{12}", o_{12}\rangle$
$wl((o_{12}, "i_3"))$	$\langle o_{12}, "i_3", \mathbf{null}\rangle$

gesetzt werden. Nach ihrer Ausführung sind die Knoten o_6, o_{11}, o_{30} ("Types") und die Kanten $\langle o_{11}, "i_3", o_3\rangle$ und $\langle o_6, "i_6", imp_{o_6}\rangle$ des Sperrgraphen implizit zum Schreiben gesperrt. Implizit zum Lesen gesperrt sind alle von o_6 erreichbaren Knoten.

3. Eine Transaktion t_3 soll die $o_3.name$ zugeordnete Zeichenkette ändern (beispielsweise weil die durch o_3 beschriebene Typdefinition einen neuen Namen erhalten hat). t_3 muß dafür alle Wege im Sperrgraphen, die zu o_3 führen, sperren; dazu gehören auch Kanten in der Implementation von o_1:

Sperroperation	*gesperrteKante*
$iwl((r_L, "i_1"))$	$\langle r_L, "i_1", o_1\rangle$
$iwl((o_1, export,))$	$\langle o_1, export, o_2\rangle$
$iwl((r_L, "i_2"))$	$\langle r_L, "i_2", o_2\rangle$
$iwl((o_2, "i_3"))$	$\langle o_2, "i_3", o_3\rangle$
$iwl((r_L, "i_3"))$	$\langle r_L, "i_3", o_3\rangle$
$irl((o_1, "i_1"))$	$\langle o_1, "i_1", imp_{o_1}\rangle$
$iwl((r_{o_1}, "i_6"))$	$\langle r_{o_1}, "i_6", o_6\rangle$
$iwl((r_{o_1}, "i_7"))$	$\langle r_{o_1}, "i_7", o_7\rangle$
$iwl((o_6, "export"))$	$\langle o_6, "export", o_{11}\rangle$
$iwl((o_7, "import"))$	$\langle o_7, "import", o_{13}\rangle$
$iwl((o_{11}, "i_3"))$	$\langle o_{11}, "i_3", o_3\rangle$
$iwl((o_{13}, "i_3"))$	$\langle o_{13}, "i_3", o_3\rangle$
$wl((o_3, name))$	$\langle o_3, name, o_{25}\rangle$

t_1 und t_2 stehen nicht miteinander in Konflikt und können daher simultan ausgeführt werden. t_1 "sieht" Änderungen in der Implementation von o_1 nicht, da im Wert von o_1 von der Implementation abstrahiert wird. Wäre die Softwarekonfiguration in einem nichtmodularen Objektsystem repräsentiert worden, mit $\mathbf{imp}(o_1)$ als Komponente eines *Tupelobjekts* o_1, dann ständen beide Transaktionen miteinander in Konflikt, weil t_1 implizit die gesamte Implementation gesperrt hätte.

t_1 und t_3 und auch t_2 und t_3 stehen hingegen jeweils in Konflikt miteinander, da sie die Kante $\langle o_3, name, o_{25}\rangle$ in unverträglichen Modi sperren müssen.

Vergleicht man die beiden Protokolle HEL und HEL_m miteinander, so sieht man, daß HEL_m eine Restriktion von HEL ist. Bis auf die Regel HEL_m-2 sind beide Protokolle identisch. HEL_m-2 schränkt lediglich die Menge der möglichen Zeitpunkte ein, zu denen eine Transaktion mit dem Sperren an einer der Wurzeln r_m beginnen kann. Da die Sicherheit von HEL allgemein für gerichtete azyklische Graphen gegeben ist, gilt offensichtlich auch

Satz 5.3 Jede zulässige Abwicklung nach dem HEL_m-Protokoll ist serialisierbar. □

Regel HEL_m-2 schließt bei Objektsystemen, die Modulobjekte enthalten, Abwicklungen der Form

$$\ldots ol_{ij}((x,\lambda))\ldots ol_{ik}((m,"i_m"))\ldots, o \in \{ir, iw, r^*, w\}$$

mit *scope(x)* = *identifier(m)* aus. Bei Anwendung des Protokolls HEL auf dieselben Objektsysteme würde also gelten $\mathcal{C}(\text{HEL}_m) \subset \mathcal{C}(\text{HEL})$, d.h. HEL_m hat in diesem Fall einen geringeren Parallelitätsgrad. HEL würde aber die oben erwähnte Existenzabhängigkeit nicht berücksichtigen; die Einschränkung ist also begründet. Ein Gewinn an Parallelität ergibt sich jedoch - wie man auch anhand der Transaktionen t_1 und t_2 in Beispiel 5.5 sehen konnte - durch die Modularisierung der Objektsysteme gegenüber einfachen Objektsystemen, die die gleichen Daten repräsentieren.

5.3 Integration in geschachtelte Transaktionen

Wie in Abschnitt 3.2 deutlich wurde, dient die Schachtelung von Transaktionen in Entwurfsanwendungen auch anderen Zwecken als der Synchronisierung. Es ist zu erwarten, daß einzelne Transaktionen in einem Baum von Entwurfstransaktionen keine Synchronisierungsfunktion haben. Bei der folgenden Diskussion der Einbettung des Protokolls HEL_m in geschachtelte Transaktionen sehen wir von solchen Transaktionen ab, d.h. wir behandeln nur die Schachtelung von Transaktionen, die zugleich Synchronisierungseinheiten bilden.

Eine Methode zur Integration des klassischen 2PL-Protokolls in geschlossen geschachtelte Transaktionen wurde bereits in Kapitel 3 mit dem Protokoll MOS bzw. 2PL_n nach *Moss* vorgestellt. [Härder, Rothermel 1987b] schlagen eine Einbettung des MGL-Protokolls in geschachtelte Transaktionen nach der gleichen Technik vor. Wir stellen ein entsprechendes Protokoll deswegen hier nur noch kurz dar.

Die beiden zugrunde liegenden Prinzipien bei *Moss* sind die Aufwärtsvererbung der Sperren einer Subtransaktion an ihren Vorgänger und der Erwerb der von einer Transaktion gehaltenen Sperren durch ihre Nachfolger. Setzt man wie in Kapitel 3 voraus, daß eine Transaktion entweder nur Subtransaktionen oder nur einfache Operationen enthält, dann läßt sich das Protokoll HEL_m nach dem gleichen Schema in geschachtelte Transaktionen einbetten:

(NEST-1) Jede Blatttransaktion[14] folgt dem strikten HEL_m-Protokoll.

(NEST-2) Eine Blatttransaktion t darf eine Sperre a nur dann setzen, wenn alle unverträglichen Sperren für a von Vorgängern von t gehalten werden.

(NEST-3) (MOS-4) Schließt eine Wurzeltransaktion ab, so werden alle Sperren, die die Transaktion hält, freigegeben. Schließt eine andere Transaktion t ab, so erbt der Vorgänger von t alle Sperren, die t hält. Hält der Vorgänger bereits eine Sperre für eine Entität, so wird der stärkere Sperrmodus beibehalten[15].

(NEST-4) (MOS-5) Bricht eine Transaktion t ab (abort), so werden ihre Sperren freigegeben. Sperren, die von Vorgängern von t für die entsprechenden Entitäten gehalten werden, bleiben bestehen.

Da das strikte HEL_m-Protokoll durch ein striktes 2PL-Protokoll ersetzt werden kann (s. Beweis zu Satz 5.2), gilt der Beweis zu Satz 3.3 analog, d.h. jede zulässige hierarchische Abwicklung nach dem Protokoll NEST ist konfliktserialisierbar.

In einer Entwurfsumgebung wird man den unbeschränkten Erwerb von Sperren einer Vorgängertransaktion (Regeln NEST-2 bzw. MOS-2 und MOS-3) nicht ohne weiteres zulassen [Härder, Rothermel 1987b]. Der Erwerb von Sperren ist gleichbedeutend mit einer Weitergabe des Verfügungsrechts über die gesperrten Entitäten[16]. Die Weitergabemöglichkeiten sind aber in der Regel an Kooperationsstrukturen gebunden, d.h. man wird sie unter Umständen einschränken wollen.

Beispiel 5.6 Ein kleines Beispiel soll das erläutern: t_1 sei eine Transaktion innerhalb eines Baums von Entwurfstransaktionen, die das Modulobjekt o_1 aus Beispiel 4.2/5.5 erzeugen soll. Diese Aufgabe werde von der Subtransaktion t_{11} übernommen, die – beispielsweise – einem einzelnen Mitarbeiter zugeordnet sein könnte. t_{11} erzeugt die Objekte $o_1, \ldots, o_5$ und die als Komponenten enthaltenen atomaren Objekte "CRDS", "Relation", "TYPE" etc. – also die Schnittstellenbeschreibung des Softwaresystems "CRDS". Die Implementation von o_1 bleibt leer. Beim Abschluß hält t_{11} explizite und implizite Schreibsperren für alle Kanten des Sperrgraphen, die zu den neu erzeugten Objekten führen, u.a. auch für die Kanten, die in o_3, o_4 und o_5 enden. Die Sperren werden an t_1 vererbt. Das Erzeugen der Objekte in der Implementation des Modulobjekts o_1 soll an

[14] Jede Transaktion, die nur einfache Operationen enthält

[15] Der Modus r^*iw erweist sich für diese Regel als sehr günstig, da er genau die Kombination der beiden nicht vergleichbaren Modi r^* und iw darstellt. Andernfalls wäre der stärkere Sperrmodus w gewesen, d.h.der Vorgänger hätte seine Sperre verschärfen müssen.

[16] Bei Verwendung des *checkout/checkin*-Verfahrens ist er direkt gekoppelt mit der Weitergabe von Datenkopien.

die Subtransaktion t_{12} "delegiert" werden. Diese Transaktion mag einer *Gruppe* von Mitarbeitern zugeordnet sein, selbst also wieder aus Subtransaktionen bestehen, die einzelne Mitarbeiter repräsentieren. t_{12} muß mindestens die Objekte o_3, o_4 und o_5 lesen können, da diese als Komponenten von Implementationsobjekten benötigt werden. Laut Sperrprotokoll kann t_{12} entsprechende Sperren setzen, denn der Vorgänger t_1 hält diese Sperren im Schreibmodus. Nach dem Protokoll könnte t_{12} aber sogar die *Schreib*sperren von t_1 erwerben und das wird man in einem Fall wie diesem eher verhindern wollen.

[Härder, Rothermel 1987b] führen aus diesem Grund eine *kontrollierte Abwärtsvererbung* in das Protokoll von *Moss* ein. Ihr Prinzip besteht darin, zu unterscheiden zwischen

(a) den Modi der Sperren, die eine Transaktion *hält* und

(b) den Modi, in denen ihre Subtransaktionen diese Sperren *erwerben* können.

Letztere seien hier als *Übertragungsmodi* bezeichnet. Die Übertragungsmodi können schwächer sein, als die ursprünglichen Modi. Auf diese Weise wäre das oben im Beispiel geschilderte "Delegationsproblem" lösbar.

[Härder, Rothermel 1987b] übernehmen in ihrem Vorschlag die Unterscheidung von *gehaltenen* und *bewahrten* Sperren, wie sie in dem Protokoll aus [Moss 1981] zu finden ist (s. 3.1.2). Allerdings kann nunmehr eine Transaktion eine Sperre zugleich bewahren und halten, und zwar in verschiedenen Modi. Die Sperren, die eine Transaktion t von ihren Nachfolgern erbt, werden weiterhin bewahrt. Bewahrte Sperren kann t anschließend "abschwächen" (downgrade) und das heißt hier: die Sperre wird von t im ursprünglichen Modus weiterhin bewahrt, aber auch gleichzeitig im schwächeren Modus *gehalten*. Subtransaktionen von t können von t bewahrte Sperren nur noch in einem Modus erwerben, der mit der gehaltenen Sperre verträglich ist. Für die Sperrmodi r und w des Protokolls MOS′ (3.1.2) würden die entsprechenden Regeln modifiziert lauten

(MOS-2′) Eine Transaktion t darf eine r-Sperre für eine Entität x nur dann setzen, wenn

- keine Transaktion eine w-Sperre für x *hält* und
- alle Transaktionen, die eine w-Sperre für x *bewahren*, Vorgänger von t sind.

(MOS-3′) Eine Transaktion t darf eine w-Sperre für eine Entität x nur dann setzen, wenn

- keine Transaktion eine Sperre für x *hält* und
- alle Transaktionen, die eine Sperre für x *bewahren*, Vorgänger von t sind.

Das gleiche Verfahren wenden [Härder, Rothermel 1987b] auch auf das MGL-Protokoll in geschachtelten Transaktionen an. Hier muß zusätzlich sichergestellt werden, daß beim Abschwächen die Sperren auf nachfolgenden Knoten des Sperrgraphen gleichfalls abgeschwächt werden, weil sonst die Voraussetzungen des Verträglichkeitstests verletzt wären. Übertragen auf obiges Beispiel hieße das, t_1 würde seine Sperren im Modus w bewahren und im abgeschwächten Modus r halten. Die Subtransaktion t_{12} könnte dann nur noch Sperren in den Modi ir oder r von t_1 erwerben.

Die von den Subtransaktionen erwerbbaren Sperren werden bei diesem Vorgehen indirekt festgelegt durch die Verträglichkeit mit den gehaltenen Sperren. Ebenso ist natürlich vorstellbar, daß eine Transaktion direkt den stärksten Modus vorgibt, den eine ihrer Subtransaktionen für eine Entität erwerben darf.

Die Schachtelung von Transaktionen dient in Entwurfsumgebungen – wie besonders bei dem Modell von [Bancilhon, Kim, Korth 1985] deutlich wurde – der Modellierung von Organisations- bzw. Kooperationsstrukturen. Mit der Einführung von Abstraktionsebenen im Datenmodell steht neben der Transaktionshierarchie eine zweite, von ihr unabhängige Hierarchie zur Verfügung, die für die gleichen Zwecke herangezogen werden kann. Während man mit geschachtelten Transaktionen dynamische Aspekte eines Entwicklungsprojekts repräsentieren kann, lassen sich mit Hilfe der Modularisierung statische, die Organisation der Daten betreffende Aspekte abbilden. Geschachtelte Transaktionen führen eine sukzessive Zerlegung des Entwurfsablaufs in seine Teilschritte ein. Soweit die Transaktionen zugleich Synchronisierungseinheiten sind, weisen die Teilschritte eine Atomaritätseigenschaft auf und induzieren dadurch eine – ebenfalls hierarchische – Sichtbarkeitsbeziehung *zwischen Objekten und Transaktionen.* Mit Hilfe der Modularisierung von Objektsystemen läßt sich eine sukzessive Zerlegung des Entwurfszieles – als Objektmenge betrachtet – in unabhängig voneinander bearbeitbare Teilziele durchführen. Dadurch wird gleichfalls eine hierarchisch strukturierte Sichtbarkeitbeziehung definiert[17], die in diesem Falle jedoch eine Beziehung *zwischen Objekten* ist.

Elemente beider Hierarchien können miteinander zur Deckung gebracht werden. So wäre die Assoziation eines Modulobjekts m mit einer Transaktion t denkbar, in der t den Zugriff auf die Schnittstelle von m kontrolliert und insbesondere den Zugang zur Implementation von m blockiert, während Subtransaktionen von t in der Implementation arbeiten. Die Transaktion t würde hier die Aufgabe einer Organisationseinheit übernehmen, die mit der Realisierung eines Teilzieles – vertreten durch das Modulobjekt – befaßt ist. Die Konfliktmöglichkeiten mit anderen Entwurfstransaktionen sind durch die Modularisierung bereits eingeschränkt; die interne Realisierung des Teilzieles wird durch eine Menge von Subtransaktionen übernommen. Auf diese Weise würden organisatorische Zielsetzungen beider Hierarchien in gewisser Weise in Übereinstimmung gebracht. Eine *obligatorische* Verküpfung von Transaktionen und Modulobjekten bzw. deren Gültigkeitsbereichen erscheint jedoch zu restriktiv, da beide Hierarchien auch noch unterschiedliche Aspekte des Entwurfs beschreiben.

[17] die Relation $\leq_{vis}$ aus Kapitel 4.

5.4 Diskussion

Ausgehend vom MGL-Protokoll wurden in diesem Kapitel Sperrprotokolle für modulare Objektsysteme entwickelt. Grundlagen waren eine Betrachtung der Eigenschaften des MGL-Protokolls bei der Anwendung auf einfache Objektsysteme – die als exemplarisches Datenmodell für komplexe Objekte dienen – und die Berücksichtigung der durch die Einführung von Modulobjekten gegebenen strukturellen Konsistenzbedingungen.

5.4.1 Die Sperrprotokolle

Am Beispiel einer ad-hoc-Anwendung des MGL-Protokolls auf ein einfaches Objektsystem zeigt sich, daß Objekteigenschaften bei der Synchronisierung nicht nur unberücksichtigt bzw. unausgenutzt bleiben, sondern bei einer naiven Anwendung des Protokolls auch zu einer inkorrekten Abwicklung führen können. Voraussetzung für eine korrekte Anwendung des Protokolls und für seine Weiterentwicklung ist eine präzise Bestimmung der Beziehungen zwischen den Entitäten der Datenbank und den ihnen zugeordneten Sperren sowohl unter statischen als auch unter *dynamischen* Gesichtspunkten.

Für die Protokolle wird ein entsprechend konstruierter dynamischer Sperrgraph in zwei Versionen verwendet. Zum Sperren in einfachen Objektsystemen dienen die beiden Protokolle MGL′ und HEL. In MGL′ ist die kleinste Sperreinheit ein Objekt des Objektsystems. Im Protokoll HEL werden Sperren nicht nur mit Objekten assoziiert, sondern auch mit Beziehungen zwischen Objekten; das gestattet ein partielles Sperren von Objekten. Die kleinste Sperreinheit ist eine Objektkomponente; der Parallelitätsgrad ist deswegen höher als der des MGL′-Protokolls.

Der Übergang zu Kantensperren nimmt einem bei gegebenem Sperrgraphen zunächst die Möglichkeit, das gesamte Objektsystem mit einer einzigen Sperre zu sperren. Allerdings ist dies kein grundsätzlicher Mangel; ihm kann mit Einführung zusätzlicher "Wurzelkanten" abgeholfen werden.

Bei einem Sperrgraphen ohne direkten Zugriff kann die Erhöhung des Parallelitätsgrades durch die Verwendung von Kantensperren einige zusätzliche *iw*-Sperren beim Schreiben erfordern, nämlich dann, wenn die Zahl der Vorgängerkanten größer wird, als die Zahl der Vorgängerknoten. In der Regel dürfte der Unterschied jedoch gering sein, so daß das HEL-Protokoll dem MGL′-Protokoll bei vergleichbarem Sperraufwand überlegen ist.

Anders ist die Situation bei Verwendung eines Sperrgraphen mit direktem Zugriff. Während der Sperraufwand beim MGL′-Protokoll unverändert bleibt, erfordert das HEL-Protokoll hier erheblich mehr Sperren für einen Schreibzugriff. Ursache dafür sind die von der Wurzel r_L ausgehenden Kanten zu jedem Objekt, die unter HEL alle einzeln gesperrt werden müssen. Angenommen, zum Sperren eines Knotens x im Modus w seien bei einem Sperrgraphen ohne direkten Zugriff unter HEL n_x Sperren erforderlich; L sei die Menge der auf den so gesperrten Wegen liegenden Knoten ohne r_L und $R \subseteq L$ enthalte die Knoten, die Wurzeln des Objektgraphen bilden. Zum Sperren von x in einem Sperrgraphen mit direktem Zugriff würden dann $n_x + |L| - |R|$ Sperren erforderlich sein. Wenn die Knoten in L im Objektgraphen beispielsweise eine Kette bilden, so bedeutet dies nahezu eine Verdoppelung der benötigten Sperren. Der Preis für die Erhöhung des Parallelitätsgrades durch die Verwendung von Kantensperren kann also sehr hoch sein.

Mit der Einführung von Modulobjekten in Objektsystemen sind zusätzliche strukturelle Konsistenzbedingungen gegeben, die bei der Synchronisierung ausgenutzt werden können. Das ist sowohl unter dem Protokoll HEL_m als auch unter einem entsprechend angepaßtem Protokoll "MGL_m" möglich. Damit lassen sich nun durch die Verwendung von Modulobjekten zwei ungünstige Auswirkungen des Sperrens in einfachen Objektsystemen begrenzen:

- Modulimplementationen bilden eine Grenze für die Reichweite impliziter Sperren; davon sind insbesondere die Lesesperren mit ihrer großen Reichweite betroffen. Das Sperrverfahren spiegelt so die Abstraktion von dem "internen Zustand" eines Modulsobjekts wider und erlaubt in kontrollierter Weise simultane Änderungen des Modulobjekts und seiner Implementation.

- Einen anderen Ausdruck findet die Abstraktionsfunktion von Modulobjekten bei Schreiboperationen. Für Änderungen innerhalb einer Modulimplementation müssen die *iw*- und *w*-Sperren auch nur innerhalb der Implementation gesetzt werden; außerhalb genügen *ir*- bzw. *r*-Sperren, für die die Sperrbedingungen jeweils nur einen Vorgänger vorschreiben. Bei einer starken Modularisierung der Daten kann dies zu einer deutlichen Verringerung der benötigten Sperren führen.

Ein Vergleich der Protokolle HEL_m und MGL_m führt zunächst zu den gleichen grundsätzlichen Feststellung, wie sie oben schon in Zusammenhang mit einfachen Objektsystemen gemacht wurden. Bei Zugrundelegung eines Sperrgraphen ohne direkten Zugriff weist HEL_m einen höheren Parallelitätsgrad bei vergleichbarem Sperraufwand auf. Bei Verwendung eines Sperrgraphen mit direktem Zugriff steigt der durch HEL_m verursachte Sperraufwand für Schreibzugriffe. Allerdings kann dieser nun mit Hilfe der Modularisierung in gewissem Umfang kontrolliert werden, da die ungünstigen Sperrbedingungen für die Modi *iw* und *w* wie oben erwähnt nur innerhalb einer Modulimplementation gelten. Die Einführung von Modulobjekten wirkt sich also unter beiden Protokollen und mit beiden Versionen des Sperrgraphen vorteilhaft aus. Von den beiden Maßnahmen der Einführung von Kantensperren und der Ausnutzung der Modularisierung ist daher die letztere als die wichtigere anzusehen.

Neben cartesischem Produkt und Mengenbildung stellt die Modularisierung (bzw. die strukturell etwas allgemeinere molekulare Aggregation) eine dritte Form der Aggregation von Objekten dar. Während man bei den beiden ersten von einer Abstraktion nur in Bezug auf die Tiefenstruktur eines Objekts reden kann (es wird die Zusammenfassung von Objekten zu *einem* zusammengesetzten Objekt modelliert), wird durch die Modularisierung eine explizite Datenabstraktion eingeführt (es wird ein "Innen" und ein "Außen" unterschieden). Zwar wird die Existenz einer solchen Abstraktionsbeziehung im Zusammenhang mit komplexen Objekten in der Literatur häufiger festgestellt und mit dem Übergang zu objektorientierten Datenmodellen taucht sie auch als Bestandteil des Datenmodells auf, ein Zusammenhang zwischen der Abstraktionsbeziehung und der Synchronisierung ist jedoch bislang nicht hergestellt worden.

5.4.2 Grenzen des Ansatzes

Auch das Sperren nach dem HEL- bzw. HEL_m-Protokoll basiert noch auf der Annahme, daß die Dateneinheiten in einer hierarchisch verfeinerbaren Granularität vorliegen. In Objektsystemen ist diese Annahme mit einigen Ausnahmen bei lesenden Zugriffen auf Objekte erfüllt; das Lesen eines Objekts geht hier mit dem Lesen aller Komponentenobjekte einher. (Schreiboperationen betreffen hingegen einzelne Objekte und deren Beziehungen zu anderen, wobei das Löschen von Modulobjekten eine Ausnahme bildet, weil es auch das Löschen der Objekte in der Modulimplementation erfordert.) Komponentenbeziehungen sind ein typischer Bestandteil von Modellen für komplexe Objekte. Das macht es wahrscheinlich, daß man in solchen Modellen auch eine Granularitätshierarchie vorfinden wird.

Eine Einschränkung für die Anwendbarkeit der Protokolle, einschließlich des MGL'-Protokolls, bildet die Forderung nach Azyklizität des Sperrgraphen. In einigen Objektmodellen werden zyklische Beziehungen zwischen Objekten zugelassen. Hier müßten auf der Protokollseite Regeln zum Behandeln von Zyklen eingeführt werden.

Die Implementationen von Modulobjekten wurden in Kapitel 4 als disjunkte Mengen eingeführt[18]. Das ist eine sehr starke Einschränkung, die beispielsweise für die molekularen Objekte von [Batory, Buchmann 1984] nicht gilt. Sinnvolle Anwendungen für nicht-disjunkte Modulimplementationen lassen sich durchaus vorstellen. Der Sperrgraph für entsprechende Objektsysteme wäre leicht zu konstruieren; zuvor müßte jedoch die Rolle solcher modularen Strukturen in einem Objektmodell überdacht werden.

Nicht betrachtet wurden in dieser Arbeit andere Arten von Beziehungen zwischen Objekten, wie etwa Generalisierungsbeziehungen nach [Smith, Smith 1977a] oder die Beziehungen zwischen Klassen und zwischen Klassen und ihren Instanzen in objektorientierten Systemen. Auf welche Weise diese Beziehungen bei der Synchronisierung zu behandeln sind, bedürfte noch einer näheren Untersuchung. Das im Datenbanksystem ORION zum Sperren von Klassen und Instanzen eingesetzte Protokoll (s.u.) macht teilweise den Eindruck einer ad-hoc-Lösung.

---

[18] Ein Objekt kann nur in einer Implementation enthalten sein.

5.4.3 Vergleichbare Verfahren

Ausführlichere Angaben zum Sperren komplexer Objekte finden sich bei [Haskin, Lorie 1982], [Herrmann 1990] und für die Systeme R^2D^2, *GemStone* und *ORION*. Keines der Verfahren beschäftigt sich im Zusammenhang mit Synchronisierung mit Abstraktionsebenen, wie sie in dieser Arbeit durch die Modularisierung oder bei [Batory, Buchmann 1984] durch die molekulare Aggregation eingeführt werden, obgleich die objektorientierten Datenmodelle von GemStone oder ORION solche Ebenen abbilden können. Ein Grund dafür mag sein, daß die meisten Verfahren sich auf die physische Repräsentation der Objekte beziehen, die Abstraktionsebenen in der Regel nicht als eigenständiges Konstrukt enthalten.

[Haskin, Lorie 1982] übernehmen für ihre Erweiterung des *System R* das MGL-Protokoll unverändert und führen durch normalisierte Relationen repräsentierte komplexe Objekte als eine weitere Granularitätsebene in das Sperrgraphenschema ein (s.a. 5.1); das Sperrverfahren arbeitet auf der Ebene der relationalen Repräsentation der Objekte. Objekte sind in dieser Sicht Mengen von Tupeln verschiedener Relationen; gesperrt werden können entweder nur ganze Objekte oder einzelne Tupel ihrer relationalen Repräsentation. Offenbar gelten auch nur die durch die Wurzeltupel *identifizierbaren* Objekte als Sperreinheiten, d.h. die interne Struktur solcher Objekte findet bei diesem Vorgehen keine Berücksichtigung. Eine der Modularisierung ähnliche Möglichkeit der Modellierung von Abstraktionsebenen gibt es nicht.

Im System R^2D^2 [Dürr, Kemper 1988] wurde das MGL-Protokoll ebenfalls nahezu unverändert übernommen; eine Abweichung stellt lediglich der zusätzliche Sperrmodus *dr* (dirty read) dar, mit dem jede andere Sperre umgangen werden kann. Im Unterschied zu dem Ansatz von *Haskin/Lorie* ist als komplexes Objekt in R^2D^2 jeweils *ein* Tupel einer NF^2-Relation definiert. Eine Komponente eines Objekts wird durch ein einfaches Attribut oder durch eine Subrelation (ein relationenwertiges Attribut) dargestellt. Der Sperrgraph beschreibt die Schachtelungsstruktur der Relationen eines solchen NF^2-Tupels und bildet dementsprechend stets eine Baumstruktur; die Struktur der zur Repräsentation von Objekten verwendeten Relationen fällt mit der Struktur der Objekte zusammen. Nicht-disjunkte Objekte und unabhängig existierende Subrelationen können hier nicht auftreten. Diese Einschränkungen haben zur Folge, daß die Einführung von Kantensperren in diesem Kontext keine Vorteile erbringen würde; die Komponentenbeziehung in einer NF^2-Relation läßt sich nicht unabhängig von den Komponenten manipulieren. Eine der Modularisierung ähnliche Möglichkeit der Modellierung von Abstraktionsebenen gibt es nicht.

Bei [Herrmann 1990] werden komplexe Objekte auf der Speicherungsebene ebenfalls durch NF^2-Relationen repräsentiert. Allerdings werden auch nicht-disjunkte Objekte zugelassen; gemeinsam benutzte Teilobjekte sind dabei jeweils als separate Relationen modelliert, d.h. ein Objekt kann durch Tupel mehrerer Relationen dargestellt sein. Als Sperrverfahren wird ein modifiziertes MGL-Protokoll auf den Relationen eingesetzt, also wiederum auf der Ebene der physischen

Repräsentation der Objekte. Der Sperrgraph[19] beschreibt die Granularitätshierarchie der Datenbank und bildet eine Baumstruktur mit der Datenbank als Wurzel. Ein komplexes Objekt wird in diesem Baum im allgemeinen durch mehrere Teilbäume repräsentiert, da Teilobjekte unter Umständen in separaten Relationen gespeichert sind (s.o.). Die Beschränkung auf Baumstrukturen erlaubt natürlich die Verwendung einfacherer Sperrbedingungen; sie erfordert im Gegenzug zusätzliche Protokollregeln für nicht-disjunkte Objekte, da diese sich nicht durch Baumstrukturen darstellen lassen. Diese Regeln erhöhen die Zahl der benötigten Sperren gleichermaßen für Lese- und Schreibzugriffe. Die Anzahl der zusätzlichen Sperren ist proportional zur Anzahl der gemeinsamen Teilobjekte. Wie bei [Gray et al. 1976] werden die Indizes mit in die Sperrgraphen einbezogen. Das ist einerseits ein naheliegendes Vorgehen, weil Indizes zur physischen Repräsentation gerechnet werden können. Andererseits wäre gerade in diesem Zusammenhang zu fragen, ob es sich eventuell lohnt, spezialisierte Verfahren für Suchstrukturen (s. 2.2.1) einzusetzen. Die Theorie der geschachtelten Transaktionen würde hier eine auch formal abgesicherte Handhabe für die Integration solcher Verfahren bieten.

Komplexe Objekte werden bei [Herrmann 1990] auf der Grundlage der in [Batory, Buchmann 1984] eingeführten Terminologie für molekulare Objekte klassifiziert. Interessanterweise findet jedoch die molekulare Aggregation keine Berücksichtigung als eigenständige Aggregationsform. Demzufolge gibt es in diesem Modell nicht die Unterscheidung von Schnittstellen- und Implementationsbeschreibungen von Objekten, d.h. für die Synchronisierung nutzbare Abstraktionsebenen sind auch hier nicht gegeben.

GemStone ist ein objektorientiertes Datenbanksystem, in dem optimistische Synchronisierung [Kung, Robinson 1977] und pessimistische Synchronisierung durch Sperren nebeneinander verwendet werden [Penney, Stein, Maier 1987]. Objekte sind in GemStone in sogenannte *Segmente* unterteilt; die Synchronisierung erfolgt auf Segmentebene. Dies wird als Kompromiß bei der Wahl einer geeigneten Granularität betrachtet. Die Anwendung des multigranularen Sperrens wird als undurchführbar erachtet; die Gründe dafür scheinen allerdings in implementationstechnischen Beschränkungen zu liegen. Gegen das implizite (Mit-) Sperren von Komponenten eines Objekts wird außerdem eingewandt, daß dabei mehr Objekte als erforderlich gesperrt werden könnten. In der vorliegenden Arbeit werden aus diesem Grunde die Modulobjekte für die Synchronisierung ausgenutzt. Das Beispielproblem, das bei [Penney, Stein, Maier 1987] zur Unterstützung dieses Arguments dient, läßt sich durch die Einführung von Abstraktionsebenen lösen.

In erheblich modifizierter und erweiterter Form findet das MGL-Protokoll auch im Datenbanksystem *ORION* Verwendung [Kim et al. 1987], [Garza, Kim 1988]. Das dort benutzte Verfahren stellt eine Mischung aus expliziten und impliziten, granularitätsorientierten Sperren dar. Die Veränderungen gegenüber dem ursprünglichen Protokoll erklären sich zum Teil aus dem verwendeten Datenmodell, welches von objektorientierten Sprachen übernommen wurde: Ein

[19]Der Begriff *Sperrgraph* wird bei [Herrmann 1990] in einem anderen Sinne verwendet, als hier.

Objekt ist eine *Instanz* (instance) einer Klasse. Die Klassen sind in einer Vererbungshierarchie angeordnet. Der Zustand einer Instanz wird durch eine Menge von Variablen (instance variables) beschrieben, deren Werte entweder einfache Werte (wie z.B. **integer**) oder Referenzen auf andere Instanzen sein können[20]. Unter diesen Referenzen haben die sogenannten IS-PART-OF-Verweise eine spezielle Semantik. Eine Instanz kann durch höchstens einen IS-PART-OF-Verweis referenziert werden und ist dadurch als ein von der referenzierenden Instanz abhängiges Objekt gekennzeichnet; es kann nicht nach der Vernichtung der referenzierenden Instanz weiterexistieren. Eine solche abhängige Instanz kann jedoch immer noch durch eine beliebige Zahl anderer Verweise referenziert werden. Als *zusammengesetztes Objekt* (composite object) werden in ORION nur die durch die IS-PART-OF-Verweise gebildeten Substrukturen bezeichnet.

Gesperrt werden durch das ORION-Protokoll folgende Einheiten:

- *Instanzen:* Sperrmodi und Sperrbedingungen sind die im MGL-Protokoll verwendeten. Allerdings werden die Sperren, mit Ausnahme von *r*- und *w*-Sperren, nur auf Klassen einer Vererbungshierarchie gesetzt und die implizite Sperrwirkung bezieht sich nur auf die Instanzen einer Klasse.

- *Klassen:* Das Sperren einer Klasse im Modus *r* oder *w* erlaubt auch das Lesen oder Ändern der Klassenbeschreibung. Da implizite Sperren nur für die Instanzen gelten, müssen Klassen stets explizit gesperrt werden.

- *Zusammengesetzte Objekte:* Das obige Protokoll behandelt zusammengesetzte Objekte nicht als Einheit. Deswegen werden drei weitere Sperrmodi – *iro, iwo* und *riwo* – eingeführt[21]. Die Instanz, die die Wurzel des zusammengesetzten Objekts bildet, wird wie oben beschrieben gesperrt. Die Klassen, die die Komponenten des Objekts enthalten, werden jedoch mittels der Modi *iro, iwo, riwo, r* oder *w* gesperrt[22].

Eine mit dem Sperren in Objektsystemen vergleichbare Situation liegt in ORION beim Sperren von Instanzen und zusammengesetzten Objekten vor. Der Zugriff auf eine Instanz über ihre Klasse entspricht dem direkten Zugriff auf ein Objekt eines Objektsystems. Unterstellt man als Sperrgraphen eine Beschreibung der Beziehungen zwischen den Instanzen, dann ist festzustellen, daß das Orion-Protokoll *Knoten* des Graphen sperrt und keine impliziten Sperren verwendet; implizite Sperren können nur für alle Instanzen einer Klasse gesetzt werden. Angesichts der Annahme, daß beim Zugriff auf ein zusammengesetztes Objekt in der Regel alle oder fast alle Komponenten involviert sind [Kim et al. 1987], ist dieses Vorgehen zumindest fragwürdig. So müßten zum Beispiel zum Lesen eines zusammengesetzten Objekts sämtliche Komponentenobjekte und alle zugehörigen Klassen explizit gesperrt werden. Bezüglich des Sperrens von Kanten

[20] Strukturell entspricht dies den Tupelobjekten eines Objektsystems – an Stelle der Attributnamen stehen die Variablennamen.

[21] In ORION als ISO, IXO und SIXO bezeichnet.

[22] Nicht ganz verständlich erscheint hier, daß die Warnsperren *iro* und *iwo* laut Kompatibilitätsmatrix nicht generell mit den Warnsperren *ir* und *iw* verträglich sind. Das führt dazu, daß eine *iro*- bzw. *iwo*-Sperre auf einer Komponentenklasse jeden ändernden bzw. jeden Zugriff auf andere Instanzen der Klasse verhindert.

an Stelle von Knoten des Sperrgraphen gelten auch hier die am Beginn dieses Kapitels angestellten Überlegungen. Eine Unterscheidung von Abstraktionsebenen gibt es im ORION-Protokoll nicht, obwohl das objektorientierte Datenmodell diese Abstraktionsebenen enthält; solange implizite Sperren fehlen, fällt dies allerdings auch nicht sonderlich ins Gewicht.

Ohne Bezug auf komplexe Objekte wird das Sperren von Kanten eines Sperrgraphen auch von [Korth 1982] und [Buckley, Silberschatz 1984] diskutiert. In beiden Fällen werden die Kantensperren allerdings als Ergänzung zum Sperren der Knoten eingesetzt.

[Korth 1982] erweitert das MGL-Protokoll um Kantensperren zwecks Vermeidung von Verklemmungen. Dies geschieht im Prinzip dadurch, daß eine Transaktion *alle* Pfade, auf denen sie noch eine Knotensperre setzen wird, durch eine Kantensperre gesichert hält. Auf diese Weise wird verhindert, daß eine Transaktion eine andere auf irgendeinem Pfad im Sperrgraphen überholt. Eine analoge Methode, bei der Knoten statt Kanten gesperrt würden, ließe sich auch im HEL- bzw. HEL_m-Protokoll einführen. Der Preis dafür wäre eine höhere Anzahl zu verwaltender Sperren und ein niedrigerer Parallelitätsgrad.

Die Verwendung von Kantensperren bei [Buckley, Silberschatz 1984] wurde schon in 2.2 erwähnt. Die Kantensperren übernehmen dort das Sperren von Teilgraphen; Knoten müssen nur noch gesperrt werden, wenn tatsächlich ein Zugriff erfolgt. Eine Sperre auf einer Kante kann unter Umständen früher gelöst werden, als eine Knotensperre, die den gleichen Teilgraphen sperren soll.

6 Implementierung eines Protokolls

Ein Prototyp eines Systems zur Speicherung modularer Objektsysteme wurde an der Johann Wolfgang Goethe-Universität realisiert. Das System dient zur Erprobung von Konzepten für die Speicherung und Verarbeitung von komplexen Objekten. Neben der Datenverwaltungskomponente gibt es in dem System eine Komponente, die Grundfunktionen zur Verwaltung von Transaktionen bereitstellt. Als Synchronisierungsprotokoll wird eine Version des HEL_m-Protokolls für flache Transaktionen eingesetzt. Alle Systemkomponenten sind ausschließlich in *Modula-2* [Wirth 1983] unter VAX/VMS implementiert. An dieser Stelle soll abschließend auf einige technische Einzelheiten des Systems eingegangen werden.

6.1 Die Datenverwaltung

Die Datenverwaltung umfaßt hauptsächlich die Funktionen des Datensystems (im Sinne des in Kapitel 2 verwendeten Modells eines Datenbanksystems); sie besteht aus zwei Subsystemen: OSSP und CRDS. Die Architektur des Gesamtsystems ist in Abbildung 6.1 schematisch dargestellt.

OSSP (object storage system prototype) implementiert die Operationen zum Speichern, Lesen und Manipulieren von Objekten eines modularen Objektsystems [Weinmann 1988]. Zur Speicherung der Objekte werden nichtnormalisierte Relationen verwendet, die das Subsystem CRDS zur Verfügung stellt. CRDS (complex relational data system) wurde gleichfalls an der Johann Wolfgang Goethe-Universität entwickelt [Czerny, Ott 1986]; es bildet auch die unterste Schicht des Laufzeitsystems der Datenbankprogrammiersprache DBPL [Eckhardt et al. 1985].

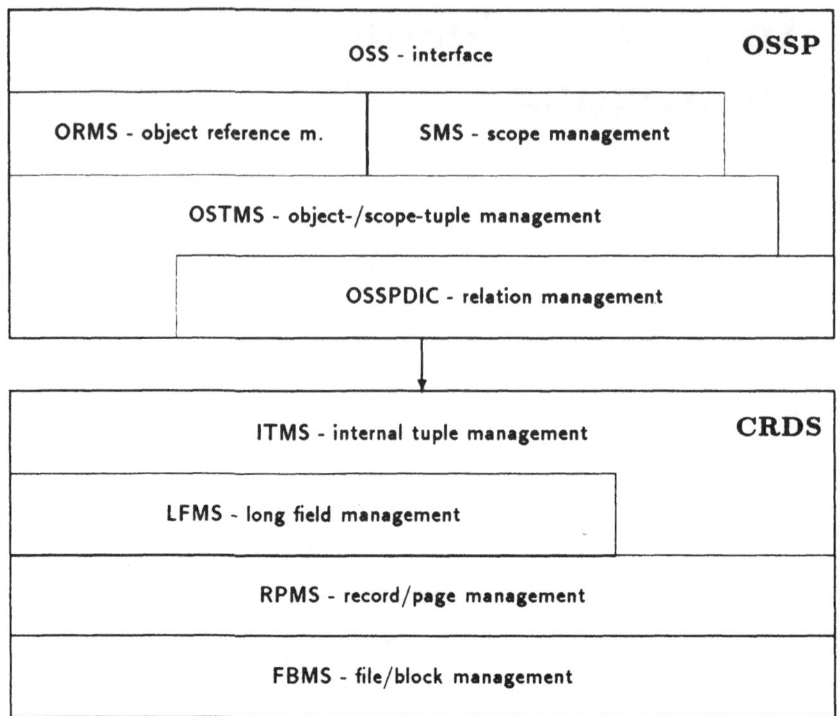

Abbildung 6.1: Gesamtarchitektur des Datenverwaltungssystems

6.1.1 Das Subsystem OSSP

OSSP bildet Objekte und Operationen auf Objekten auf nichtnormalisierte Relationen und Operationen auf diesen Relationen ab. Dieser Teil des Systems läßt sich grob in vier Schichten untergliedern:

OSS-interface: Die Schnittstelle enthält Operationen auf Objekten und Objektsystemen und die für die Verwendung der Operationen erforderlichen Typdeklarationen.

SMS und ORMS: SMS (scope management system) verwaltet die durch Modulobjekte definierten Sichtbarkeitsbereiche, ORMS (object reference management system) Rückwärtsreferenzen, die zur Sicherung der strukturellen Konsistenz dienen.

OSTMS: OSTMS (object- and scope-tuple management system) implementiert die Operationen auf der relationalen Repräsentation von Objekten.

OSSPDIC: OSSPDIC definiert die Relationenschemata, die für die Repräsentation der Objekte verwendet werden.

Daneben gibt es noch Komponenten, die von allen Schichten benutzte Deklarationen und Hilfsfunktionen zur Verfügung stellen.

Die Operationen der Schnittstelle teilen sich in folgende Klassen auf:

- Erzeugen von Objekten in einer existierenden Modulimplementation; hierunter fallen auch Operationen zum Erzeugen von Objektkopien und von abgeleiteten Objekten (z.B. durch Mengenoperationen).

- Lesen von Objektwerten und Gültigkeitsbereichen (Modulimplementationen).

- Manipulieren von Objekten:

  - Wertzuweisungen an Objekte.
  - Zuweisungen an Attribute eines Tupel- oder Modulobjekts, inklusive Löschen der Attribute.
  - Einfügen und Löschen von Elementen eines Mengenobjekts.

- Löschen von Objekten.

- Elementare boolesche Anfragen (Typtest, Identität, Oberflächen- und Tiefengleichheit).

Die Operationen sind lediglich *logische Ausführungseinheiten* der Datenverwaltung und keine atomaren Operationen im Sinne von Kapitel 2. Die meisten dieser Operationen berühren mehr als ein Objekt und bilden deshalb für den Abwickler bereits *zusammengesetzte* Operationen, die jeweils aus einer Folge von atomaren Teiloperationen (Lese- und Schreiboperationen) auf einzelnen Objekten bestehen. Diese Teiloperationen sind die Operationen des Datensystems gemäß dem in Kapitel 2 eingeführten Modell. Die Atomarität der Operationen wird durch eine Mehrschichtensynchronisierung erreicht.

6.1.2 Das Subsystem CRDS

CRDS bildet, in Anlehnung an das in [Härder, Reuter 1985] vorgestellte Schichtenmodell für den Kern eines Non-Standard-Datenbanksystems, eine 3-Schichten-Architektur.

ITMS (internal tuple management system): Die oberste Schicht implementiert Speicherungstrukturen für nichtnormalisierte Relationen, die Verwaltung von Indizes und die Verwaltung des Datentyps "langes Feld". Die Dateneinheiten dieser Schicht werden auf die Datenstrukturen "Satz" und "Seite" der nächstniedrigeren Schicht abgebildet. Darüber hinaus stellt ITMS Basisoperationen zur Implementierung von Transaktionen in höheren Schichten bereit (s.u.).

RPMS (record/page management system): Diese Schicht stellt Speicherungsfunktionen auf der logischen Ebene von Seiten und Sätzen zur Verfügung; der Inhalt der Sätze wird nicht mehr interpretiert. Die Operationen von RPMS sind als (Sub-) Transaktionen implementiert, stellen also für höhere Schichten atomare Operationen dar.

FBMS (file/block management system): Die unterste Schicht von CRDS realisiert die Verwaltung von Dateien und Blöcken. Im Hinblick auf die Portabilität des gesamten Systems wurde bereits bei der Entwicklung auf eine weitgehende Unabhängigkeit der FBMS-Schnittstelle vom jeweiligen Betriebsystem geachtet. Für diese Schicht existieren zwei austauschbare Implementationsteile für die Betriebsysteme VMS und MS-DOS.

Ebenso wie in OSSP gibt es auch in CRDS noch schichtunabhängige Komponenten, die Hilfsfunktionen u.ä. bereitstellen.

6.1.3 Die Mehrschichtensynchronisierung

Eine Mehrschichtensynchronisierung und -fehlererholung innerhalb des Datensystems garantiert die Atomarität der Lese- und Schreiboperationen auf einzelnen Objekten. Das Verfahren verwendet geschachtelte Transaktionen zur Implementierung der Operationen, die Abwicklungen der Operationen sind also serialisierbar, aber nicht notwendigerweise seriell. Gemäß den in Kapitel 3 eingeführten Begriffen liegt hier eine ordnungserhaltende Atomarität vor (Def. 3.2). Eine ausführliche Beschreibung dieses Verfahrens findet sich in [Weikum 1986] [Weikum 1988]; dort ist auch ein Beweis für die Serialisierbarkeit solcher Mehrschichtenabwicklungen angegeben.

Synchronisierung und Fehlererholung finden auf drei logischen Ebenen statt:

1. auf der Ebene von Objekten, innerhalb von OSS,

2. auf der Ebene von Seiten/Sätzen, in RPMS, und

3. auf der Ebene von Dateien/Blöcken, in FBMS.

Abbildung 6.2 zeigt den prinzipiellen Aufbau der Transaktionsbäume anhand der OSS-Operation *AssignTupleComp*. Die Operation weist dem Attribut α_i des Objekts o_1 das Objekt o_2[1] als neue Komponente zu. Die Darstellung der beteiligten Operationen und ihrer Parameter wurde hier stark vereinfacht.

Die Operationen zum Lesen und Ändern eines einzelnen Objekts werden von OSS bezüglich des Zugriffs auf Sätze als Transaktionen ausgeführt. Sätze sind die Dateneinheiten der nächstniedrigeren Synchronisierungsebene RPMS. RPMS führt die Operationen zum Lesen und Ändern von Sätzen bezüglich des Zugriffs auf Blöcke wiederum als Transaktionen aus. Blöcke sind die Dateneinheiten der Schnittstelle zum Betriebssystem.

Die Reihenfolge der Operationen auf den drei Ebenen im Rahmen der Wurzeltransaktion ist durch die Transaktionsordnungen festgelegt. Die Operationen verschiedener Wurzeltransaktionen können sich aber auf den Ebenen OSS und RPMS teilweise überlappen[2].

Die Realisierung der einfachen Objektoperationen in OSS als Transaktionen geschieht mit Hilfe von CRDS-Operationen und -Datenstrukturen. Da CRDS

[1] Genauer: den Identifikator des Objekts o_2.

[2] Abbildung 3.1 (S. 45) zeigt eine solche Situation für ein analoges Beispiel.

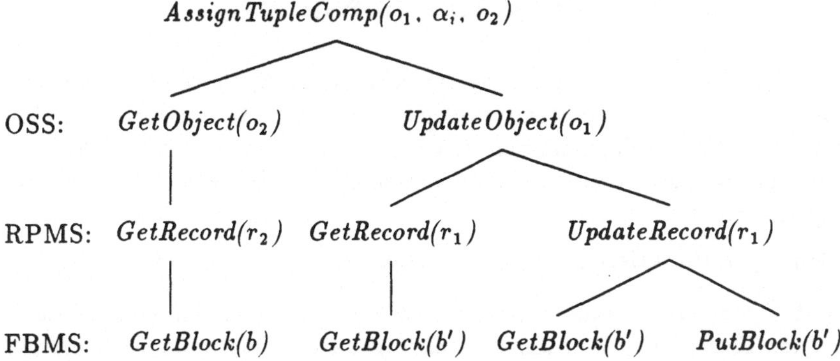

Abbildung 6.2: Beispiel für einen Transaktionsbaum der Datenverwaltung

als *Kern* eines Datenbanksystems konzipiert ist, bietet es Basisoperationen zur Implementierung von Transaktionen auf höheren Ebenen an. Die Operationen dienen zum

- Setzen und Lösen von Sperren – die Sperren werden durch CRDS nicht mit Entitäten irgendeiner Art assoziiert; die Verwendung der Sperren wird durch die Schicht festgelegt, die die Sperroperationen aufruft;
- Beginnen und Beenden einer Fehlererholungseinheit bzw. Starten der Fehlererholung.

Die meisten OSS-Operationen enthalten – wie die in Abbildung 6.2 gezeigte – zwei einfache Objektoperationen; eine zum Lesen eines Objekts und eine vom Ergebnis der Leseoperation abhängige Änderung eines zweiten Objekts. Solche Operationen sind, unter Verwendung der CRDS-Basisoperationen, nach folgendem Schema implementiert:

```
(* 1. kurzfristige Lesesperre: *)
   LOCK (read, o')
   GetObject(o')               (* Leseoperation *)
   UNLOCK (o')
(* 2. kurzfristige Schreibsperre: *)
   IF done THEN
      LOCK (write, o)
      BOT                      (* Beginn der Fehlererholungseinheit *)
      UpdateObject (o)         (* Schreiboperation *)
      IF done THEN
         EOT                   (* Ende der Fehlererholungseinheit *)
      ELSE
         AOT                   (* Zurücksetzen *)
      END
      UNLOCK (o)
   END
```

6.2 Die Transaktionsverwaltung

Neben dem Datenverwaltungssystem gibt es ein System zur Realisierung von Grundfunktionen für die Transaktionsverwaltung. Der Abwickler bildet einen Bestandteil der Implementation dieses Systems. Der vom Abwickler benötigte *Sperrgraph* ist jedoch in die Repräsentation der Objekte innerhalb von OSSP integriert (s.u.).

Zu den Grundfunktionen der Transaktionsverwaltung gehören:

- *Starten und Beenden (commit/abort) von Transaktionen:* Beim Start einer Transaktion werden Verwaltungsdaten (Zustandsbeschreibung) angelegt. Beim Beenden einer Transaktion werden die von der Transaktion gehaltenen Sperren gelöst (striktes 2PL) und der Sperrgraph wird aktualisiert.

- *Aussetzen (suspend) und Fortsetzen (continue) einer Transaktion:* Eine ausgesetzte Transaktion ist inaktiv, hält aber weiterhin die bereits gesetzten Sperren. Die Transaktion kann zu einem späteren Zeitpunkt reaktiviert werden.

- *Setzen von Sperren:* Sperroperationen können sowohl für Kanten als auch Knoten des Objektgraphen aufgerufen werden. Letzteres dient der einfacheren Benutzung des Abwicklers; eine Knotensperre wird intern in die nach den Sperrbedingungen erforderlichen Kantensperren transformiert.

Die Operationen zum Starten, Aussetzen, Fortsetzen und Beenden einer Transaktion betreffen auf dieser Ebene des Systems nur das Führen von Verwaltungsdaten.

6.2.1 Die Arbeitsweise des Abwicklers

In Kapitel 2 wird der Abwickler als diejenige Instanz des Datenbanksystems bestimmt, die den Strom von Operationen durch Verzögern so umordnet, daß er bezüglich der beteiligten Transaktionen serialisierbar ist. In einem System sperrender Transaktionen sind es die Sperraktionen, die durch den Abwickler verzögert werden; jede Sperraktion wird vor ihrer Ausführung auf Zulässigkeit in einer serialisierbaren Abwicklung geprüft.

Neben diesem Zulässigkeitstest übernimmt der Abwickler in dem implementierten System zwei weitere Aufgaben:

- Test auf Erfüllung der Sperrbedingungen und

- Wartung des Sperrgraphen.

Der Test auf Erfüllung der Sperrbedingungen wird vom Abwickler durchgeführt, weil der Sperrgraph nicht mehr – wie bei der ursprünglichen Anwendung des MGL-Protokolls – nach einem festen Schema aufgebaut ist, sondern sich infolge von Datenoperationen verändert. Vor dem Setzen einer Sperre wird also nicht nur die Zulässigkeit der Sperre geprüft, sondern auch, ob im Sperrgraphen eine Vorgängerkante (Sperrmodi *ir*, r^*) bzw. alle Vorgängerkanten (Sperrmodi *iw*, *w*) entsprechend den Sperrbedingungen gesperrt sind.

Die Wartung des Sperrgraphen ist nötig, weil der in Kapitel 5 beschriebene Sperrgraph nicht nur in statischer, sondern auch in dynamischer Hinsicht vom Objektgraphen abweicht. Während die statische Abweichung durch den Objektgraphen eindeutig festgelegt ist – sie ist aus Definition 5.4 ableitbar –, wird die dynamische Abweichung durch das Verzögern von Sperrgraphenveränderungen bis zum Lösen der Sperren verursacht (Def. 5.3) und kann nicht allein aus dem Objektgraphen abgeleitet werden. Für die Repräsentation dieser zeitlichen Abweichungen wird ein Teil der vom System ohnehin geführten Kontrolldaten ausgenutzt: Zur Sicherung der strukturellen Konsistenz der Objektsysteme führt OSSP für jedes Objekt eine Liste von Rückverweisen auf die Vorgänger im Objektgraphen. Die Funktionen zur Wartung dieser Kontrolldaten sind in der Komponente ORMS lokalisiert und nur innerhalb von OSS benutzbar. Die Rückverweise bilden insgesamt eine Repräsentation des Objektgraphen.

Unter der Kontrolle der Transaktionsverwaltung wird die Fortschreibung dieser Repräsentation des Objektgraphen teilweise verzögert, um solcherart die Rückverweise zu einer Repräsentation des Sperrgraphen zu nutzen. Bei der Ausführung einer Objektoperation werden zwar weiterhin neue Rückverweise eingetragen, Löschungen werden jedoch bis zum Lösen aller Sperren am Transaktionsende verzögert. Die Rückverweise beschreiben so einen Graphen, der den aus dem Objektgraphen entstandenen Teil des Sperrgraphen enthält[3]. Die übrigen Kanten des Sperrgraphen können gemäß Definition 5.4 aus dem Objektsystem abgeleitet werden und bedürfen keiner physischen Repräsentation.

6.2.2 Die Komponenten des Abwicklers

Die Funktionen des Abwicklers sind auf drei Komponenten verteilt:

- die *Sperrverwaltung* (lock handler),
- die *Sperrtabelle* (lock table),
- die Komponente *ORMS* des Datensystems.

Abbildung 6.3 zeigt die Einordnung der Komponenten in das Gesamtsystem.

Die *Sperrverwaltung* implementiert die Prozeduren zum Setzen und Lösen der Sperren, wobei das Setzen von Sperren sowohl für Kanten als auch Knoten des Sperrgraphen möglich ist:

[3]Der vom Abwickler durchgeführte Test auf Erfüllung der Sperrbedingungen ist so eingerichtet, daß er die gleichen Ergebnisse liefert, wie bei Verwendung des in Kapitel 5 definierten Sperrgraphen.

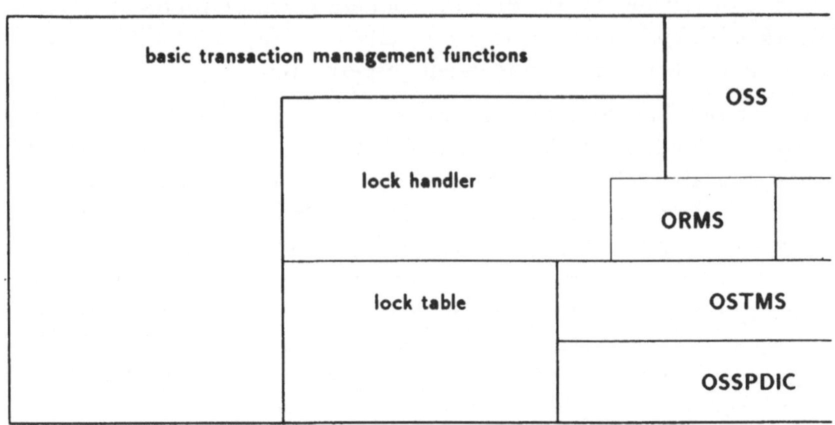

Abbildung 6.3: Integration des Abwicklers

```
TYPE
  LockUnit = RECORD (* identifies an edge of the lock graph *)
               node: SurrogateDomain;
               label: AttributeDomain;
             END

PROCEDURE LockEdge (        holder:     TransactionId;
                            objsys:     SurrogateDomain;
                            unit:       LockUnit;
                            mode:       LockMode;
                            wait:       BOOLEAN;
                        VAR response:   ResponseType);

PROCEDURE LockNode (        holder:     TransactionId;
                            objsys:     SurrogateDomain;
                            node:       SurrogateDomain;
                            mode:       LockMode;
                            wait:       BOOLEAN;
                        VAR response: ResponseType);

PROCEDURE Unlock (          holder:     TransactionId;
                        VAR response:   ResponseType);
```

Die Unterscheidung einer Sperroperation für Kanten und einer Sperroperatioen für Knoten geschieht wie erwähnt aus Gründen der einfacheren Benutzbarkeit; die Prozedur *LockNode* setzt genau die Kantensperren, die den entsprechenden Knoten implizit sperren. *LockEdge* und *LockNode* prüfen die Zulässigkeit der Sperraktion(en) und die Einhaltung der Sperrbedingungen. Gegebenenfalls werden weitere Sperroperationen aufgerufen, um die nach den Sperrbedingungen jeweils noch fehlenden Sperren zu setzen. Wenn die Sperraktion unzulässig und der Parameter *wait* auf FALSE gesetzt ist, so geht die Prozedur nicht in einen Wartezustand, sondern gibt sofort eine entsprechende Nachricht zurück.

Unlock initialisiert zunächst die mit dem Lösen von Sperren verknüpfte Restrukturierung des Sperrgraphen durch die Komponente ORMS und löst anschließend alle Sperren der aufrufenden Transaktion. Bezüglich des Zugriffs auf die Sperrtabelle bildet *Unlock* – ebenso wie *LockEdge* bzw. *LockNode* – eine atomare Operation.

Die Komponente ORMS führt über die Änderungen der Rückverweise transaktionsspezifische Protokolle. Wird eine Transaktion ausgesetzt, so wird das zugehörige Protokoll als Teil des Transaktionszustands zwischengespeichert. Beim Lösen der Sperren einer Transaktion ermittelt ORMS anhand des Protokolls die nachzuholenden Änderungen der Rückverweise und führt diese durch.

Die Komponente *Sperrtabelle* implementiert Operationen auf einem Datentyp "Sperrtabelle". Die Operationen umfassen:

- Eintragen einer Sperre,
- Löschen aller Einträge für eine Transaktion,
- Test auf Zulässigkeit einer Sperre und
- Test auf Vorhandensein einer Sperre.

Die Sperreinträge für erteilte Sperren haben folgende, außerhalb der Sperrtabelle nicht sichtbare Struktur:

```
RECORD (* lock table entry *)
    unit:             LockUnit; (* table key *)
    currentmode:      LockMode;
    granted:          RequestSet;
END;
```

wobei *RequestSet* eine Menge von Einträgen der Form

```
RECORD
    owner:            TransactionId;
    mode:             LockMode;
END;
```

ist.

7 Résumé und Ausblick

Arbeiten über Transaktionen in Datenbanken für Entwurfsanwendungen beschäftigen sich zu einem großen Teil mit nichtkonventionellen Transaktionsmodellen; einige dieser Modelle wurden in Kapitel 3 vorgestellt. Ein wichtiges Ziel solcher Modellbildung ist es, die lange Dauer von Entwurfsvorgängen und deren teilweise horizontal, teilweise vertikal organisierten Abläufe in systematischer Weise auf Prozesse in der Datenbank abbilden zu können. Die extensive Behandlung, die Transaktionsmodelle auf solche Weise erfahren, bedeutet aber nicht, daß für die Synchronisierungs*techniken* in einer Umgebung mit komplexen Objekten bereits genügend befriedigende Lösungen gefunden wären. Zwar verfügt man auch theoretisch seit langer Zeit über wohlfundierte Grundlagen für Synchronisierungs- und insbesondere Sperrtechniken; die Zahl der Arbeiten, die sich mit der Synchronisierung von Operationen auf komplexen Objekten in Datenbanken beschäftigen, ist jedoch immer noch erstaunlich gering. Erst in den letzten Jahren sind hier zunehmende Aktivitäten zu verzeichnen.

In der vorliegenden Arbeit wird ein eher konservatives Modell der Synchronisierungsmechanismen mit einem sehr flexiblen Modell für komplexe Objekte verknüpft. Konservativ ist das Modell in Bezug auf Annahmen über die Informationen, die dem Abwickler zur Verfügung stehen; es wird nicht unterstellt, daß der Abwickler semantische Informationen auswerten kann. Flexibel ist das Datenmodell hinsichtlich der Strukturen, in denen die Objekte organisiert werden können. Die Strukturen sind gerichtete azyklische Graphen, die sich während der Lebensdauer einer Datenbank beliebig verändern können. Ihre möglichen Ausprägungen sind nicht durch ein fixes Datenbankschema festgelegt. Diese Dynamik vor allem ist für die "erschwerten Bedingungen" bei der Synchronisierung verantwortlich. Ist sie nicht gegeben, dann kann in der Regel ein Teil der für die Synchronisierung benötigten Information statisch ermittelt werden. Das ist zum Beispiel der Fall, wenn die komplexen Objekte als eine Menge von Tupeln verschiedener Relationen repräsentiert und die möglichen Beziehungen zwischen Tupeln bereits als Beziehungen im Relationenschema definiert werden. Eine Repräsentation dieser Art wird etwa bei [Haskin, Lorie 1982], [Dürr, Kemper 1988], [Herrmann 1990] vorausgesetzt. Solange die Relationenschemata hier keine rekursiven Beziehungen einführen, kann der relevante Teil des Sperrgraphen bereits bei der Übersetzung einer Anfrage aus dem Relationenschema ermittelt werden – das Testen der Sperrbedingungen zur Ausführungszeit entfällt. Diese günstigen und zweifellos auch wünschenswerten Voraussetzungen sind aber mit dem Übergang zu objektorientierten Datenbanken schon nicht mehr gegeben. Es wäre sicher interessant, hier einmal zu untersuchen, inwieweit aus Typ- oder Klassenbeschreibungen vergleichbare Informationen für die Synchronisierung gewonnen werden können.

Der konservative Ausgangspunkt bezüglich des Abwicklers dürfte immer noch eine realistische Annahme sein, obwohl sich Änderungen abzuzeichnen beginnen, beispielsweise im Zusammenhang mit Überlegungen zur Synchronisierung in abstrakten Datentypen (etwa bei [Schwarz, Spector 1984], [Weihl 1984] [Weihl 1985]). Man versucht hier, semantisch korrekte Abwicklungen durch die Integration der Synchronisierungsfunktionen in den Datentyp zu erreichen. Eine solche Integration kann mit Hilfe geschachtelter Transaktionen vollzogen werden [Beeri, Bernstein, Goodman 1987]; ein frühes Beispiel dafür stellt das Modell in [Goodman, Shasha 1985] dar. Es wäre weitere Überlegungen wert, unter diesem Aspekt die Einführung von Modulobjekten auf ihren Nutzen für die Anwendung geschachtelter Transaktionen zu untersuchen. Konzeptionelle Probleme könnte dabei die Tatsache bereiten, daß durch die Modulobjekte eine rein *strukturelle*, keine funktionale Abstraktion realisiert wird. In den hier vorgestellten Protokollen wird die Abstraktionsbeziehung auf dem Weg über den Sperrgraphen in die Synchronisierung eingeführt. Objektorientierte Datenmodelle, die auch eine funktionale Abstraktion erlauben, dürften den Einsatz geschachtelter Transaktionen erleichtern.

Ein anderer Weg besteht natürlich darin, das Serialisierbarkeitskriterium für Abwicklungen durch ein anderes zu ersetzen. [Korth, Speegle 1988] beispielsweise versprechen ein Korrektheitskriterium, das auf den Integritätsbedingungen einer Datenbank basiert. Die in Kapitel 3 vorgestellten Modelle von [Garcia-Molina 1983] und [Lynch 1983a] stellen den strukturellen Rahmen für nicht-serialisierbare Abwicklungen bereit[1]; das Problem liegt hier eher darin, die Anwendungsprozesse in geeigneter Weise auf solche Strukturen abzubilden. Damit ist wohl auch eine Richtung für weitere Entwicklungen auf dem Gebiet der Transaktionsabwicklung angesprochen: auf der Seite des Datenbankentwurfs müssen Mittel zur Identifizierung und Beschreibung der semantisch zulässigen Abwicklungen bereitgestellt werden, die es ermöglichen, die gegebenen Synchronisierungsmechanismen auszunutzen. Der rechnergestützte Entwurf von Datenbankanwendungen könnte hier von großer Hilfe sein.

[1] Wobei nur [Garcia-Molina 1983] auch Ansätze zur Realisierung vorstellt.

Literaturverzeichnis

S. Abiteboul, R. Hull 1984
IFO: A Formal Semantic Database Model, in *Proc. ACM SIGACT-SIGMOD Symposium on Principles of Database Systems*, Waterloo, Ontario, pp. 119- 132

M.M. Astrahan, M.W. Blasgen, D.D. Chamberlin, K.P. Eswaran, J.N. Gray, P.P. Griffith, W.F. King, R.A. Lorie, P.R. McJones, J.W. Mehl, G.R. Putzolu, I.L. Traiger, B.W. Wade, V. Watson 1976
System R: A Relational Approach to Database Management, ACM Transactions on Database Systems, Vol. 1, No. 2, June, pp. 97- 137

F. Bancilhon, T. Briggs, S. Khoshafian, P. Valduriez 1987
FAD, A Powerful and Simple Database Language, in *Proc. 13th Conference on Very Large Data Bases*, Brighton, UK, pp. 97- 105

F. Bancilhon, S. Khoshafian 1986
A Calculus for Complex Objects, in *Proc. ACM SIGACT-SIGMOD Symposium on Principles of Database Systems*, Boston

F. Bancilhon, W. Kim, H.F. Korth 1985
A Model of CAD Transactions, in *Proc. 11th Conference on Very Large Data Bases*, Stockholm, pp. 25- 33

D.S. Batory, A.P. Buchmann 1984
Molecular Objects, Abstract Data Types, and Data Models: A Framework, in *Proc. 10th Conference on Very Large Data Bases*, Singapore, pp. 172- 184

D.S. Batory, W. Kim 1985
Modeling Concepts for VLSI CAD Objects, ACM Transactions on Database Systems, Vol. 10, No. 3, Sep., pp. 322- 346

R. Bayer, M. Schkolnick 1977
Concurrency of Operations on B-Trees, Acta Informatica, Vol. 9, pp. 1- 21

C. Beeri, P.A. Bernstein, N. Goodman 1986
A Model for Nested Transaction Systems, draft paper

C. Beeri, P.A. Bernstein, N. Goodman 1987
A Model for Concurrency in Nested Transaction Systems, draft paper, inzwischen erschienen in Journal of the ACM, 1989

P.A. Bernstein, N. Goodman, M.-Y. Lai 1983
Analyzing Concurrency Control Algorithms When User and System Operations Differ, IEEE Transactions on Software Engineering, Vol. 9, No. 3, May, pp. 233- 239

P.A. Bernstein, V. Hadzilacos, N. Goodman 1987
Concurrency Control and Recovery in Database Systems, Addison-Wesley Publishing Company,

A.P. Buchmann, C.P.de Celis 1985
An Architecture and Data Model for CAD Databases, in *Proc. 11th Conference on Very Large Data Bases*, Stockholm, pp. 105- 114

G.N. Buckley, A. Silberschatz 1984
Concurrency Control in Graph Protocols by Using Edge Locks, in *Proc. ACM SIGACT-SIGMOD Symposium on Principles of Database Systems*, Waterloo, Ontario, pp. 45- 50

P.P.S. Chen 1976
The Entity-Relationship Model - Toward a Unified View of Data, ACM Transactions on Database Systems, Vol. 1, No. 1, Mar., pp. 9- 36

E.F. Codd 1970
A Relational Model for Large Shared Data Banks, Communications of the ACM, Vol. 13, No. 6, June, pp. 377- 387

E.F. Codd 1979
Extending the Database Relational Model to Capture More Meaning, ACM Transactions on Database Systems, Vol. 4, No. 4, Dec., pp. 397- 434

G. Copeland, D. Maier 1984
Making Smalltalk a Database System, in *ACM-SIGMOD International Conference on Management of Data*, Boston, MA, pp. 316- 325

J. Czerny, S. Ott 1986
Entwurf eines Datenbankkernsystems zur Speicherung nichtnormalisierter Relationen, Diplomarbeit, Fachbereich Informatik, Johann Wolfgang Goethe-Universität, Frankfurt

S. Danforth, S. Khoshafian, P. Valduriez 1987
FAD, A Database Programming Language, Rev. 2, MCC, report no. DB-151-85, Sep.

U. Dayal, F. Manola, A. Buchmann, U. Chakravarthy, D. Goldhirsch, S. Heiler, J. Orenstein, A. Rosenthal 1987
Simplifying Complex Objects: The PROBE Approach to Modelling and Querying Them, in *Datenbanksysteme in Büro, Technik und Wissenschaft, GI-Fachtagung*, Darmstadt, Informatik-Fachbericht 136, Springer-Verlag, S. 17- 37

M. Dürr, A. Kemper 1988
Transaction Control Mechanism for the Object Cache Interface of R2D2, in *Third International Conference on Data and Knowledge Bases: Improving Usability and Responsiveness*, Jerusalem, Israel, pp. 81- 89

H. Eckhardt, J. Edelmann, J. Koch, M. Mall, J.W. Schmidt 1985
Draft Report on the Database Programming Language DBPL, DBPL Memo 091-85, Datenbanken und Informationssysteme, Fachbereich Informatik, Universität Frankfurt

H. Eckhardt 1987
Modellierung modularisierter Programme in einer Softwaredatenbank, GI Softwaretechnik-Trends, Mitteilungen der Fachgruppe 'Software-Engineering', Bd. 7, Nr. 2, Okt., S. 67- 82

K.P. Eswaran, J.N. Gray, R.A. Lorie, I.L. Traiger 1976
The Notion of Consistency and Predicate Locks in a Database System, Communications of the ACM, Vol. 19, No. 11, Nov., pp. 624- 633

A. Fekete, N. Lynch, M. Merrit, W. Weihl 1987
Nested Transactions and Read/Write Locking, in *Proc. ACM SIGACT-SIGMOD-SIGART Symposium on Principles of Database Systems*, San Diego, Cal., pp. 97- 111

R. Ford, J. Calhoun 1984
Concurrency Control Mechanisms and the Serializability of Concurrent Tree Algorithms, in *Proc. ACM SIGACT-SIGMOD Symposium on Principles of Database Systems*, Waterloo, Ontario, pp. 51- 60

H. Garcia-Molina 1983
Using Semantic Knowledge for Transaction Processing in a Distributed Database, ACM Transactions on Database Systems, Vol. 8, No. 2, June, pp. 186- 213

H. Garcia-Molina, K. Salem 1987
Sagas, in *ACM-SIGMOD International Conference on Management of Data*, San Francisco, pp. 249- 259

J.F. Garza, W. Kim 1988
Transaction Management in an Object-Oriented Database System, in *ACM-SIGMOD International Conference on Management of Data*, Chicago, pp. 37- 45

A. Goldberg, D. Robson 1983
Smalltalk-80: The Language and Its Implementation, Addison-Wesley, Reading, Mass.

N. Goodman, D. Shasha 1985
Semantically-based Concurrency Control for Search Structures, in *Proc. ACM SIGACT-SIGMOD Symposium on Principles of Database Systems*, Portland, Oregon, pp. 8- 19

J. Gray 1981a
The Transaction Concept: Virtues and Limitations, in *Proc. 7th Conference on Very Large Data Bases*, Cannes, pp. 144- 154

J.N. Gray, R.A. Lorie, G.R. Putzolu, I.L. Traiger 1976
Granularity of Locks and Degrees of Consistency in a Shared Data Base, in *Modelling in Data Management Systems*, pp. 365- 394

M. Hammer, D. McLeod 1981
Database Description with SDM: A Semantic Database Model, ACM Transactions on Database Systems, Vol. 6, No. 3, Sep., pp. 351- 386

R. Haskin, R. Lorie 1982
On Extending the Functions of a Relational Database System, in *ACM-SIGMOD International Conference on Management of Data*, pp. 207-212

U. Herrmann 1990
Mehrbenutzerkontrolle in Datenbanksystemen für Nicht-Standard-Anwendungen, Dissertation, FernUniversität Hagen, erschienen als Informatik-Fachbericht, Springer-Verlag

T. Härder, A. Reuter 1983
Principles of Transaction-Oriented Database Recovery, ACM Computing Surveys, Vol. 15, No. 4, Dec., pp. 287- 317

T. Härder, A. Reuter 1985
Architektur von Datenbanksystemen für Non-Standard-Anwendungen, in *Datenbanksysteme für Büro, Technik und Wissenschaft, GI-Fachtagung*, Karlsruhe, Informatik-Fachbericht 94, Springer-Verlag

T. Härder, K. Rothermel 1987b
Concurrency Control Issues in Nested Transactions, IBM Almaden Research Center, report no. RJ 5803

R.H. Katz, E. Chang, R. Bhateja 1986
Version Modeling Concepts for Computer-Aided Design Databases, in *ACM-SIGMOD International Conference on Management of Data*, Washington, D.C., pp. 379- 386

Z. Kedem, A. Silberschatz 1983
Locking Protocols: From Exclusive to Shared Locks, Journal of the ACM, Vol. 30, No. 4, Oct., pp. 787- 804

U. Kelter 1985
Parallele Transaktionen in Datenbanksystemen, Reihe Informatik 51, Bibliographisches Institut, Zürich

S.N. Khoshafian, G.C. Copeland 1986
Object Identity, in *Object-Oriented Programming Systems, Languages and Applications, Proceedings*, pp. 406- 416

W. Kim, J. Banerjee, H.-T. Chou, J.F. Garza, D. Woelk 1987
Composite Object Support in an Object-Oriented Database System, in *Object-Oriented Programming Systems, Languages and Applications, Proceedings*, Orlando, Florida, pp. 118- 125

W. Kim, N. Ballou, H.-T. Chou, J.F. Garza, D. Woelk, J. Banerjee 1988
Integrating an Object-Oriented Programming System with a Database System, in *Object-Oriented Programming Systems, Languages and Applications, Proceedings*, San Diego, Cal., pp. 142- 152

W. Kim, R. Lorie, D. McNabb, W. Plouffe 1984
A Transaction Mechanism for Engineering Design Databases, in *Proc. 10th Conference on Very Large Data Bases*, Singapore

P. Klahold, G. Schlageter, R. Unland, W. Wilkes 1985
A Transaction Model Supporting Complex Applications in Integrated Information Systems, in *ACM-SIGMOD International Conference on Management of Data*, pp. 388- 401

H.F. Korth 1982
Deadlock Freedom Using Edge Locks, ACM Transactions on Database Systems, Vol. 7, No. 4, Dec., pp. 632- 652

H.F. Korth, G.S. Speegle 1988
Formal Model of Correctness without Serializability, in *ACM-SIGMOD International Conference on Management of Data*, Chicago, pp. 379- 386

H.T. Kung, P.L. Lehman 1980
Concurrent Manipulation of Binary Search Trees, ACM Transactions on Database Systems, Vol. 5, No. 3, Sep., pp. 339- 353

H.T. Kung, C.H. Papadimitriou 1979
An Optimality Theory of Concurrency Control for Databases, in *ACM-SIGMOD International Conference on Management of Data*, pp. 116-126

H.T. Kung, C.H. Papadimitriou 1983
An Optimality Theory of Concurrency Control for Databases, Acta Informatica, Vol. 19, pp. 1- 11

H.T. Kung, J.T. Robinson 1977
On Optimistic Methods for Concurrency Control, ACM Transactions on Database Systems, Vol. 2, No. 2, June, pp. 213- 226

G.M. Kuper, M.Y. Vardi 1984
A New Approach to Database Logic, in *Proc. ACM SIGACT-SIGMOD Symposium on Principles of Database Systems*, Waterloo, Ontario, pp. 86- 96

P.L. Lehman, S.B. Yao 1981
Efficient Locking for Concurrent Operations on B-Trees, ACM Transactions on Database Systems, Vol. 6, No. 4, Dec., pp. 650- 670

P.C. Lockemann, M. Adams, M. Bever, K.R. Dittrich, B. Ferkinghoff, W. Gotthard, A.M. Kotz, R.-P. Liedtke, B. Lüke, J.A. Mülle 1985
Anforderungen technischer Anwendungen an Datenbanksysteme, in *Datenbanksysteme für Büro, Technik und Wissenschaft, GI-Fachtagung*, Karlsruhe, Informatik-Fachbericht 94, Springer-Verlag, S. 1- 26

R. Lorie, W. Plouffe 1983
Complex Objects and Their Use in Design Transactions, in *Databases for Engineering Applications, ACM Database Week*, pp. 115- 121

N.A. Lynch 1983a
Multilevel Atomicity - A New Correctness Criterion for Database Concurrency Control, ACM Transactions on Database Systems, Vol. 8, No. 4, Dec., pp. 484- 502

N.A. Lynch 1983b
Concurrency Control for Resilient Nested Transactions, in *Proc. ACM SIGACT-SIGMOD Symposium on Principles of Database Systems*, Atlanta, Georgia, pp. 166- 181

D. Maier, J. Stein, A. Otis, A. Purdy 1986
Development of an Object-Oriented DBMS, in *Object-Oriented Programming Systems, Languages and Applications, Proceedings*, pp. 472- 482

F. Manola, U. Dayal 1986
PDM: An Object-Oriented Data Model, in *International Workshop on Object-Oriented Database Systems*, Pacific Grove, CA, pp. 18- 25

J.E.B. Moss, N.D. Griffeth, M.H. Graham 1986
Abstraction in Recovery Management, in *ACM-SIGMOD International Conference on Management of Data*, Washington, D.C., pp. 72- 83

J.E.B. Moss 1981
Nested Transactions: An Approach to Reliable Distributed Computing, MIT, Cambridge, MA., report no. LCS/TR-260, Apr.

J.E.B. Moss 1982
Nested Transactions and Reliable Distributed Computing, in *Proc. 2nd Symposium on Reliability in Distributed Software and Database Systems*, pp. 33- 39

C.H. Papadimitriou 1979
The Serializability of Concurrent Updates, Journal of the ACM, Vol. 26, No. 4, Oct., pp. 631- 653

C.H. Papadimitriou 1986
The Theory of Database Concurrency Control, Computer Science Press,

D.J. Penney, J. Stein 1987
Class Modification in the GemStone Object-Oriented DBMS, in *Object-Oriented Programming Systems, Languages and Applications, Proceedings*, Orlando, Florida, pp. 111- 117

D.J. Penney, J. Stein, D. Maier 1987
Is the Disk Half Full of Half Empty?, in *Persistent Object Systems, Papers for the Appin Workshop*, Appin, Scotland, pp. 337- 345

H.-J. Schek, M.H. Scholl 1986
The Relational Model with Relation-Valued Attributes, Information Systems, Vol. 11, No. 2, pp. 137- 147

G. Schlageter, R. Unland, W. Wilkes, R. Zieschang, G. Maul, M. Nagl, R. Meyer 1987
Ein objekt-orientiertes Programmiersystem mit integrierter Datenverwaltungs-Komponente, in *Datenbanksysteme in Büro, Technik und Wissenschaft, GI-Fachtagung*, Darmstadt, Informatik-Fachbericht 136, Springer-Verlag, S. 132- 151

J.W. Schmidt, H. Eckhardt, F. Matthes 1988
DBPL Report, DBPL Memo 112-88, Datenbanken und Informationssysteme, Fachbereich Informatik, Universität Frankfurt

P.M. Schwarz, A.Z. Spector 1984
Synchronizing Shared Abstract Types, ACM Transactions on Computer Systems, Vol. 2, No. 3, Aug., pp. 223- 250

D. Shasha, N. Goodman 1988
Concurrent Search Structure Algorithms, ACM Transactions on Database Systems, Vol. 13, No. 1, Mar., pp. 53- 90

D.E. Shasha 1984
Concurrent Algorithms for Search Structures, Ph.D. thesis, Harvard University, Cambridge, Mass.

D.W. Shipman 1981
The Functional Data Model and the Data Language DAPLEX, ACM Transactions on Database Systems, Vol. 6, No. 1, Mar., pp. 140- 173

A. Silberschatz, Z. Kedem 1980
Consistency in Hierarchical Database Systems, Journal of the ACM, Vol. 27, No. 1, pp. 72- 80

J.M. Smith, D.C.P. Smith 1977a
Database Abstractions: Aggregation and Generalization, ACM Transactions on Database Systems, Vol. 2, No. 2, June, pp. 105- 133

J.D. Ullman 1982
Principles of Database Systems, Computer Science Press,

J.D. Ullman 1987
Database Theory: Past and Future, in *Proc. ACM SIGACT-SIGMOD-SIGART Symposium on Principles of Database Systems*, San Diego, Cal., pp. 1- 20

B. Walter 1984
Nested Transactions with Multiple Commit Points: An Approach to the Structuring of Advanced Database Applications, in *Proc. 10th Conference on Very Large Data Bases*, Singapore, pp. 161- 171

W.E. Weihl 1984
Specification and Implementation of Atomic Data Types, MIT, report no. LCS/TR-314

W.E. Weihl 1985
Data Dependent Concurrency Control and Recovery, SIGOPS Operating Systems Review, Vol. 19, No. 1

G. Weikum 1986
A Theoretical Foundation of Multi-Level Concurrency Control, in *Proc. ACM SIGACT-SIGMOD Symposium on Principles of Database Systems*, Boston

G. Weikum 1987
Transaktionsverwaltung in Datenbanksystemen mit Schichtenarchitektur, Dissertation, Technische Hochschule Darmstadt

G. Weikum 1988
Transaktionen in Datenbanksystemen, Addison-Wesley Verlag, Bonn

D. Weinmann 1988
Entwurf eines Speicherungssystems zur Unterstützung objektorientierter Datenbanken, Diplomarbeit, FB Informatik, Johann Wolfgang Goethe-Universität, Frankfurt

N. Wirth 1983
Programming in Modula-2, Springer-Verlag, Berlin Heidelberg

M. Yannakakis 1982
A Theory of Safe Locking Policies in Database Systems, Journal of the ACM, Vol. 29, No. 3, July, pp. 718- 740

M. Yannakakis 1984
Serializability by Locking, Journal of the ACM, Vol. 31, No. 2, Apr., pp. 227- 244

Band 218: G. Stiege, J. S. Lie (Hrsg.), Messung, Modellierung und Bewertung von Rechensystemen und Netzen. 5. GI/ITG-Fachtagung, Braunschweig, September 1989. Proceedings. IX, 342 Seiten. 1989.

Band 219: H. Burkhardt, K. H. Höhne, B. Neumann (Hrsg.), Mustererkennung 1989. 11. DAGM-Symposium, Hamburg, Oktober 1989. Proceedings. XIX, 575 Seiten. 1989

Band 220: F. Stetter, W. Brauer (Hrsg.), Informatik und Schule 1989: Zukunftsperspektiven der Informatik für Schule und Ausbildung. GI-Fachtagung, München, November 1989. Proceedings. XI, 359 Seiten. 1989.

Band 221: H. Schelhowe (Hrsg.), Frauenwelt - Computerräume. GI-Fachtagung, Bremen, September 1989. Proceedings. XV, 284 Seiten. 1989.

Band 222: M. Paul (Hrsg.), GI – 19. Jahrestagung I. München, Oktober 1989. Proceedings. XVI, 717 Seiten. 1989.

Band 223: M. Paul (Hrsg.), GI – 19. Jahrestagung II. München, Oktober 1989. Proceedings. XVI, 719 Seiten. 1989.

Band 224: U. Voges, Software-Diversität und ihre Modellierung. VIII, 211 Seiten. 1989

Band 225: W. Stoll, Test von OSI-Protokollen. IX, 205 Seiten. 1989.

Band 226: F. Mattern, Verteilte Basisalgorithmen. IX, 285 Seiten. 1989.

Band 227: W. Brauer, C. Freksa (Hrsg.), Wissensbasierte Systeme. 3. Internationaler GI-Kongreß, München, Oktober 1989. Proceedings. X, 544 Seiten. 1989.

Band 228: A. Jaeschke, W. Geiger, B. Page (Hrsg.), Informatik im Umweltschutz. 4. Symposium, Karlsruhe, November 1989. Proceedings. XII, 452 Seiten. 1989.

Band 229: W. Coy, L. Bonsiepen, Erfahrung und Berechnung. Kritik der Expertensystemtechnik. VII, 209 Seiten. 1989.

Band 230: A. Bode, R. Dierstein, M. Göbel, A. Jaeschke (Hrsg.), Visualisierung von Umweltdaten in Supercomputersystemen. Karlsruhe, November 1989. Proceedings. XII, 116 Seiten. 1990.

Band 231: R. Henn, K. Stieger (Hrsg.), PEARL 89 – Workshop über Realzeitsysteme. 10. Fachtagung, Boppard, Dezember 1989. Proceedings. X, 243 Seiten. 1989.

Band 232: R. Loogen, Parallele Implementierung funktionaler Programmiersprachen. IX, 385 Seiten. 1990.

Band 233: S. Jablonski, Datenverwaltung in verteilten Systemen. XIII, 336 Seiten. 1990.

Band 234: A. Pfitzmann, Diensteintegrierende Kommunikationsnetze mit teilnehmerüberprüfbarem Datenschutz. XII, 343 Seiten. 1990.

Band 235: C. Feder, Ausnahmebehandlung in objektorientierten Programmiersprachen. IX, 250 Seiten. 1990.

Band 236: J. Stoll, Fehlertoleranz in verteilten Realzeitsystemen. IX, 200 Seiten. 1990.

Band 237: R. Grebe (Hrsg.), Parallele Datenverarbeitung mit dem Transputer. Aachen, September 1989. Proceedings. VIII, 241 Seiten. 1990.

Band 238: B. Endres-Niggemeyer, T. Hermann, A. Kobsa, D. Rösner (Hrsg.), Interaktion und Kommunikation mit dem Computer. Ulm, März 1989. Proceedings. VIII, 175 Seiten. 1990.

Band 239: K. Kansy, P. Wißkirchen (Hrsg.), Graphik und KI. Königs winter, April 1990. Proceedings. VII, 125 Seiten. 1990.

Band 240: D. Tavangarian, Flagorientierte Assoziativspeicher und -prozessoren. XII. 193 Seiten. 1990.

Band 241: A. Schill, Migrationssteuerung und Konfigurationsverwaltung für verteilte objektorientierte Anwendungen. IX, 174 Seiten. 1990.

Band 242: D. Wybranietz, Multicast-Kommunikation in verteilten Systemen. VIII, 191 Seiten. 1990.

Band 243: U. Hahn, Lexikalisch verteiltes Text-Parsing. X, 263 Seiten. 1990.

Band 244: B. R. Kämmerer, Sprecherunabhängigkeit und Sprecheradaption. VIII, 110 Seiten. 1990.

Band 245: C. Freksa, C. Habel (Hrsg.), Repräsentation und Verarbeitung räumlichen Wissens. VIII, 353 Seiten. 1990.

Band 246: Th. Bräunl, Massiv parallele Programmierung mit dem Parallaxis-Modell. XII, 168 Seiten. 1990

Band 247: H. Krumm, Funktionelle Analyse von Kommunikationsprotokollen. IX, 122 Seiten. 1990.

Band 248: G. Moerkotte, Inkonsistenzen in deduktiven Datenbanken. VIII, 141 Seiten. 1990.

Band 249: P. A. Gloor, N. A. Streitz (Hrsg.), Hypertext und Hypermedia. IX, 302 Seiten. 1990.

Band 250: H. W. Meuer (Hrsg.), SUPERCOMPUTER '90. Mannheim, Juni 1990. Proceedings. VIII, 209 Seiten. 1990.

Band 251: H. Marburger (Hrsg.), GWAI-90. 14th German Workshop on Artificial Intelligence. Eringerfeld, September 1990. Proceedings. X, 333 Seiten. 1990.

Band 252: G. Dorffner (Hrsg.), Konnektionismus in Artificial Intelligence und Kognitionsforschung. 6. Österreichische Artificial-Intelligence-Tagung (KONNAI), Salzburg, September 1990. Proceedings. VIII, 246 Seiten. 1990.

Band 253: W. Ameling (Hrsg.), ASST'90. 7. Aachener Symposium für Signaltheorie. Aachen, September 1990. Proceedings. XI, 332 Seiten. 1990.

Band 254: R. E. Großkopf (Hrsg.), Mustererkennung 1990. 12. DAGM-Symposium, Oberkochen-Aalen, September 1990. Proceedings. XXI, 686 Seiten. 1990.

Band 255: B. Reusch, (Hrsg.), Rechnergestützter Entwurf und Architektur mikroelektronischer Systeme. GME/GI/ITG-Fachtagung, Dortmund, Oktober 1990. Proceedings. X, 298 Seiten. 1990.

Band 256: W. Pillmann, A. Jaeschke (Hrsg.), Informatik für den Umweltschutz. 5. Symposium, Wien, September 1990. Proceedings. XV, 864 Seiten. 1990.

Band 257: A. Reuter (Hrsg.), GI – 20. Jahrestagung I. Stuttgart, Oktober 1990. Proceedings. XVIII, 602 Seiten. 1990.

Band 258: A. Reuter (Hrsg.), GI – 20. Jahrestagung II. Stuttgart, Oktober 1990. Proceedings. XVIII, 602 Seiten. 1990.

Band 259: H.-J. Friemel, G. Müller-Schönberger, A. Schütt (Hrsg.), Forum '90 Wissenschaft und Technik. Trier, Oktober 1990. Proceedings. XI, 532 Seiten. 1990.

Band 260: B. J. Frommherz, Ein Roboteraktionsplanungssystem. XI, 134 Seiten. 1990.

Band 261: W. Zimmermann, Automatische Komplexitätsanalyse funktionaler Programme. VII, 194 Seiten. 1990.

Band 262: W. Gerth, P. Baacke (Hrsg.), PEARL 90 - Workshop über Realzeitsysteme. 11. Fachtagung, Boppard, November 1990. Proceedings. X, 187 Seiten. 1990.

Band 263: H. Eckhardt, Entwurfstransaktionen für modulare Objektsysteme. VIII, 144 Seiten. 1990.

Band 264: T. Härder, H. Wedekind, G. Zimmermann (Hrsg.), Entwurf und Betrieb verteilter Systeme. Fachtagung, Dagstuhl, September 1990. Proceedings. XII, 283 Seiten. 1990.